全国高等院校保险学主干课程“十三五”规划教材

海上保险学

（第二版）

主　编　郭丽军
副主编　张　虹　胡海滨　方志平

对外经济贸易大学出版社
中国·北京

图书在版编目（CIP）数据

海上保险学／郭丽军主编. —2版. —北京：对外经济贸易大学出版社，2015.10（2021.8重印）
全国高等院校保险学主干课程“十三五”规划教材
ISBN 978-7-5663-1451-2

Ⅰ.①海… Ⅱ.①郭… Ⅲ.①海上运输保险-高等学校-教材 Ⅳ.①F840.63

中国版本图书馆CIP数据核字（2015）第211737号

海上保险学（第二版）

郭丽军 **主编**

责任编辑：王红梅

对外经济贸易大学出版社
北京市朝阳区惠新东街10号 邮政编码：100029
邮购电话：010-64492338 发行部电话：010-64492342
网址：http://www.uibep.com E-mail：uibep@126.com

北京九州迅驰传媒文化有限公司印装 新华书店经销
成品尺寸：185mm×260mm 17.75印张 410千字
2015年10月北京第2版 2021年8月第2次印刷

ISBN 978-7-5663-1451-2
印数：3 001-3 600册 定价：36.00元

前　言

在全球经济一体化的趋势下，世界贸易量迅速增长。众所周知，在保证贸易顺利进行的各种运输方式中，海上航运极为重要。据统计，全球贸易量的三分之二以上是通过航运业完成的。我国自 2000 年以来，每年进出口货物量以 22% 的速度增长，2013 年，我国超过美国成为全球最大的贸易体，进出口总额占世界贸易总量的 11%。虽然 2014 年全球经济增长低迷，我国经济增长也趋于放缓，但对外贸易总体仍保持平稳增长，出口占全球份额的 12. 7%，进出口增速高于全球 2. 7%，全球第一货物贸易大国地位进一步巩固。可以说，贸易已经成为推动国民经济增长的重要力量。此种趋势之下，为国际贸易、国际航运保驾护航的海上保险业，其地位自然不容忽视。

作为各种保险险种的鼻祖，海上保险历经几百年的发展，形成了完善且深厚的理论体系，它所建立起来的框架、基本概念和原则已经成为保险理论发展的基石。在实践中，海上保险伴随着国际贸易、国际航运的发展而发展，它们之间的密切关系体现在各个方面。因此，了解并掌握海上保险制度的理论体系和实践做法，对于从事保险业、国际贸易、国际航运的人员而言，极具必要性。

本书在编写中既考虑到理论的完整性，又兼顾了实务操作的需要。全书分为六篇，分别是：海上保险合同、海上运输货物保险条款与实务、船舶保险条款与实务、保赔保险、船舶碰撞与海事赔偿责任限制、共同海损与海上救助，共十六章。在章节安排上，遵循先理论后实务、先国内后国外的顺序，以便于教师授课和学生自学的需要。在内容上，力求将国际贸易法、运输法规、海商法的最新发展反映在本书的写作中，同时对国内外的货物运输保险条款和船舶保险条款进行深入的比较分析，以展示其共通与差异之处，使读者对海上保险有深刻的感受与认识。此外，在每一章后，均附有思考题和案例分析，以便学生加深对海上保险理论的理解，并提高其实际应用能力。

与第一版相比，本版在结构上并未作大的调整，大部分内容也保持原貌。但是随着协会货物保险条款（2009 年版）的面世、海上救助中船东互保协会特别补偿条款（SCOPIC）的使用等，本书在伦敦保险协会货物保险条款及海上救助两章中分别增加了上述内容，以使书中内容能够反映国际运输立法及保险业的新变化。

本书各章内容的写作分工如下：第一、二、三、四、五、七章由郭丽军编写，第六、八、十二章由张虹编写，第九、十、十一章由胡海滨编写，第十三、十四、十五、十六章由方志平编写。在写作过程中，参考、借鉴了国内外有关海上保险、海商法等著作和论文中具有普遍意义的观点、信息，在此要特别向这些作者表示诚挚的谢意。

海上保险的专业性和复杂性需要我们投入大量的时间、精力，但由于编者水平有限，书中可能存在一些疏漏之处，恳请各界读者批评指正。

郭丽军

2015 年 8 月 20 日

目　　录

第一篇　海上保险合同

第二篇　海上运输货物保险条款与实务

第三篇　船舶保险条款与实务

第四篇　保赔保险

第五篇　船舶碰撞与海事赔偿责任限制

第六篇　共同海损与海上救助

第一篇

海上保险合同

第一章

海上保险概述

本章摘要

海上保险是以船舶、货物、运费等与海上运输有关的财产、利益或责任为保险标的，为国际运输和国际贸易的顺利进行提供风险保障。随着海上航运和贸易的发展，海上保险的承保范围已经从纯粹的海上区域扩展至陆上、内河、航空运输区间，承保的风险也随之从海上灾害扩大至陆上、内河、航空运输中面临的风险，保险标的也从传统的船舶、货物和运费扩展为与航海有关的财产、利益、责任，甚至包括海上作业、海上资源开发等项目。在所有的保险险种中，海上保险是历史最为悠久的，关于其起源，有两种不同的观点：共同海损说和船货抵押借贷说。虽然意大利是海上保险的发源地，但海上保险的迅速发展却是在英国完成，其中劳合社的创立及发展对世界海上保险具有重要影响。我国的海上保险在新中国成立前受外资及官僚资本的压制，发展缓慢；新中国成立后又由于独特的社会背景而发展曲折。但是随着保险市场主体的增多、加入世界贸易组织、国际贸易量的迅速增长，我国的海上保险业正进入一个新的发展时期。

关键词

海上保险特点　船货抵押借贷　劳合社

第一节　海上保险的界定与特点

一、海上保险的界定

海上保险（Marine Insurance），是以同海上运输有关的财产、利益或责任作为保险标的的一种保险。自古以来，由于海上恶劣的自然环境和科技水平所限，海上运输被称为冒险事业，为了保障海上船只及货物的安全，海上保险应运而生，并成为在海上特定领域内，为国际运输和国际贸易提供风险保障的有效手段。

与其他财产保险一样，海上保险也是由投保人缴纳保险费，建立保险基金，由保险人按照保险合同约定承担被保险人将来可能遭受的损失。对于海上保险的内涵，虽然各国有关海上保险的法律及学者们的表述并不完全一致，但实质内容基本相同，均将海上保险归于损害补偿保险之列，认为海上保险是按照保险合同的约定，当被保险人因遭受与航海有关的事故而致损失时，由保险人进行补偿的一种经济行为。海上保险本身固有的损害补偿功能使得其对海上运输和海上贸易的保驾护航作用得以充分体现。

海上保险的历史悠久，在其发展过程中，由于海上航运和海上贸易的发展变化，海上保险的外延也在不断扩大之中。在海上保险产生之初，其承保范围仅限于纯粹的海上区域，承保标的仅是传统的船舶、货物和运费，承保的风险也局限于海上灾害等海上固有风险。19 世纪末，随着商品贸易的发展和运输方式的变革，传统的海上保险发生了显著变化，走上了综合性发展之路。此种变化从英国《1906 年海上保险法》中得到了很好的体现。

英国《1906 年海上保险法》（Marine Insurance Act 1906）第 2 条中的“海陆混合风险”第 1 款规定：“海上保险合同可以用明示条款或经由某种贸易习惯，扩展承保被保险人因遭受与海上航程有关的内河或任何陆地风险所致的损失。”第 2 款规定：“如果用海上保险单格式的保险单，承保建造中的船舶，或者船舶下水，或类似海上冒险的任何冒险，本法中的各项规定，只要是可适用者，均应适用。”

此外，英国《1906 年海上保险法》第 3 条“海上冒险与海上危险”规定：（1）受制于本法规定的制约，每一合法的海上冒险都可以成为海上保险合同的标的。（2）特别是以下各项海上冒险：① 受海上危险影响的任何船舶、货物或其他动产，这些财产在本法中被称为保险财产；② 由于保险财产暴露于海上危险之中而危及的任何运费、客票款、佣金、利润或其他钱财上的利益，或任何预付款项、贷款或垫付费用的担保；③ 保险财产的所有人或与之有利害关系或承担责任的人由于海上危险对第三者所负的责任。

“海上风险是指因海上航行而发生的或与海上航行有关的危险，即海上灾害、火灾、战争、海盗、抢夺、盗窃、捕获、扣押、王子和人民的拘禁和羁押、抛弃、船长和船员有意损害被保险人的行为和其他任何此类性质或保险单规定的风险”。

从上述规定可以看出：20 世纪初的海上保险已经与早期的海上保险有所不同，承保范围、保险内容、保险标的已经大大扩展。具体而言，其承保范围突破了“海上”这一区域，扩展至与航海有关的内河或内陆运输；保险标的也不再限于船舶、货物和运费，凡是与航海有关的财产、利益、责任，均可为海上保险承保；处于建造过程中的船舶，虽不具备航行能力，但仍可以用海上保险单承保。此时，海上保险的承保风险不仅包括传统的海上灾害，还包括战争、海盗、抢夺、扣押等政治风险和船员的不法行为等人为风险。

20 世纪 60 年代，国际贸易运输方式的新变革——集装箱运输方式的出现和迅速发展，使得原来的单一海上运输方式转变为多式联运，由此海上保险的承保区域扩展至陆上、内河、航空运输区间，海上保险承保的风险也随之扩大至货物在陆上、内河、航空运输中面临的风险。现行的货物运输保险条款正是适应此种变化作出了调整，如英国《伦敦保险协会货物运输保险条款》（C）的承保风险就包括“陆上运输工具翻倒或出轨”，（B）条款的承保风险还包括“海水、湖水或河水进入船舶、驳船、运输工具、集装箱、托盘或储存处所”。

随着海上资源的开发利用，海上保险的范围不断扩大。一些与海上运输、海上贸易没有直接关系的海上作业、海上资源开发等工程项目被纳入到海上保险中，出现了海上石油开发资源保险、海产养殖业保险等新兴险种，这些险种虽与传统海上保险的固有性质并不完全一致，但由于与海有着密切联系，因此通常认为属于海上保险的组成部分。

二、海上保险的特点

海上保险是以船舶、货物等为保险标的，承保与航海有关的各种风险所致的损失。在性质上，海上保险属于财产保险范畴，但又与其他财产保险不同，是一种特殊的财产保险。海上保险的主要保险标的——船舶和货物总是不断移位，活动空间的广阔使得标的物在移动过程中暴露于各种风险之下，一旦发生损失，致损原因极为复杂，且涉及诸多有关的国际法规、公约和国际惯例。这些情形是其他财产保险所不具备的，同时也形成了海上保险所独有的特点。

（一）保险标的的流动性

一般的财产保险承保的保险标的通常处于静止状态，固定于某个地点。海上保险则是以运输的载体和客体——船舶和货物作为主要的承保标的，因此可以说，海上保险实为一种运输保险。所谓运输，就是人们以船舶等各种运输工具为载体，将商品或货物从生产地运送到消费地，通过商品或货物位置的移动，提高商品或货物的交换价值。出于航运经营和贸易交往的目的，船舶和货物势必不断地从一个港口到另一个港口，经常处于流动状态中。货物移动的过程不仅包括其通常的移位状态，还有为移动提供服务的其他环节，如货物在车站、机场或码头等场所进行的必要的储存或装卸，此种服务也是货物运输必不可少的环节。总而言之，海上保险中的保险标的具有很强的流动性，这是有别于其他财产保险的重要特征。

（二）承保风险的广泛性

海上保险的承保区域已经扩展至海上、陆上和空中，货物所面临的风险多种多样，由此导致海上保险的承保风险具有相当的广泛性：既有海上风险，又有陆上、空中和内河风险；既有海上恶劣气候、地震、海啸等人力不可抗拒的客观风险，又有海盗、船员的恶意行为、战争等人为灾难；既有货物、船舶处于运输或航行中面临的动态风险，又有船舶停泊或货物存仓期间面临的静态风险。可见，海上保险承保风险的种类之多，变化之大，是其他财产保险所无法比拟的。

（三）险种险别的多样性

海上保险承保的标的种类繁多，运输方式各异，面临的风险多种多样，客观上需要有多样性的险种险别来加以保障。因此海上保险的险种险别数量多，且随着航运、贸易等形势的发展，其形式和内容不断发生变化，新的险种险别不断诞生，原有险种的内容也经常修订、调整。例如，在保险险种上，有船舶保险、海上运输货物保险、运费保险、海上石油开发保险、保赔保险等诸多险种；在每一险种下，又有许多不同的险别，以适应不同保险标的及不同风险的需要。

（四）保障对象的多变性

海上保险的保障对象是指受到保险合同保障的被保险人。海上保险中的货物运输保险合同是一种对物合同，在运输途中，货物处于承运人的控制与管理之下，被保险人改变与否对货物风险、损失的影响不大，并不足以影响保险人确定是否承保及以何种费率承保。因此货物保险单可以随着保险标的的转让而由被保险人自行背书转让，无须征得保险人的同意。被保险人的多变性是由货物运输保险合同本身的性质决定的，同时也适应了国际贸易中货物频繁易手的需要，促进了国际贸易的发展与繁荣。

（五）保险合同的涉外性

在各类保险中，海上保险最富涉外性，这是因其以服务于国际运输、国际贸易为主要目的，从而决定了海上保险合同的国际性。无论是运输工具还是运输货物，都是往返于不同国家或地区的远距离运输，必然涉及不同国家、不同水域，承运人、托运人、收货人的国籍也不相同。保险主体及客体的存在形式和运行方式，使海上保险合同的订立与履行除了受本国法律的制约，还不可避免地涉及其他国家的法律、国际公约、国际惯例，在处理海事纠纷中也就必然涉及仲裁、管辖权等一系列的法律问题。

第二节　海上保险的起源与发展

一、海上保险的起源

海上保险是各类保险中产生最早的险种，其运行的原则、机理为各类保险所沿袭。关于海上保险的起源，有种观点认为海上保险起源于古老的共同海损制度，也有人认为起源于船货抵押借贷制度。

（一）共同海损制度与海上保险

早在公元前2000多年，位于欧亚要冲的地中海东岸一带的海上贸易活动已初具规模。受当时技术水平的制约，船舶多为木质结构，设备简陋，抵抗海上风浪的能力薄弱。在航行中遭遇海难时，为避免船货俱损，当时唯一的有效办法是抛弃货物或船上一部分用具，以减轻船舶载重，保证船货安全。但在采取抛弃措施时，船货各方常常争执不休，为避免因争论而贻误时机，及时解除船货面临的共同危险，在实践中逐渐地形成了一种为大家所接受的原则——由船长作出决定，因抛货而引起的损失由全体船货受益方共同分摊。这个在实践中逐渐形成的作法被最早的海商法——《罗地安海商法》用法律形式确定下来，规定："凡是由于减轻船舶载重而抛弃人海为了全体利益损失的，应当由全体利益方分摊偿还。"此种规定后来被罗马法吸收并加以扩展。时至今日，共同海损已经成为各国海商法中的重要内容，虽有所变化，但由全体受益人分摊损失的基本原则依然未变。

共同海损制度的核心在于大家分摊人为事故所致的损失，体现了"一人为众，众人为一"的互助精神，与保险所倡导的多数人共同分摊损失、互助共济精神相一致，但是共同海损分摊得以确立的原则不是产生于事先订立的合同，而是来自于自然法简单明了的命令，来自于不成文的习惯作法。更为重要的是：共同海损所分摊的损失只能来自于人为、有意识的行为，而非偶然或不可预料的风险所致，这与保险的本质截然不同。因此只能说，古老的共同海损分摊制度只是海上保险的萌芽。

（二）船货抵押借贷制度与海上保险

公元前800年~公元前700年，在从事海上运输及贸易的腓尼基人和罗得人之间已出现了借贷，之后随着海上贸易霸权的转移，通过希腊传入罗马帝国，盛行于地中海沿岸的一些国家。最初的抵押借贷是按一般借贷的形式进行的，但后来逐渐发展为船货抵押冒险借贷。当船舶在外航行遭遇损失或出现资金周转困难时，船东或货主以船舶或货物为抵押，向资金所有者举债，以弥补所需资金。此种借贷关系具体为：如果船货安全抵达目的港，则借款人须将所借本金连同利息一并偿还放款人；如果船舶或货物在航行途中遭遇灾害事故而致损失，则借款者可以被免除全部或部分借款。由于放款者承担着本息全无的风险，因此借款利率高达12%，高于当时一般的借贷利率（多为6%）。

船货抵押冒险借贷已初步具备海上保险的雏形。在这种借贷关系中，借款者不仅获得了所需的资金，更重要的是将船货灭失的风险转嫁给了放款者；而放款者以高利率承担了船货灭失、本息无法收回的风险。因此可以说，风险转移和承担是这种借贷关系的核心所在，从这个意义上讲，船货抵押冒险借贷已经预示着海上保险的诞生。

船货抵押冒险借贷的繁荣景象持续到13世纪初。由于当时的冒险借贷利率最低为25%、最高达到40%，过高的利率最终导致冒险借贷被当时的教会所不容。1237年罗马教皇格雷哥里（Gregory）九世颁布了利息禁令。为迎合航运业、贸易的资金需要，有人开始从事一种形式上不与利息禁令冲突的借贷关系，即假设买卖，后又发展为保险借贷，并最终过渡到现代意义上的海上保险。所谓假设买卖，是指资金所有者以支付定金的形式买进船舶或货物，若船货安全到达目的地，事前所订立的买卖合同自动解除，航运经营者将定金归还给资金所有者；若船舶、货物遭遇海难或其他灾害事故而不能完成航运，买卖合同依然有效，航运经营者可要求资金所有者对船舶的意外损失进行赔偿。保险借贷始于14世纪初，是以转嫁风险为目的，当航运经营者并不需要筹措资金，但为了将其风险转移，向资金所有者支付一定利息，当船舶、货物灭失时，资金所有者将借贷资金支付给航运经营者，以补偿其经济损失；若船货安全抵港，双方则不发生借贷资金的收受问题。就实质而言，保险借贷已经近似于海上保险，经过长期的不断探索与实践，这种形式最终发展为了现代海上保险。

二、海上保险的发展历程

（一）意大利是现代海上保险的发源地

11世纪中叶，十字军东征以后，意大利商人控制了东方和西方的中介贸易，在经济繁荣的意大利的比萨、热那亚和威尼斯等北部城市的商人中间，已经出现了类似现代形式的船舶保险。这些商人和高利贷者将他们的贸易、汇兑票据和保险的习惯作法带到了他们所到之处，保险由此在西欧各国的商人中间开始流行，现代的船舶保险业逐渐形成。

世界上第一张准保险单是意大利热那亚商人乔治·勒克维伦于1347年10月23日签发、承保“圣太·克拉拉”号从热那亚到马乔卡的一张船舶航程保险单，这是世界上发现最早的船舶保险单。保险单上记载："乔治·勒克维伦向圣太·克拉拉号船主借了一笔钱。船舶在安全到达马乔卡前，他必须承担风险并还款；如果船舶在六个月内安全抵达马乔卡，借款合同即告失效。"此外，还规定："在船舶变更航道的情况下，合同无效。"这张保险单并不完全具备现代保险单的基本特征，只是一种空买卖合同。1384 年 1 月 15 日，由比萨的一组保险人承保的四大包纺织品从法国南部城市阿尔兹到比萨的货运保险单被认为是第一张出现承保内容的保险单，也即保险史中所称的"比萨保单"。1393 年，在佛罗伦萨签订的一张保险单把"海上灾害、天灾、火灾、抛弃、王子的禁制、捕捉"等一一明确地列为保险责任，从而具有了现代保险单的格式。1424 年第一家海上保险公司在热那亚建立，由此为开端，海上保险在意大利得到不断发展。此后，为加强管理、防止欺诈，意大利和其他欧洲国家相继制定了一系列的法律法规，以推动海上保险的发展，如 1435 年西班牙的《巴塞罗那法规》、1468 年意大利的《威尼斯法规》和 1523 年的《佛罗伦萨法规》等。

（二）英国现代海上保险的发展

1. 英国海上保险的发展历史

在美洲新大陆被发现以后，世界贸易中心逐渐从地中海一带转至大西洋沿岸。海上保险制度也自意大利经葡萄牙、西班牙的各大城市传入荷兰、英国、法国以及北欧的一些城市，经过一个多世纪的发展，英国成为了世界海上保险的中心。

在伦敦皇家交易所成立之前，英国的海上保险业务多集中在伦巴第街[①]一带。1574 年，伊丽莎白女王批准了设立保险和经营海上保险的法案，由伦敦皇家交易所内设立的保险商会专门办理保险单的登记并代为解决保险纠纷。1601 年，英国颁布了第一部有关海上保险的成文法——《关于商人使用保险单的法案》，简称《伊丽莎白法案》。1720 年颁布了《反欺诈法案》（Bubble Act，1720），又称《泡沫法案》[②]，根据该法，除个人经营者外，禁止任何其他公司、合伙及商业团体经营海上保险业务，核准伦敦保险公司和皇家交易保险公司可以开展海上保险业务的经营。于是这两家公司的主要竞争者只有来自于个人经营的保险人——劳合社。至此，18 世纪的伦敦海上保险市场基本上为这两家保险公司和劳合社所控制。1775 年至 1783 年间的美国独立战争和 1793 年至 1815 年间的法国战争使许多保险商和保险业务被吸引到了伦敦保险市场，使其成为真正的世界海上保险中心，并获得了极好的商业信誉。在 1803 年至 1804 年的公众鉴定报告上称英国海上保险业是"保险行业帝王，也是占整个商业统治地位的帝王，是一种变化无穷的力量几乎以无法计算的可靠的资金提供给贸易领域"。1824 年，英国政府取消了《反欺诈法案》，大量资金开始涌入海上保险市场，海上保险业得到空前发展。

2. 劳合社

伦敦劳合社（Lloyd's of London）是从劳埃德咖啡馆演变而来的，故又称"劳埃德保险社"。1688 年，一个名叫爱德华·劳埃德（Edward Lloyd）的英国商人在泰晤士河

---

① 16 世纪，意大利伦巴第人在英国伦敦的一条街上经营保险，后来这条街被命名为伦巴第街（Lombardy Street）。

② 1711 年英国南海公司以对南美贸易为幌子，进行大规模行骗，于 1720 年被戳穿，引起社会大恐慌，为防止企业欺诈，英国政府遂通过该法案。

畔塔街开设了一家咖啡馆，由于位置临近一些与航海有关的机构，如海关、海军部和港务局，因此这家咖啡馆就成为经营航运的船东、商人、经纪人、船长及银行高利贷者经常会晤交换信息的地方。保险商也常聚集于此，与投保人接洽保险业务。劳埃德先生为了招揽更多的客人，于是收集有关船舶、货物的航运行情和国际贸易、法律、气候方面的情报，提供给顾客，并于1696年出版了一张小报《劳埃德新闻》，每周出版三次，共发行了76期，使咖啡馆成为当时航运消息的传播中心。20年后，开始出版发行《劳合动态》，直至今日。1771年，79名保险商和经纪人每人出资100英镑，组成一个社团，社团成员各自相互组合，自由地进行保险交易，形成一个并无约束的个人保险经营者联合团体；而咖啡馆的主人仍然负责情报的收集和《劳合动态》的发行工作。1871年，英国国会通过了《劳埃德法案》，批准劳合社成为一个保险社团组织，劳合社通过向政府注册取得了法人资格，但其成员只能经营海上保险业务。直至1911年，英国议会取消了这个限制，批准劳合社成员可以经营包括海上保险在内的一切保险业务。

劳合社在海上保险领域占有举足轻重的地位，从条款到具体的保单格式都对国际海上保险市场有着巨大影响，其制定的费率也是世界保险业的风向标。在非水险领域，劳合社的影响也不可忽视。在历史上，劳合社设计了第一张盗窃保险单，为第一辆汽车和第一架飞机出立保单，近年又成为计算机、石油能源保险和卫星保险领域的先驱。此外，劳合社独特的组织形式和市场结构也是其闻名于世的一个重要原因。

劳合社不是保险公司，而是由会员组成的承保社团，或者说是一个保险交易中心或保险市场。它并不直接承保保险业务，只是为其成员提供交易场所，并根据劳合社法案和劳合社委员会的严格规定对他们进行管理和控制，包括监督他们的财务状况，为他们处理赔案、签署保单、收集共同海损退还金等，并出版报刊，进行信息搜集、统计和研究工作。劳合社的业务是由会员接受的，会员又称名人（Names）。几个世纪以来，会员仅限于个人（即个人会员，Individual Members），以个人财产承担无限责任。进入20世纪90年代，由于世界保险市场竞争加剧，加上劳合社本身经营方式的影响，劳合社的经营也陷入了困境。1992年营业出现巨额亏损。从1993年开始，劳合社大力进行改革，实施了“重建更新计划”（Reconstruction and Renewal），其中的重要措施之一即是引入公司会员（Corporate Members），并承担有限责任。原有的个人社员可以退社或合并转成有限责任的社员，目前，公司会员无论是资金规模还是数量都远远超过了个人会员。劳合社的会员按承保险种组成不同规模的组合，即承保辛迪加（Underwriting Syndicate）。每个会员各自承担的风险责任互不影响，没有连带关系。辛迪加的事务由承保代理人（Underwriting Agent）负责，负责雇佣承保人员，管理辛迪加。截至目前，劳合社的承保辛迪加的数量为93个，由57个承保代理人代表辛迪加从事业务活动，辛迪加不与被保险人直接打交道，被保险人只能通过劳合社认可的180多个经纪人投保，这些经纪人是劳合社的重要组成部分，他们对劳合社市场有着充分的认知，经过了劳合社的严格审核，以其深厚的专业知识为客户提供风险管理及保障服务。长期以来，劳合社以其良好的信誉、充足的资金和良好的体制保证其偿付能力，会员的保费信托基金、会员的附加资本金、其他资产和劳合社中心基金共同构成了保障被保险人利益的坚实屏障。

三、我国海上保险的发展

（一）旧中国的海上保险业

由于我国长期处于封建制度统治下，闭关锁国，经济上十分落后，因而现代形式的海上保险一直没有得到发展。18 世纪末、19 世纪初，正是我国封建统治危机四伏，并开始走向衰落的时期，而西方国家却处于上升阶段。英、法等国为开辟海外市场，疯狂对外扩张。现代形式的海上保险随着帝国主义的经济入侵而开始输入我国。18 世纪末，英国在印度大量种植罂粟，并向中国贩运和走私鸦片，为解决运输途中面临的海盗、海上灾害等风险。1805 年英国商人在广州建立了谏当保安行，即广州保险会社，成为中国境内的第一家保险公司，其股份由该会社广州经理人及驻加尔各答和孟买的通信员所有，主要经营与英国贸易有关的运输保险业务。1835 年，英商又在中国香港开设了保安保险公司。1836 年，怡和洋行收购了广州保险会社，更名为“广东保险公司”。这些公司所从事的业务主要是与贸易航运有关的海上保险。

1840 年鸦片战争爆发，清朝政府采取消极抵抗政策。1842 年，腐败的清政府与英帝国主义签订了丧权辱国的《南京条约》，割让中国香港，开放广州、福州、厦门、宁波、上海为通商口岸。从此中国沦为半殖民地半封建社会，帝国主义的经济侵略日益深入，当时的上海成为外国冒险家的乐园，扬子保险公司和上海保险公司就是英国商人在此期间设立的。1856 年第二次鸦片战争爆发。1860 年以后，中国更是成为英、法等帝国主义大量倾销商品、掠夺原料及资本输出的场所。之后的一段时间内，所有与中国有贸易关系的国家几乎都在中国设立了保险公司，经营海上保险、火灾保险、人寿保险等业务。这些外商公司大多集中在上海、广州、天津等通商口岸，并逐渐渗入到汉口等内地城市。

面对帝国主义的侵略，新兴的民族资产阶级提出了“商战”的口号，要求清政府保护和发展民族工商业与外国资本抗衡，反对“困商”政策。当时外商保险公司不仅垄断了中国保险市场，而且对华商企业实行歧视政策。据《国民政府清查整理招商局委员会报告书》所载：“招商局轮船向洋商保险行保险，惟舭船限保银六万两，其超过六万两之额，由局中自行保险，保险费均系通年每月一分九扣，风灾、触礁、碰船均保在内，值十万两之船，每年保险费须纳一万两有零。”为抵制外商保险公司的刁难，招商局于 1875 年和 1877 年集资在上海开办了“保险招商局”，它的成立打破了外商保险公司对中国保险市场的垄断。为增强承保实力，轮船招商局又先后创办了济和保险公司和仁和保险公司，并于 1887 年将两家保险公司合并为“仁济和保险公司”，股本白银 100 万两，承保轮船招商局所有船舶、货栈和货物运输保险业务。这是我国自己经营的第一家保险公司，对于减少外商对中国航运业的控制、增强轮船招商局的实力起到了重要作用。之后又陆续成立了一些民族保险公司，经营海上保险和少量寿险业务。

第一次世界大战期间，帝国主义忙于战争，无暇东顾，使中国的民族工商业，包括保险业在内的金融业得到了难得的发展机遇。但第一次世界大战结束后，外商资本又将注意力转向中国，当时国内民族资本保险力量薄弱，在业务上无法摆脱外商的控制和支配，承保的大部分业务分保给了外商保险公司，分保的费率和条款均由外商制订。

抗日战争期间，中国的保险业务主要集中在上海和重庆两地。在上海，许多民族资本的保险公司因太平洋战争而中断了与欧洲国家保险公司的业务分保关系，而且保险业者相互恶性竞争，以致保险市场一片混乱。当时重庆是国民党的政治、经济中心，川江航运保险成了主要的保险业务。这一时期，重庆的保险市场上虽成立了许多民族资本的保险公司，但由于资本有限，实际上受制于官僚资本保险公司，成为他们的代理人，海上保险事业始终未得到应有的发展。

（二）新中国的海上保险业

1949 年中华人民共和国成立，海上保险业从此迅速发展起来。1949 年 9 月，由中国人民银行组织的第一次全国保险工作会议召开。同年 10 月 20 日，中国人民保险公司正式成立，总公司设在北京，除承保国内各险种业务外，为适应恢复国民经济、保障物资运输和发展对外贸易的需要，开办了运输兵险、船员兵险、船壳兵险等险种。1952 年，我国进一步加强了对私营保险业的管理，并合并成立了由中国人民保险公司参加大部分股份的“太平”和“新丰”保险公司。同年，已向我国政府登记注册的外商保险公司，因无业务来源先后自动撤离中国。

1958 年 10 月，中央决定停办国内保险业务。1959 年 5 月，中国人民保险公司经营涉外业务，继续办理进出口货物运输保险、海外保险和国际分保业务。1966—1977 年，经过多方努力，涉外保险才得以保存下来。但是，由于思想上的禁锢，涉外保险一直徘徊不前。

进入 20 世纪 80 年代，实行改革开放政策以来，我国的海上保险业务得到迅速发展，中国人民保险公司根据需要在原来业务的基础上，又开办了不少新的险种，如海上石油开发保险、船舶建造保险、集装箱保险等。1985 年，国务院颁发了《保险企业管理暂行条例》，只要符合条例要求，即可设立新的保险公司。1986 年新疆生产建设兵团农牧业保险公司成立，1988 年中国平安保险公司成立，1991 年中国太平洋保险公司成立，至此，海上保险业务由中国人民保险公司独家经营的局面被打破。1992 年，保险市场打开了对外开放大门，外资保险公司在中国设立代表处，建立分公司。1995 年 6 月 30 日《中华人民共和国保险法》实施。2001 年 12 月 11 日，我国正式成为世界贸易组织成员，根据承诺：中国自加入时起，将允许外国非寿险公司提供无地域限制的“统括保单”大型商业险保险，即允许国际海上、航空和运输相关的保险业提供跨境服务。2013 年 8 月，国务院正式批准设立中国（上海）自由贸易试验区。在此前后，一些保险公司，如中国人民保险公司、太平洋保险公司等先后在上海设立航运保险中心，正逐步实现船舶保险、货物运输保险等海上保险险种的集中化、专业化运营。中国海上保险业已经进入一个全新的增长期。

思考题

1. 根据海上保险的历史，分析其外延的发展变化过程。
2. 与其他财产保险相比，海上保险有哪些不同之处？
3. 思考劳合社这一组织的独特之处及其发展。

第三章

海上保险合同

本章摘要

海上保险合同是保险人与被保险人约定海上保险权利与义务关系的协议，其订立与履行不仅受国内法的约束，而且受到国际公约、国际惯例、判例的调整。按照保险期限的不同，海上保险合同可以分为定期保险和航程保险；按照保险价值约定方法的不同，可以分为定值保险和不定值保险；按照保险标的分类，有船舶保险、货物运输保险、运费保险、保赔保险、海洋石油资源开发保险。总体而言，海上保险合同的内容主要包括：保险人名称、被保险人名称、保险标的、保险价值、保险金额、保险责任和除外责任、保险期间、保险费等。海上保险合同的成立并不等同于生效，合同成立后能否产生法律效力、受到法律的保护，还要看它是否符合特定的生效要件。当保险标的发生转让时，海上保险合同不能随之当然转让，须获得保险人的同意，但货物运输保险合同除外。在海上保险合同有效期间内，保险人与被保险人可以依照法律规定或合同约定解除保险合同。当保险期限届满、保险人义务已经履行、约定的条件出现或保险标的灭失情况下，保险当事人间的权利与义务关系归于消灭。

关键词

海上保险合同　成立与生效　解除与终止

第一节　海上保险合同及其法律调整

一、海上保险合同的内涵

在海上保险法律关系中，当事人之间的权利与义务是通过订立海上保险合同加以确立的。与其他财产保险合同一样，海上保险合同也是投保人与保险人约定保险权利、义务关系的协议。以下是一些国家和地区在有关海上保险法规中对海上保险合同所下的定义：

英国《1906 年海上保险法》（Marine Insurance Act 1906）第 1 条所下的定义是：

“海上保险合同是保险人向被保险人承诺，在被保险人遭遇海上损失，即海事冒险所发生的损失时，应依约定的条款和数额负责赔偿的合同。”

美国《1920年海商法》（Merchant Marine Act 1920）所下的定义是：“海上保险合同是被保险人按照约定向保险人支付保险费，保险人按照约定，在被保险人所拥有的处在海上危险中的特定利益受到损失时承担赔偿的合同。”

日本《商法》第6章第815条规定：“海上保险合同是以对航海有关的事故而发生的损失予以补偿为目的。”“除本章另有规定或合同另有订立外，保险人应就保险标的在保险期间，因航海有关的事故所发生的一切损失负赔偿之责”。

《中华人民共和国海商法》第216条规定：“海上保险合同，是指保险人按照约定，对被保险人遭受保险事故造成保险标的的损失和产生的责任负责赔偿，而由被保险人支付保险费的合同。”“本款所称保险事故，是指保险人与被保险人约定的任何海上事故，包括与海上航行有关的发生于内河或者陆上的事故”。

我国台湾地区“海商法”第127条规定：“凡与海上航行有关而可能发生危险之财产权益，皆得为海上保险之标的。海上保险契约，得约定延展加保至陆上、内河、湖泊或内陆水道之危险。”第129条规定：“保险人对于保险标的物，除契约另有规定外，因海上一切事变及灾害所生之毁损灭失及费用，负赔偿责任。”

综观以上一些国家和地区有关海上保险的法规对海上保险合同的定义在文字上略有差异，简繁不同，但其实质内容却基本相同，都是从损害补偿合同及航海风险这一角度来界定的。当保险标的因遭受与航海有关的事故引起的损失或产生责任时，保险人得承担赔偿责任；同时海上保险合同又是双务合同，被保险人缴纳保险费是其在发生海上损失时获得损失补偿的前提条件；保险人按照合同约定履行在海上事故发生时承担赔偿责任，是其应尽的义务。

二、调整海上保险合同的法律

（一）国内立法

海上保险合同既是保险合同，又是海事合同，因此在承保风险、保险标的、保险期间、被保险人的多变等方面与其他财产保险合同并不相同。我国《保险法》第153条规定：“海上保险适用海商法的有关规定；海商法未作规定的，适用本法的规定。”此条从根本上确立了《海商法》对海上保险合同的法律效力。1992年11月7日，第七届全国人民代表大会常务委员会第28次会议审议并通过了《中华人民共和国海商法》，该法自1993年7月1日起实施。它的颁布实施是我国海事法制建设史上的一个重要里程碑。《海商法》全文共15章，其中第12章对海上保险合同的内容、海上保险合同的订立、解除和转让、保险责任和除外责任、被保险人义务、保险赔偿及支付等问题作了规定。1995年6月30日，第八届全国人民代表大会常务委员会第14次会议上通过了《中华人民共和国保险法》，并于同年10月1日正式实施，该法由总则、保险合同、保险公司、保险经营规则、保险监督管理、保险代理人和保险经纪人、法律责任及附则共8章152条组成，是一部集保险合同法和保险业法于一体的完整、系统的保险大法。2002年10月28日第九届全国人民代表大会常务委员会第30次会议通过了关于修改《中华人民共和国保险法》的决定，此次修订仅针对保险业法部分，而保险合同法部分并未作调整。2009 年 2 月 28 日，《保险法》再次修订，并于同年 10 月 1 日起施行。《保险法》对《海商法》中的“海上保险合同”内容作了许多重要的补充规定，即第 2 章中关于保险合同的一般规定和财产保险合同的规定对海上保险合同同样适用。

从上可知，《海商法》中关于海上保险合同的规定是《保险法》对于保险合同的规定的特别法。根据“特别法优于一般法”的原则，对于海上保险合同，应优先适用《海商法》；《海商法》无规定的，适用《保险法》；《保险法》没有规定的，适用《合同法》；《合同法》没有规定的适用《民法》。但是，由于我国《海商法》制定于 1992 年，此时《保险法》尚未出台。因此，《海商法》在规定海上保险合同时，不仅针对海上保险合同的特点作了特别规定，而且还对应属于一般法内容的基本原则等作出了规定。但是随着保险业的发展和对保险法认识的不断提高，此后制定的《保险法》中关于保险合同的规定与《海商法》中关于海上保险合同中的规定有些不相协调的地方，这是值得认真研究，也是以后修改《海商法》时需注意的地方。

（二）国际海事公约

国际海事公约是国家间缔结的有关海运的双边或多边条约、协定、议定书及换文。海上保险合同在执行过程中要受到许多国际海事公约的制约和影响，如关于船舶碰撞、海事赔偿责任限制、海上救助、提单等方面的国际公约与船舶保险及货物运输保险中保险责任、赔偿金额的确定和保险人赔偿后的代位追偿具有密切关系。

为统一各国海事立法，有关的国际组织，主要有国际海事组织（IMO）、联合国贸易和发展会议（UNCTAD）制定了一系列相应的海事国际公约，但是并非任何一个国际公约都无条件地在任何一个国家生效，只有经过一国签署、批准或加入的国际海事公约才对该国具有法律拘束力，并成为该国海商法的渊源。关于各国在其管辖领域内如何实施国际公约，并无统一的作法，主要有三种情形：一是接受公约后直接采纳，使其在国内发生效力，而不需要二次立法，如韩国；二是在接受某公约后，须由国内立法机关根据其规定和精神制定相应的国内法，如日本、美国、德国等；三是采用国际公约优先于国内法适用的办法来解决两者间的冲突。在海事领域，我国主要采用这一作法。我国《海商法》第 268 条规定：“中华人民共和国缔结或者参加的国际公约同本法有不同规定的，适用国际公约的规定；但是，中华人民共和国声明保留的条款除外。”《海事诉讼特别程序法》第 3 条也规定：“中华人民共和国缔结或者参加的国际公约与民事诉讼法和本法对涉外海事诉讼有不同规定的，适用该国际公约的规定，但中华人民共和国声明保留的条款除外。”

（三）国际惯例

国际惯例是指在国际经济活动中经反复实践逐渐形成的，具有固定内容，未经立法程序制定的，如为一国所承认或当事人采用，就对其具有约束力的一种习惯作法或常例。我国《海商法》第 268 条规定：“中华人民共和国法律和中华人民共和国缔结或者参加的国际条约没有规定的，可以适用国际惯例。”但实际上，国际惯例要对当事人产生拘束力，必须具备几个条件：第一，必须是在长期实践中形成的并被反复使用。随着现代国际关系的迅速变化，国际惯例的形成有缩短的趋势。第二，不能违背国家法律和公共秩序、善良风俗。第三，通行于国际社会或某一地区，被广泛公认，具有约束力。但这种约束力往往需经当事人约定接受才对该当事人产生法律上的拘束力。在海事领域，最典型的成文国际惯例当属《约克—安特卫普规则》，它是世界上公认的处理共同海损的规则。

（四）判例

判例是指法院先前的某一判决具有法律的效力，从而成为以后审判同类案件的依据，故又称为“先例”。判例法是英美法系国家法律的主要渊源，遵循先例是判例法制度的一个基本原则，即以前判决中的法律原则对以后同类案件具有约束力。具体表现为：高级法院的判决对下级法院处理同类案件有约束力；同一法院的判决对以后的同类案件具有约束力。我国是典型的成文法国家，虽然近年来在恪守成文法传统的基础上，出现了一种接受英美国家判例法方式和思维模式的现象，但在我国并不承认判例是法的表现形式。值得注意的是，最高人民法院的司法解释具有规范效力，并有效地补充了我国《保险法》《海商法》中的不完善及模糊之处。

第二节　海上保险合同种类

随着海上保险业务的增多和保障范围的扩大，使得海上保险合同的分类变得复杂化。但是作为研究海上保险的一种方法，必须按照不同的标准、属性将数量众多的海上保险合同进行归纳，以明确各险种合同之间的内在联系和发展规律。海上保险合同的分类方法繁多，例如按照实施形式，可将海上保险合同分为自愿保险合同和强制保险合同；按照风险的转移方式的不同，可分为原保险合同和再保险合同。下面仅介绍几种常用的分类方法。

一、按风险性质分类

（一）水险保险合同（Marine Risks Insurance）

水险保险合同或称航海保险合同，是以海上自然灾害和意外事故为承保风险，并不承保包括战争、类似战争行为、武装冲突、敌对行为等政治风险。在水险合同的范畴内，又有多种合同种类，如船舶保险、货物运输保险、运费保险、保赔保险等合同，其费率多由保险人根据保险标的风险状况自主确定。

（二）战争险合同（War Risks Insurance）

战争险合同是以战争、类似战争行为、敌对行为、武装冲突、捕获、扣押等为承保风险，保险人负责保险标的因上述风险而造成的损失。因战争等风险巨大，在性质与损失后果上与一般的海上风险不同，故在保险合同中常赋予保险人注销保险合同的权利及在特殊情况下保险合同自动终止的规定，保险人在承保战争险时大多以英国伦敦保险协会的战争险费率委员会制定的费率为参考依据。

二、按保险价值分类

（一）定值保险合同（Valued Insurance）

定值保险合同是指保险当事人双方事先约定保险标的价值，并一般以此约定价值为保险金额，载明于保险单上。发生损失时，无论该约定价值是否与保险标的的实际价值一致，仍视作保险标的的最终价值，并以此作为计算损失赔款的依据。定值保险多为足额保险。船舶保险和货物运输保险合同多采用定值保险方式，主要是因为船舶与货物受时间和空间因素的影响，其价值在损失后难以准确确定，如货物在起运地、中转地和目的地的价格不可能一样，因此只能由保险人和被保险人协商确定保险标的的价值。

（二）不定值保险合同（Unvalued Insurance）

不定值保险合同是指保险当事人双方在订立保险合同时并不约定保险价值，仅列明保险金额的一种保险合同。当保险事故发生时，需要按照保险合同的约定，对受损标的核定其价值，该价值即为保险价值。若保险金额低于保险价值，则为不足额保险，保险人将按保险金额与保险价值的比例计算赔偿金额；若保险金额高于或等于保险价值，则按保险标的的实际损失计算赔偿金额，并不得超过保险价值。海上保险中的保险标的因其流动性较大，很少采用不定值保险方式。

三、按保险期限分类

（一）定期保险合同（Time Insurance）

定期保险合同以一定期限作为保险期限，通常为一年期。具体的保险责任起讫由保险当事人双方约定，并载于保险单上，如自 2004 年 1 月 1 日零时起至 2004 年 12 月 31 日 24 时止，且应注明以何地时间为准；若未注明何种时间，根据英国法应为世界时（Greenwich Mean Time，GMT）。也有的保单规定自 2004 年 1 月 1 日至 2004 年 12 月 31 日，并包括起始日和终止日（Both Days Inclusive，B. D. I）。船舶保险一般采用定期保险合同的形式，但仍受约定的航行区域的制约。港口保险也是定期保险合同的一种，即保险人承保船舶因某种原因在港口内停泊期间面临的风险。此外，在保赔保险中，会员与船东保赔协会所订立的入会合同也大多以一年为期，属于定期保险合同范畴。

（二）航程保险合同（Voyage Insurance）

航程保险合同是指保险期限以航程为限，承保保险标的从起运港到目的港之间的一次航程、往返航程或多次航程，而不论所需时间长短的保险合同。海上运输货物保险为典型的航程保险。此外，不定期航行的船舶，如从国外购买新船或解体船舶常常采用这种保险形式。

目前，各国海上运输货物保险的保险期限多按照仓至仓条款办理，即保险责任自货物从保险单载明的起运地仓库或储存处所开始运输时起至货物抵达保险单载明的目的地仓库或储存处所时止，并以货物全部卸离海轮或海轮抵达目的港当日午夜起算满 60 天为限。虽然在保险期限规定中既有航程又有时间限制，但仍以航程为主，因此应为航程保险，而非混合保险（Mixed Insurance）。

此外，船舶建造保险合同的保险期限从船舶建造开工之日或上船台之日始，至船舶建成下水时止，或把下水后试航期间到正式交付使用以前这一阶段也包括进去。因其保险期限是以船舶的建造过程为依据确定的，也应属航程保险。

四、按保险标的分类

（一）船舶保险合同（Hull Insurance）

船舶保险合同是以船舶本身，包括船壳、机器和航行中的设备、供应品和属具为保险标的的一种保险合同。船壳和船体机器包括引擎、锅炉、发动机及其他机器设备；供应品包括燃料、物料、给养；船舶属具包括通讯、导航装置及船上一切设备、用具、舢板、锚链、海图、航海日志、家具物品、救生用具等。一般而言，保险人承保的船舶可分为两大类：一类是普通的民用商船，如各种货船、客船、客货两用船等；另一类是特殊用途船，如油轮、拖船、驳船、挖泥船等各种海上作业船。不同的船舶因风险不同，在承保时需采用不同的承保条件和保险费率，因此也就有了普通船舶保险合同、渔船保险合同、工程作业船舶保险合同等。同时，根据船舶航行区域的不同，还可把船舶保险分为沿海、内河船舶保险合同和远洋船舶保险合同。

船舶多数时间处于航行状态，但有时因为停航、修理等原因需要在港口停泊一段时间，因风险降低，可以购买港口保险（Port Risks Insurance）。此外，船舶在建造过程中面临诸多风险，被保险人可要求保险人签发船舶建造保险单，承保自安放龙骨至建造完成交船过程中可能发生的风险，包括船舶在建造、下水、试航及交船过程中的风险。

（二）货物运输保险合同（Cargo Transportation Insurance）

货物运输保险合同是以处于运输过程中的各种货物为保险标的，其中货物一般为贸易商品，对于非贸易商品，如援助物资、展览品、艺术品、私人行李或用具等也可承保。由于运输工具不同，运输方式各异，因此货物运输保险合同又有海洋运输货物保险合同、陆上运输货物保险合同、航空运输货物保险合同及多式联运货物保险合同等。此外，根据是否具有涉外因素，货物运输保险合同又有国际货物运输保险合同和国内货物运输保险合同之分。

（三）运费保险合同（Freight Insurance）

运费保险合同是以船舶营运中的运费为保险标的。运费是承运人完成货物运输所享有的报酬。根据支付方式有预付运费和到付运费两种。预付运费是指除承运人和托运人另有约定外，托运人应在货物装船后，承运人、船长或承运人的代理人签发提单之前付清，且即使货物在运输途中发生任何损失，承运人均不退还运费。当然，若货物损失是由承运人不可免责的原因所致，托运人可将预付运费作为其遭受损失的一部分一并向承运人索赔。预付运费的风险由货主承担，因此常作为货物价值的一部分，投保货物运输保险。到付运费是指收货人在卸货提取货物之前应支付的运费，只有货物安全运抵目的港，承运人才有权收取运费。到付运费的风险由承运人或船东承担，因此可以投保运费保险。此外，还存在一种租船运费，即船舶租金，由于租船方式不同，租金的支付方式也存在区别，承租人对预付的租船运费、船东对预期的租船运费具有保险利益，可投保运费保险。

运费保险与船舶保险有着天然的联系，因此在英国，大多在船舶保险中加贴营运费用条款与营运费用一并投保。此外，运费保险也可以单独投保，采用运费航程保险合同或运费定期保险合同。

（四）保赔保险合同（Protection and Indemnity Insurance，P&I）

保赔保险是保障与赔偿保险的简称，是由各个船东联合起来，以保障和赔偿为目的，对普通船舶保险所承保的风险以外的、由海上风险引起的船东对他人的责任为保险标的的互助保险。保赔保险的保险责任非常广泛，包括船舶保险不予负责的碰撞责任、货损货差责任、合同责任、船员及他人的人身伤亡和疾病的赔偿责任、污染责任、打捞沉船、清理航道等责任及罚款、遣返船员和难民的费用等。保赔保险大多由船东互保协会负责承保，但近些年来，一些商业性保险公司也涉足其中，然后再分保给船东互保协会。

（五）海上石油勘探开发保险合同（Insurance for Offshore Oil Exploration and Production）

海上石油勘探开发技术复杂、投资多、风险大，从钻前普查勘探阶段、钻探阶段到建设阶段和生产阶段都需要相应的险种以保障海上作业船舶、钻井平台、设备、费用和责任、工程建设、油管铺设面临的各种风险。海上石油勘探开发保险是专业性极强的综合性险种，既提供物质财产保障，又提供有关责任和利益的保障。

第三节　海上保险合同的内容

海上保险合同是保险当事人双方共同协议的结果，因此其内容必须能够全面反映双方的权利与义务，以保证合同的顺利履行。根据我国《海商法》第 217 条规定："海上保险合同的内容，主要包括下列各项：保险人、被保险人；保险标的；保险金额和保险价值；保险责任期间；保险责任和除外责任；保险费及退费。"

一、保险人、被保险人

（一）保险人

保险人又称为承保人，是指经过政府保险管理部门核准经营保险业务的各种保险组织。在保险合同成立时，有收取保险费的权利；在保险事故发生时，须按照保险合同的规定承担赔偿责任。

作为保险合同的一方当事人，保险人一般以法人为主，其组织形式主要有：股份有限公司、相互保险组织及个人。

1. 股份有限公司

这是常见的保险组织形式，也是一种现代企业经营的组织形态，具有资金雄厚、组织完善、制度健全等优点。这类保险人，其资本是由若干股东集资组成，每个股东根据出资数额的多少参与保险公司的利润分配，股东对公司所负的责任仅以其出资数额为限。由于公司的经营状况关系到股东的利益，因此，在公司的经营中强调经营效率，在经营技术和服务质量上都表现得比较突出，但是在其经营中也常因追求利润而忽视被保险人的利益。

2. 相互保险组织

相互保险组织的历史悠久，它是由社会上需要保险的人共同组织起来，不以营利为目的的相互保障的保险组织。它是保险组织中的一种特殊形式，往往是由某些对某种同类型的危险有风险转嫁需要的人组成的团体或法人组织，其全体成员既是保险人，又是被保险人。相互保险组织的最大特点是：对保险费的计算不像其他保险组织形式那样建立在严格的数理基础之上，而是根据具体情况来确定。如果支出的赔款大于收入的保险费，每一成员需要补交保险费以补足差额。如果保险费收入在支付全部赔款后尚有结余，则将结余部分平均分给每一成员。根据其是否具有法人资格，相互保险组织又可分为相互保险社和相互保险公司。

3. 个人

以个人名义经营保险业务在世界各国已不多见，因为无论从资金还是组织效率上来说，都不适宜。各国法律为了保护被保险人的权益，加强对保险人的管理，一般不允许个人经营保险业务。但是在英国，由于历史原因，以个人（劳合社会员）形式经营保险业务仍然存在，并且成为了一道独特的风景。

（二）被保险人

受到保险合同保障的人为被保险人。在海上保险中，投保人与被保险人通常为一体，如货主、船舶所有人多为自己的利益投保，从而既是投保人，又是被保险人。在我国《海商法》和英国《1906 年海上保险法》中，并未对投保人和被保险人进行区分，而是概之以“被保险人”的称谓。实际上，当被保险人处于投保人的法律地位，即当其与保险人订立合同时，必须具有民事权利能力和民事行为能力，且必须对保险标的具有保险利益或者具有期待利益，否则保险合同无效，以防范投保人利用保险合同进行投机赌博等违法活动和防止道德危险的产生。当海上保险标的发生约定的保险事故时，被保险人有权要求保险人予以赔偿，弥补其损失。

二、保险标的

保险标的是指保险合同所要保障的对象，是保险事故发生的本体。通常而言，在保险合同中载明保险标的可以起到识别保障对象、表明风险性质和界定风险的作用。我国《海商法》第 218 条规定：“下列各项可以作为保险标的：船舶；货物；船舶营运收入，包括运费、租金、旅客票款；货物预期利润；船员工资和其他报酬；对第三人的责任；由于发生保险事故可能受到损失的其他财产和产生的责任、费用。保险人可以将对前款保险标的的保险进行再保险。除合同另有约定外，原被保险人不得享有再保险的利益。”归纳起来，可以将海上保险标的按其性质不同分为财产类标的、收益类标的和责任类标的三种。

（一）财产类标的

海上保险合同中的财产类标的主要有船舶和货物。货物通常是指具备商品性质的物品，但也可以包括非贸易商品，凡是与货物具有利害关系的货物所有人、托运人和收货人等均可以投保货物运输保险。对于船舶，各国法律或保险条款中均有规定，如英国《1906 年海上保险法》详尽规定了船舶的范畴，包括船体、设备、仪器、索具、燃料和物料、船员给养。如果该船是从事特殊贸易的，还包括为适应特殊贸易而装备的通常设备。由于发生事故时被保险人对保险标的必须具有保险利益，因此投保时，被保险人应根据其具有的保险利益程度来决定将哪些纳入到船舶保险合同的保障范围之内。例如，船舶所有人将船舶定期出租，因船舶燃料、物料均由承租人承担，对于这些项目，船舶所有人在投保时可以不予考虑。

除船舶和货物之外，财产类标的还包括海洋资源开发、勘探过程中的各种设备，建造中的船舶及其他与航海有关的财产。此外，有关船员和旅客自身携带的行李和其他个人财产，同样也受到海上危险的威胁，也可以作为保险标的投保。

（二）收益类标的

收益类标的是指在海上航行中，若船舶、货物安全按期抵达目的地，便可获得的利益，包括营运收入、预期利润等。

营运收入一词的范围较广，可以包括各种运费、租金和旅客票款等。由于营运收入对船舶营运人而言极具意义，因此国外多通过投保运费保险加以解决，或者通过船舶保险中的营运费用条款来解决，如伦敦保险协会船舶保险条款中的营运费用保证条款，即主要承保船舶营运人面临的营运费用和运费损失，但被保险人须保证营运费用和运费的保险金额的总额不得超过船舶保险单中约定的保险价值的25%。

预期利润是附随于货物的一种标的。当货物安全并及时抵达目的地，货主即可获得该预期利润，否则，必然产生相应的利润损失。由于预期利润的多少完全取决于市场行情，无法准确计算，因此实践中，一般采用估算的方法，以货物的CIF价格的一定百分比作为预期利润，与货物一并投保。此外，各国法律中常把预期利润作为单独一项保险标的，这说明预期利润也可以单独投保，如投保增值保险。

（三）责任类标的

被保险人根据法律规定或合同约定而对他人负有的损害赔偿责任最终表现为一定数额的金钱赔偿，因此可以作为保险标的。海上保险中责任类标的主要有：船舶碰撞责任、再保险。

当船舶与其他船只或物体发生碰撞后，造成其他船舶或物体的损失，因此负有过失的船舶所有人等必须对被碰船、物体及船上货物等财产损失承担赔偿责任，此种碰撞责任可以作为保险标的投保。此外，船舶所有人、承运人等还面临着对船员、旅客、装卸工人、引航员等的人身伤亡责任、油污责任、货损货差责任、清除沉船责任等，这些责任通常由船东互保协会承保。

再保险是保险人将其承担的风险分给其他保险人或再保险人，其保险标的是原保险人根据保险合同所承担的损害赔偿责任，因此原保险人可以将这种赔偿责任的一部分或全部向其他保险人投保。再保险合同是在原保险合同的基础上订立的，所以原则上再保险的条件不得优于原保险，再保险的金额也不得超过原保险的金额；一旦原保险合同终止或无效，再保险合同也终止或无效。

三、保险金额和保险价值

保险金额是保险合同中的重要内容，是保险人承担责任的最高限额，通常根据保险价值确定。保险价值又称保险价额，是被保险人对保险标的具有的保险利益额度。在海上保险合同中，保险标的的保险价值多在订立合同时确定，该约定的保险价值无论高于或低于保险标的的实际价值，均被视为有效，当保险标的因保险事故而遭受损失时，保险人根据约定的保险价值进行赔偿。正如英国《1906 年海上保险法》第 27 条第 3 款的规定："除本法有关条款另有规定外，若不存在欺骗，不论损失是全部或部分，保险单确定的约定价值即为保险人与被保险人之间，作为结论性的保险标的价值。"因此，该约定价值是不得违背的。当然这并不排除被保险人采用欺诈等手段虚报保险价值，或者一部分保险标的未处于承保风险之中时保险人的抗辩权利。

如果保险当事人双方在订立保险合同时未确定保险价值，则为不定值保险，其保险价值须按有关法律规定确定，一般按保险责任开始时的实际价值计算。对此，我国《海商法》第 219 条规定：保险人与被保险人未约定保险价值的，保险价值按下列规定计算。

（1）船舶的保险价值是保险责任开始时船舶的价值，包括船壳、机器、设备的价值，以及船上燃料、物料、索具、给养、淡水的价值和保险费的总和。

（2）货物的保险价值是保险责任开始时货物在起运地的发票价格或者非贸易商品在起运地的实际价值以及运费和保险费的总和。

（3）运费的保险价值是保险责任开始时承运人应收运费总额和保险费的总和。

（4）其他保险标的保险价值是保险责任开始时保险标的的实际价值和保险费的总和。

四、保险责任期间

（一）船舶保险的责任期间

根据保险责任期间确定的方式不同，船舶保险有定期保险和航程保险之分。

1. 定期保险

船舶定期保险的责任期间最长为一年，该期间的起止日期以保险单上注明的日期为准，而与航程无关。理论上，当保险责任终止之日到来时，无论船舶正处于航行中或处在危险中或在港内停泊中，保险人的责任都应终止，不得延长或缩短。但考虑到保险责任终止之日，船舶可能还处于航行或危险中，为使被保险人得到更为充分的保障，定期船舶保险合同中通常载有延期条款。根据该条款，如果在保险期限届满时，船舶仍在海上或遇险，经被保险人事先要求，并按比例加付保险费，保险期间可延续到船舶抵达目的港或下一个港口时止。但如果船舶在延长期间发生全损，被保险人须加缴若干个月的保险费。

2. 航程保险

船舶航程保险的起止时间不再表现为某一确定的日期，而是取决于船舶所处的某种状态，即船舶从某一港口至另一港口的具体航程为保险责任的起讫时间。英国《1906 年海上保险法》规定了船舶航程保险的两种起始情况："在和从"、"从"。如果保险合同订明船舶是以"在和从"某一港口为投保条件，而在签订保险合同时，船舶已安全在港，保险责任立即开始；若签订保险合同时，倘若船舶未在该地，则等到船舶安全完好抵达该地时，保险责任开始。以“从”为条件投保的船舶，其保险责任从船舶驶离该地时开始。船舶是否驶离某一港口，决定于它放弃在该港口停泊的行为意图。“在和从”一词如今已不再使用，代之以在保单中明确载明保险责任的起止时间。

我国航程船舶保险根据是否载有货物而分别规定了起止时间：（1）不载货船舶：自起运港解缆或起锚时开始至目的港抛锚或系缆完毕时终止。（2）载货船舶：自起运港装货时开始至目的港卸货完毕时终止。但自船舶抵达目的港当日午夜零点起最多不得超过30天。

（二）货物运输保险的责任期间

货物运输保险属于航程保险，同时与一定的储存期间联系在一起。许多国家法律对货物运输保险的责任期间作了规定，如日本《商法》第322条规定，货物保险期间自货物离岸之时起，至货物到达目的港卸货结束为止；而传统的S. G保单规定须在货物实际装船后保险责任才开始。目前，国际上对货物运输保险普遍采用仓至仓条款来确定保险责任期间，通过该条款，保险人可以连续承保被保险人的货物自运离保险单载明的发货人所在地仓库或贮存处所开始运输时起，包括正常的运输过程，直至货物运抵保险单载明的收货人目的地仓库或贮存处所时止，而且货物自卸离海轮后不得超过60天。上述期间若发生了贮存、分配、分派货物而中断正常货物运输的行为，都将导致保险责任终止。若是由于被保险人无法控制的绕航、延误、被迫卸货、重装、转运及承运人利用运输契约所赋予的特权引起的航海变更，在被保险人及时将获悉的情况通知保险人的情况下，保险责任期间仍将继续。

在保险合同中规定保险责任期间的目的是限制保险人的责任，只有在保险责任期间内发生保险事故而引起的损失，保险人才能承担赔偿责任。一般而言，保险责任期间与保险合同期间是一致的。但是，在海上保险中，若法律中或合同中规定有“不论灭失与否”条款时，保险责任期间可以追溯到保险合同期间开始前的某一个时点。如伦敦保险协会货物运输保险条款规定：“除另有规定外，被保险人有权取得本保险承保期间发生的保险标的损失的赔偿，尽管该损失产生在本保险合同订立之前，除非当时被保险人知道该损失而保险人不知道。”根据该条款，保险人对于保险合同成立前所发生的损失仍须承担责任，其前提是被保险人并不知悉该损失。对此，我国《海商法》第224条规定：“订立合同时，被保险人已经知道或者应当知道保险标的已经因发生保险事故而遭受损失的，保险人不负赔偿责任，但是有权收取保险费；保险人已经知道或者应当知道保险标的已经不可能因发生保险事故而遭受损失的，被保险人有权收回已经支付的保险费。”《最高人民法院关于审理海上保险纠纷案件若干问题的规定》第10条规定：“保险人与被保险人在订立保险合同时均不知道保险标的已经发生保险事故而遭受损失，或者保险标的已经不可能因发生保险事故而遭受损失的，不影响保险合同的效力。”综上可知，在我国，若保险当事人双方在订立海上保险合同时对保险标的的损失情况并不知情时，保险合同的效力也将溯及以往，从而最大限度地保护被保险人的利益。

五、保险责任和除外责任

保险责任是指保险合同中约定的保险人对承保范围内的风险事故所造成的损失承担

赔偿责任。为了消除可能使保险人遭受重创、会诱发被保险人道德风险及对保险责任中的风险进行修订，在保单中通常要规定除外责任，以确保保险人对某些风险造成的损失不承担赔偿之责。在海上保险中，确定保险责任的方式并不相同。有的只对合同所指明的风险造成的损失进行赔偿，称之为指定险合同，如我国船舶保险条款、伦敦保险协会货物运输保险（B）、（C）险条款；有的则对所有风险引起的保险标的损失进行赔付，但合同中的除外风险被排除在外，如伦敦保险协会货物运输保险（A）险条款。

六、保险费及退费

（一）保险费的缴付

保险费是保险人承担保险责任的对价，也是投保人转嫁风险所应支付的对价。保险费的缴付因险种不同、各国习惯不同而有所区别。在英国，海上保险业务多由保险经纪人代被保险人投保，因此在经纪人与保险人之间通常采用记账的方式收取保险费，按月或季度与保险人结算保险费。在这种情况下，经纪人对于应支付的保费承担责任，即使经纪人未支付保险费，被保险人的权益也不会受到影响；相对应地，为了保护经纪人的利益，英国《1906年海上保险法》规定经纪人对保险单有留置权，作为向被保险人收取保费的保障。

在我国，船舶保险合同通常注明缴费日期和办法，定期船舶保险全部保费应在承保时付清，如保险人同意，保险费也可分期缴付，但被保险船舶在承保期限内全损时，未缴付的保费要立即付清。货物运输保险由于多采用预约保险方式，因此在保险费结算上可采用期初预付期末结算、逐笔结算、按月结算、按季结算等方式。被保险人在收到保险公司结算账单或缴费通知书后，应立即向保险公司支付保险费，即使是因为有合理事由而不能立即交纳，也应书面规定一个支付期限。

（二）退费

有些情况下，保险人承担的责任在承保后大大减小或并未承担风险，因此应将一部分或全部保险费退还给被保险人。海上保险中的退费有三种：承保落空退费、协议退费和停泊退费。

1. 承保落空退费

保险费是保险人承担责任的对价，若因某种原因，保险人并未承担与所收取的保险费相对应的风险责任，即承保落空，且被保险人及其代理人不存在任何欺诈或非法行为，则保险人应将保险费退还给被保险人。导致承保落空退费的情况主要有：

（1）因保单无效或保险人解除而退费。当被保险人在整个保险期间对保险标的并无保险利益，则保险合同无效，应予退费；此种退费必须以被保险人不存在欺诈或非法行为为前提。当被保险人因疏忽未履行如实告知义务，而且未告知或错误告知的事项对保险事故发生有影响，保险人对标的损失不承担赔偿责任，但须退还所收的保险费。

（2）因保险标的从未处于风险中而退费。如货物运输保险单中载明承运船舶为甲船，由于理货人员疏忽，将货物装上了乙船，则应视作风险从未开始，所收的保险费应全部退还。如果货物是按“无论灭失与否”条件投保，但保险合同订立时该货物已经安全抵达目的港，保险费并不退还，除非订立合同时保险人已经知悉该情况。

（3）因超额保险而退费。在不定值保险中，若保险金额超过了保险价值，则超过部分无效，一旦保险标的发生损失，被保险人所获得的损失赔偿应以保险价值为限，因此保险人应将相应比例的保险费退还给被保险人。

（4）因重复保险而退费。被保险人就同一标的、同一利益向两个或两个以上的保险人投保同一风险、同一期限的保险，且保险金额总和超过了法定允许的数额，则构成了重复保险。在重复保险情况下，各保险人按合同约定或法律规定承担赔偿责任，且应向被保险人退费。但下述情况除外：几份保险单于不同时间生效，且任何一份早生效的保险单在任何时候承保了全部风险，则该保险单项下保费不予退还；如果一份保单已经依据该保单就全部保额进行了赔偿，则该保单项下的保费不予退还；如果被保险人有意进行的重复保险，则保费不予退还。

2. 协议退费

协议退费是海上保险合同中的重要内容，通常在保险条款中规定当承保危险有所改善或保险责任有所减轻的情况下，可以退还一部分保险费。船舶保险中通常规定，如果船舶的船级社变更或船舶等级变动、船舶所有权或船旗改变或转让给新的管理部门、光船出租或被征购或被征用，保险合同自动终止，但保险费可予退还。同时被保险人因某种原因退保时，保险费也应予退还。

3. 停泊退费

当船舶因大修或停运等原因，需要在港口内停泊一段时间，由于停泊于港内，风险降低，因此在船舶保险中通常有停泊退费的规定，以使船东毫无顾虑地投保定期保险，并缴付保费。

作为明确保险当事人权利和义务关系的海上保险合同内容，并不限于上面所述，除此之外，还包括保险金赔偿办法、被保险人义务、违约责任和争议处理等。

第四节 海上保险合同的订立、变更、转让、解除和终止

一、海上保险合同的订立

（一）海上保险合同订立的一般程序

海上保险合同是保险当事人双方的民事法律行为，必须经过当事人的意思表示一致才能成立，因此订立海上保险合同的过程实质上就是当事人不断协商的过程。根据我国《海商法》第 221 条：“被保险人提出保险要求，经保险人同意承保，并就海上保险合同的条款达成协议后，合同成立 。”我国《保险法》第 13 条也规定：“投保人提出投保要求，经保险人同意承保，保险合同成立。”从上可知：任何保险合同的订立，包括海上保险合同，都须经过要约和承诺，即投保和承保两个过程。当事人订立保险合同，并非一次要约和承诺就可完成，一般都要经过多次协商。若接受要约的一方对要约只是部分同意，或者附有条件的接受，不能认为是承诺，而是提出了一个新要约。因此订立海上保险合同的过程实际上是要约、新要约、更新的要约，直至承诺的过程，但要约和

承诺是必须经过的两个阶段。

1. 要约

在海上保险合同的订立过程中，总存在一方提出缔约的要求，希望对方能够接受，从而订立合同，因此要约即是希望和他人订立合同的意思表示。在要约中，发出要约的人称为要约人，接受要约的人为受要约人、相对人或者承诺人。根据我国《合同法》，有约束力的要约必须具备以下几个条件：

（1）要约的内容必须具体确定。即要约的内容应当详细、明确、清晰。因为要约一经受要约人承诺，合同即告成立，而一项合同，又必须具备合同成立的基本条款才能成立，所以要约必须具备未来合同的主要内容。如果是投保人提出的要约，投保人须在要约中（一般为填写投保单）如实填写投保人、被保险人的名称、住所、保险期间、保险金额、保险标的、保险费及支付办法等内容，而且投保人在填写投保单之前须充分了解并已同意了保险条款。

（2）若受要约人承诺，要约人即受该意思表示的约束。要约人发出要约的目的是为了订立合同，即在受要约人承诺时，要约人即受该意思表示约束，这种意图应当通过其要约的内容表现出来，才能在受要约人承诺的情况下成立合同。当受要约人承诺后，要约人不得反悔，也不得在要约的有效期内随意撤回要约。

（3）要约必须由特定的当事人作出。要约人必须是合同的一方当事人，可以是合同的当事人本人，也可以是其代理人，但要约的意思必须由特定人作出，这样才能在受要约人作出承诺后产生合同成立的法律效果。要约人应当具有民事权利能力和相应的民事行为能力。

（4）要约必须向受要约人发出。因为要约一旦被承诺，则可导致合同的成立，因此要约只能向要约人希望与之缔结合同的人发出。

在海上保险合同的订立过程中，绝大部分是投保人主动或在保险代理人的建议下向保险人要求订立保险合同，填写投保单，而且是填写投保单之前投保人已经了解并同意了保险条款的内容，因此投保人填写的投保单可视为合法的要约。若保险人同意，保险合同即告成立。

需要注意的是，如果保险人或其代理人只是向投保人提出订立海上保险合同的建议，而不包括主要条款，则这只是一种要约邀请，而非要约。要约和要约邀请是不同的。要约邀请是希望他人向自己发出要约的意思表示，发出要约邀请的一方并非是想就此订立合同，而是希望唤起他人向自己发出要约。

2. 承诺

承诺是受要约人同意要约的意思表示。要构成一个有效的承诺，必须满足以下要求：

（1）承诺必须由受要约人作出。承诺人就是受要约人，因为要约是向受要约人作出的，所以只有受要约人才能取得承诺的资格。受要约人的承诺行为，既可以由其本人，也可以由其委托代理人作出，但受要约人以外的任何第三人不能作出承诺。

（2）承诺必须向要约人作出。承诺是对要约的同意，并成立合同，因此承诺只能向要约人作出，这样要约人才能成为合同的一方当事人，才能达到成立合同的目的。承诺既可以向要约人本人作出，也可以向要约人的代理人作出。若承诺是向要约人以外的第三人作出的，则只能视为是向要约人发出的要约，不产生承诺的效力。

(3) 承诺的内容与要约的内容应当一致。承诺是受要约人同意要约的意思表示，受要约人作出承诺，即被认为他愿意按照要约的内容与要约人订立合同，因此承诺的内容必须与要约的内容完全一致，才能促使合同成立。如果受要约人发出的意思表示对要约的内容进行了实质性的限制、扩张、变更，则该意思表示不构成承诺，而应视为对原要约的拒绝而构成一个新的要约。

(4) 承诺必须在有效期内作出。承诺必须在确定的期限内到达要约人，否则该承诺不产生法律效力。如果要约中没有确定承诺期限，受要约人应当在合理的期限内作出。

海上保险合同订立中的承保相当于保险人的承诺。保险人收到投保单后，要进行必要的审查，包括向投保人询问等，并就交付保险费的事项进行协商。如果被保险人或保险标的不符合承保标准，保险人则会拒绝投保申请；如保险人准备承担风险，则签章同意承保，即构成承诺，保险合同成立。

(二) 海上保险合同的生效

海上保险合同的成立与生效并不是一个概念。合同的成立是指当事人双方对合同中的条款达成一致的协议，经过要约和承诺，合同即告成立。但是合同成立后能否产生法律效力，受到法律保护，还要看它是否符合特定的生效要件。如果一份海上保险合同虽然已经成立，但是并未满足生效要件，则不能产生当事人所预想的法律效果。因此海上保险合同的成立并不意味着合同生效。合同生效是指已经成立的保险合同因符合特定的生效要件而受到法律的保护，并能够产生当事人所预想的法律后果。由于在海上保险合同中可能附带一些须满足的条件，因此只有这些条件充分具备后，海上保险合同才能生效。

《海商法》第 234 条规定："除合同另有约定外，被保险人应当在合同订立后立即支付保险费；被保险人支付保险费前，保险人可以拒绝签发保险单证。"根据该条规定，被保险人支付保险费与保险人签发保险单是"对流条件"，而不是保险责任开始或保险合同生效的对流条件，除非合同另有约定，被保险人迟延支付保险费，并不影响保险合同生效或保险人承担保险责任。所以根据海上保险法，被保险人支付保险费，一般只被认为是被保险人的合同义务，并非海上保险合同生效的条件；如若合同中有关于支付保险费是保险合同生效的要件，则应另当别论。

二、海上保险合同的变更

海上保险合同一经订立，双方必须履行合同规定的义务，同时取得相应的权利。一般情况下，任何一方不得擅自变更合同内容，但是由于主客观情况的变化，经常有变更合同内容的要求。海上保险合同的变更有广义和狭义之分，广义的合同变更包括海上保险合同的主体及内容的变更；狭义的变更仅指海上保险合同内容的变更。海上保险合同主体的变更实际上就是合同的转让。因此本书所指的是狭义的海上保险合同变更。

海上保险合同变更的内容很多，包括货物名称、标记、包装、数量、承运船名、航程、航行区域、开航日期、保险金额、缴费方式、保险期限等。《保险法》第 20 条规定："在保险合同有效期内，投保人和保险人经协商同意，可以变更保险合同的有关内容。变更保险合同的，应当由保险人在原保险单或者其他保险凭证上批注或者附贴批单，或者由投保人和保险人订立变更的书面协议。"该条是对保险合同变更的一般性规定，同样也适用于海上保险合同。实际上由于海上保险合同的标的数额往往很高，所以在发生变更时采用书面形式的作法几乎成为习惯。如果变更的内容使得风险增加、责任加重，则保险人有权增加保险费或者解除保险合同。

三、海上保险合同的转让

海上保险合同的转让，通常是因保险标的所有权的转让而引起的。由于海上保险合同不是保险标的的附属物，不能随同保险标的所有权的转让而转让。值得注意的是，船舶保险合同的转让和货物运输保险合同的转让是不同的。

（一）船舶保险合同的转让

在船舶保险中，船舶所有权和管理权对保险人至关重要，直接影响保险人的承保决定。若允许船舶保险合同在船舶转让时自由转让给他人，会使保险人承担与其作出承保决定时完全不同的风险。因此对于船舶的转让而引起的保险合同转让，各国法律或保险条款通常有所规定。我国《海商法》第 230 条规定："因船舶转让而转让保险合同，应当取得保险人的同意；船舶转让发生在航次中，而保险人不同意被保险人转让保险合同时，保险合同的效力仍持续至航次终了。"《最高人民法院关于审理海上保险纠纷案件若干问题的规定》第 9 条规定："在航次之中发生船舶转让的，未经保险人同意转让的船舶保险合同至航次终了时解除。船舶转让时起至航次终了时止的船舶保险合同的权利、义务由船舶出让人享有、承担，也可以由船舶受让人继受。船舶受让人根据前款规定向保险人请求赔偿时，应当提交有效的保险单证及船舶转让合同的证明。"我国船舶保险条款也作了相应规定："当船舶所有权改变，或转让给新的管理部门，除非事先书面征得保险人的同意，本保险应自动终止。但船舶有货载或正在海上时，经要求，可延迟到船舶抵达下一个港口或最后卸货港或目的港。"可见，因船舶风险的特殊性，法律及实务中均要求因船舶转让而引起的保险合同转让须事先征得保险人的同意，但须注意在航次中发生的船舶转让情形。

（二）货物运输保险合同的转让

在海上运输货物保险中，作为保险标的的货物在运输过程中通常并不是由被保险人直接控制，而掌握在承运人手中，货物的危险程度与被保险人并无多大关系。因此，由于货物转让而引起的被保险人变更，在一般情况下并不增加保险人所承担的风险。同时，国际货物买卖不仅会涉及买卖双方，而且会涉及融资银行；一笔货物在海上运输过程中有时会被买卖多次。如果每一个新的买方都重新购买保险或向保险人办理同意转让的批注手续，不仅会增加国际贸易的成本，增加重复保险的可能性，使保险人自己的理赔工作复杂化，而且会增加保险欺诈的机会。因此，海上运输货物保险合同可以不经保险人的同意而随着货物所有权的转让而转让，这种自由转让一般不增加保险人的损失风险，也方便了国际贸易的顺利进行。因此我国《海商法》规定："海上运输货物保险合同可以由被保险人背书或者以其他方式转让，合同的权利、义务随之转移。合同转让时尚未支付保险费的，被保险人和合同受让人负连带支付责任。”

（三）受让人的权利

海上保险合同转让后，受让人所处的地位如同出让人一样，受让人有权以自己的名义向保险人进行索赔或诉讼，但受让人的权利不能超越原出让人所享有的权利范围，并承担出让人作为或不作为的后果。保险人所享有的权利并不因保险合同的转让而受影响，依然有权像对待出让人那样对合同项下的责任进行辩护。如果出让人违反了合同中的保证义务，受让人可能对此完全不知情，但保险人仍有权解除保险合同。同样，船东将船舶抵押给银行，保险合同在征得保险人的同意后转让给银行，在航行中船东有意弃船，那么无辜的银行也就丧失了向保险人索赔的权利。当然，在伦敦保险协会定期船舶保险的营运费用保证条款中则有不同的规定，即当出让人违反 25% 的保额限制或安排其他的保险时，保险人不得对不知情的抵押权人行使抗辩权。

四、海上保险合同的解除

海上保险合同的解除是指在海上保险合同有效期内，当事人依照法律规定或合同约定提前终止合同效力的一种法律行为。在理论上，合同解除与合同终止的区别是不言而喻的，合同终止的效力仅指向将来，而合同解除的效力有溯及既往的一面。但我国《合同法》对此基本上并未加以区别，没有将合同解除与合同终止作为并列的概念加以使用，而是将解除作为终止的一种特殊情况，即将合同终止作为合同解除的上位概念。但是我国《保险法》《海商法》均将两者加以区别。因此本书也将分别加以阐述。

保险人或者被保险人解除海上保险合同的权利，称之为解除权。这种解除权可以源于法律规定，称为法定解除权；也可源于保险合同中的约定，称为约定解除权。两者只是在解除权发生的原因方面有所不同，但在法律效果方面是一致的。

（一）保险人解除海上保险合同

为了保护被保险人的利益，我国《海商法》第 227 条规定：“除合同另有约定外，保险责任开始后，被保险人和保险人均不得解除合同。”这一规定是任意性规定，当海上保险合同成立后，发生下列情形时，保险人仍有权解除保险合同：

（1）投保人因故意或过失未履行如实告知义务，足以影响保险人决定是否同意承保或者提高保险费率的，保险人可以解除海上保险合同。保险人是根据投保人告知的有关保险标的或者被保险人的情况而订立海上保险合同的，如果投保人的陈述不实或有错误，则保险人不能了解保险标的的真实情况，在这种情形下订立的海上保险合同，法律若继续维持其效力，对保险人是不公平的，因此应赋予保险人合同解除权。值得注意的是，投保人因故意或过失违反告知义务会对合同的解除产生不同的影响。若投保人故意误述或隐瞒事实，不履行如实告知义务，则无论误述、隐瞒的事实是否重要，保险人都有权解除保险合同且不退还保险费。合同解除前发生保险事故造成损失的，保险人不负赔偿责任。而投保人因过失未履行如实告知义务的，则保险人有权解除合同或者要求相应增加保险费。保险人解除合同的，对于合同解除前发生保险事故造成的损失，保险人应当负赔偿责任；但是未告知或者错误告知的重要情况对保险事故的发生有影响的除外。

（2）投保人、被保险人发生保险欺诈行为，则保险人有权解除保险合同。海上保险合同中的欺诈行为主要有：其一，被保险人在未发生保险事故的情况下，谎称发生了保险事故，向保险人提出赔偿保险金的请求，保险人有权解除保险合同，并不退还保险费；其二，投保人、被保险人故意制造保险事故，保险人也有权解除保险合同。上述保险欺诈行为意在图谋保险金，构成了道德危险，属于违法行为，也是为保险人所极力防范的，因此法律赋予了保险人合同解除权。

（3）被保险人违反保证条款，保险人可以解除保险合同。海上保险合同中的保证条款是维持保险合同效力的基础，若被保险人未遵守该条款，维系合同存在的基础就不存在了，因此保险人拥有合同解除权。当然被保险人因不可抗力或法律、环境变化的原因而不能履行保证条款的除外。

（二）被保险人解除海上保险合同

因为买卖合同取消或收货方拒绝收货等原因，被保险人在保险责任开始前可以要求解除海上保险合同，但是应当向保险人支付一定的手续费。一旦保险责任开始后，则除合同另有约定外，被保险人不得解除保险合同。但实际上，定期保险合同中通常赋予被保险人合同解除权，被保险人如因某种客观原因退保，则可以向保险人提出解除保险合同的要求。之所以赋予被保险人这样一种权利，是因为被保险人订立保险合同的目的是从保险人那里获得保险保障，但当主客观情况发生变化后，被保险人感到保险合同的履行已无必要，因此可以解除保险合同。被保险人解除保险合同，无须向保险人陈述其解除合同的理由，只要向保险人作出解除保险合同的意思表示，即发生合同解除的效果。但是对于航程保险，包括货物运输保险和船舶航程保险，各国法律通常规定在保险责任开始后，被保险人不得要求解除保险合同，也不可能要求退费。

五、海上保险合同的终止

海上保险合同的终止，是指海上保险合同效力的永久停止，即海上保险合同规定的当事人的权利、义务归于彻底消灭。海上保险合同的终止主要有如下几种情形：

（一）因期限届满而终止

因期限届满而终止也称自然终止或届期终止，即海上保险合同的有效期限届满，保险人承担的保险责任即告终止。因保险合同有效期限届满而引起的保险合同的终止，是保险合同终止的最普遍、最基本的原因。保险合同期限届满以后的续保，不是保险合同的继续，而是一个新合同的产生。例如，船舶在保险合同约定的往返航程中未发生损害事故，但由于航程已经结束，保险期限届满，则保险合同终止。

（二）因义务已履行而终止

在海上保险合同有效期内，保险标的发生保险事故后，合同因保险人按约定履行了全部赔偿责任而消灭。如船舶在保险期限内遭遇风暴而沉没，保险人赔偿了相当于保险金额的保险金，则保险合同终止。但是如果船舶在保险期限内发生多次保险事故，即使损失金额的总和超过了保险金额，保险人仍须承担赔偿责任，直至保险期限届满。

（三）因约定条件出现而终止

海上保险合同的存续以一定的条件为前提，如果出现一些导致合同无法继续履行的情况，则保险合同自动终止。如船舶的船级社变更或船舶等级变动、船舶所有权或船旗改变或转让给新的管理部门、光船出租或被征购或被征用，则船舶保险合同自动终止，但船舶有货载或正在海上时，经要求，可延迟到船舶抵达下一个港口或最后卸货港或目的港。再如，海上货物运输战争险及船舶战争险条款通常规定：当任何原子、氢弹或核武器的敌对性爆炸发生；联合国安理会常任理事国之间爆发战争（不论宣战与否）；船舶被征用或出售时，保险合同自动终止。

（四）因保险标的灭失而终止

船舶或货物等保险标的如因非保险事故而致全部灭失，则保险合同因标的不复存在而当然终止。

案例分析

1. 某集团公司购进一批豆粕，需从大连港经水路运往广州黄埔港。1992 年 8 月 27 日，货物到达大连港。因保险公司与大连港有长期代办保险业务关系，大连港收到货物后，即于 28 日在《水路货物承运登记单》上加盖了保险公司的保险印章，并通知被保险人缴纳保险费。被保险人按照综合险支付了全部保险费，具体保险条款按中国人民保险公司《国内水路、铁路货物运输保险条款》规定执行。

该批货物于 1992 年 8 月 28 日开始装船。8 月 30 日凌晨天降大雨，因承运船第八舱液压管爆裂，致使舱盖不能关闭，造成已装船货物被雨淋湿。被保险人要求承运人卸下 381 件，并告知保险人货被雨淋，要求保险人上船对剩余货物是否需要卸下船进行检验确认。保险人经查验，没有提出卸货意见。当日，承运人向被保险人出具了“8 仓货物被雨淋湿，已卸下 381 件，余货水湿不详”的货运记录。1992 年 8 月 31 日，该批货物装船完毕后即运往广州黄埔港。9 月 3 日，保险人向被保险人出具了《国内水路、陆路货物运输保险单》。船抵广州黄埔港，因泊位紧张，一直在锚地等泊，同年 9 月 30 日才靠泊卸货。根据黄埔港理货公司理货证明和黄埔港货运记录记载，所卸下货物有 6 932 件水湿现象，其中有 370 吨豆粕发生霉变。被保险人即通知保险人赴广州黄埔港查验货损情况。保险人派员赴黄埔港查验后，要求被保险人采取各种补救措施，迅速处理受损货物，避免扩大损失。被保险人即将受损严重的 370 吨豆粕低价卖出。事后，被保险人按保险合同约定索赔，但遭到保险人拒赔，理由是：货损是由承运人的责任造成的，按有关规定，应由承运人按照实际损失赔偿，赔偿不足部分方由保险公司在保险金额范围内给予补偿；而且保险单是在 1992 年 9 月 3 日出具的，货损发生在出单之前，发生货损时，保险合同还没成立。

请分析保险人的拒赔决定是否合理？

2. 1996 年 3 月 10 日，某航运公司与保险公司签订了一份船舶保险合同，合同约定保险期限为一年，自 1996 年 3 月 11 日零时到 1997 年 3 月 10 日 24 时止，保险金额为 300 万元。保险费为 30 000 元，分两次交纳，1996 年 8 月 20 日交纳 20 000 元，1997 年 1 月 10 日交纳 10 000 元。合同签订后，航运公司于 1996 年 8 月 20 日按合同约定交纳了 20 000 元保险费，但 1997 年 1 月 10 日没有按期交纳另一部分保险费 10 000 元。

1997 年 2 月 5 日，航运公司投保的“东风”号轮船在海上触礁沉没。

航运公司认为，“东风”号轮船已投保了船舶保险，“东风”号轮船触礁属于保险责任范围，且在保险期限内，有权要求保险公司支付保险金，遂于 2 月 7 日派人到保险公司交纳第二部分保险费 10 000 元，并要求保险公司赔偿“东风”号轮船沉没的损失。保险公司认为：双方之间虽有保险合同，但航运公司迟迟未交第二部分保险费，保险公司有权解除保险合同，并拒收该保险费，不予赔偿。

请分析保险人的拒赔决定是否合理。

思考题

1. 海上保险合同的订立、履行受到哪些法律的调整和约束？
2. 比较定期保险与航程保险、定值保险与不定值保险。
3. 海上保险合同的订立与生效有何不同？
4. 比较船舶保险合同转让与货物运输保险合同转让的不同。

第三章

海上保险合同适用的基本原则

本章摘要

在漫长的海上保险发展历史中，逐渐确立了最大诚信、保险利益、损失补偿、近因等基本原则。最大诚信原则被公认为是订立海上保险合同所应遵守的首要原则，包括告知、保证、弃权与禁止反言。传统的告知义务仅限于投保人，但是，随着保险业的发展，告知义务的范围不断扩大，投保人、保险经纪人及保险人都负有如实告知义务。对于投保人一方而言，负有无限告知义务。保证是被保险人必须严格遵守的原则，根据其存在的形式，可以分为明示保证和默示保证，其中默示保证主要有：适航保证、合法保证、不得绕航保证。在海上保险标的发生损失时，被保险人必须对保险标的具有保险利益，这种利益可能是现有利益，也可能是期待利益、责任利益及或有利益。海上保险合同是损失补偿合同，被保险人所获得的补偿数额不能超过其所遭受的实际损失。当发生重复保险时，须由保险人分摊保险标的的损失，但在索赔时适用连带责任主义。若保险标的的损失是由第三者造成的，保险人在履行赔偿责任后有权在其赔偿限额内向第三者追偿。在确定保险标的的损失是否属于保险人责任时，须遵循近因原则，近因是指造成保险标的的损失最主要、最有效的原因，而非时间或空间上最为接近的原因。

关键词

最大诚信　保险利益　损失补偿　近因

第一节　最大诚信原则

诚实、信用是一切经济活动中当事人必须遵守的原则，任何一方当事人不得对另一方当事人隐瞒、欺骗，否则所订立的经济合同为无效合同。由于保险经营活动的特殊性，对诚信的要求更为严格，要求保险当事人双方做到最大诚信（Utmost Good Faith）。因此最大诚信原则被认为是保险法律中最高的规范，是一切保险法律关系的道德规律。

在保险经营活动中必须遵守最大诚信原则，其原因在于：其一，投保人和保险人掌握信息的不对称性。由于保险标的被控制于投保人、被保险人手中，对于保险标的的风险情况只有投保人、被保险人是最为了解的，而保险人只能通过投保人、被保险人的陈述才能作出承保决定，因此要求投保人、被保险人须将其掌握的重要情况告知保险人。其二，保险合同是格式合同，保险条款是由保险人事先拟定好的，具有较强的专业性和技术性，因此要求保险人也须遵守最大诚信原则。其三，保险合同是典型的射幸合同，保险费的交付和保险赔款的支付之间的平衡具有偶然性，取决于保险事故发生与否。基于此，要求保险合同当事人遵守最大诚信原则就成为顺理成章之事。

最大诚信原则有其悠久的历史。在海上保险中，保险当事人在订立保险合同时，所保船舶或货物与订立合同地之间往往远隔重洋，保险标的的实际情况如何，很难获知，许多资料完全依靠于被保险人提供，因此，海上保险合同的订立取决于当事人有超出一般合同的最大诚意。最大诚信原则在判例法中的最早确定是英国 1766 年的 Carter V. Boehm 一案，审理该案的曼斯菲尔德法官在其判词中认为：最大诚信原则禁止合同任何一方隐瞒他所知悉的情况，诱使另一方签订合同，隐瞒真实情况将被视为欺诈，因此将导致合同无效。最大诚信原则最早在成文法中得以确立是在英国的《1906 年海上保险法》中，该法第 17 条明确规定："海上保险契约是基于最大诚信的契约，如果双方当事人中任何一方不遵守最大诚信规定，另一方得宣告契约无效。"之后，该规定为各国保险法相继采纳。因此，最大诚信原则被公认为海上保险合同订立及履行中应遵守的首要原则。

一、告知

告知（Disclosure），是在保险合同的订立和履行过程中，一方当事人向另一方对于保险标的风险情况所作的说明或者陈述。传统的告知义务仅限于投保人，即认为投保人是告知的义务主体，而保险人是告知义务的权利主体，但是，随着保险业的发展，告知义务的范围不断扩大，投保人、保险人都负有如实告知义务。

（一）投保人的告知义务

在海上保险合同订立时，投保人、被保险人须将那些足以影响保险人决定是否承保和确定费率的重要事实如实告知保险人。

1. 告知的范围

根据对投保人履行告知义务范围的不同要求，可把告知分为无限告知和询问回答告知。在海上保险中，由于危险因素极为众多且复杂，不仅来自船、货本身，还可能来自海洋的自然灾害，来自各国政治的、法律的、经济的以及部分地区及整个世界格局的影响，因此长期以来采用无限告知主义。我国《海商法》第 222 条："合同订立前，被保险人应当将其知道的或者在通常业务中应当知道的有关影响保险人据以确定保险费率或者确定是否同意承保的重要情况，如实告知保险人。"英国《1906 年海上保险法》也作了如此规定，只要是与保险标的有关的重要事实，即对保险人的承保决定有影响的情况都应陈述给保险人。所谓重要事实，是指影响保险人决定是否同意承保或者提高保险费率的所有情况。

值得注意是：英国《2012 年消费者保险（告知和陈述）》（简称 CIDRA 2012）于 2013 年 4 月 6 日正式生效。CIDRA 2012 将《1906 年海上保险法》中规定的被保险人在订立保险合同时应主动提供信息的义务更改成了诚实和合理地回答保险人询问的义务，即从无限告知调整为询问回答告知，但仅限于被保险人为个人的情形。其第 2 条规定："消费者保险合同中的消费者负有采取合理注意如实告知的义务。""消费者"是指订立或拟订立一份消费者保险合同的个人，而非法人；其缔约的唯一或主要目的须是非商业性的。该法还规定了消费者不实告知时须承担的法律后果，即如果消费者的不实告知是故意或罔顾实情的，则保险人有权解除合同、拒绝所有索赔，并可保留所收取的保费，除非该等保留对消费者而言不公平。若消费者因疏忽而未履行如实告知义务，则对于非人身险合同：（1）若保险人本不会以任何条款签署合同，保险人可解除合同并拒绝所有索赔，但须退还所收取的保费。（2）若保险人本可基于保费之外的不同条款（如免责条款等）签署合同，视为合同已含有该不同条款。（3）若保险人本可收取更高的保费，其可以相应地减少赔付金额。

2. 无需告知的事实

一些事实因减轻了保险人的责任或因与其他规定有关而无需告知。对此，英国《1906 年海上保险法》规定：（1）减低风险的任何事项；（2）公开的或保险人知道或推定应该知道的事项；（3）保险人申明无需告知的事项；（4）由于明文或暗示的保证条款，被保险人无需申报的事项；（5）非保证范围内、本质又非重要的事项；（6）与保单的除外责任有关的事项。对于投保人无需告知的内容，我国《海商法》的规定虽较为简略，仅规定"保险人知道或者是在通常业务中应当知道的情况，保险人没有询问的，被保险人无需告知"。但若与保险基本原理、原则等内容相联系，则在我国投保人无需告知的事项与英国基本一致。

3. 违反告知义务的法律后果

告知义务是法律规定的合同成立前的义务，但违反如实告知义务并不必然影响合同的成立和生效。对于违反告知义务的法律后果，各国的法律规定并不一致，主要有两种作法：（1）无效主义。在一些国家，将投保人履行如实告知义务视为海上保险合同成立的要件之一，一旦投保人违反了该项义务，则海上保险合同失去了赖以存在的基础，其结果自然是该海上保险合同无效。采用这种形式立法的有法国、荷兰、比利时等国。（2）解约主义。我国《海商法》及《保险法》均根据投保人违反告知义务的主观动机，赋予了保险人有条件地解除合同的权利。保险人要行使这种解除权，必须证明投保人未告知或错误告知的内容属于重要事实，同时还须证明投保人是故意还是过失行为所致。具体为：由于被保险人的故意，未将有关保险标的的重要情况如实告知保险人的，保险人有权解除合同，并不退还保险费。合同解除前发生保险事故造成损失的，保险人不负赔偿责任。不是由于被保险人的故意，未将有关保险标的的重要情况如实告知保险人的，保险人有权解除合同或者要求相应增加保险费。保险人解除合同的，对于合同解除前发生保险事故造成的损失，保险人应当负赔偿责任；但是，未告知或者错误告知的重要情况对保险事故的发生有影响的除外。当然，如果保险人已经知晓被保险人未如实告知足以影响其承保的重要情况，但仍收取保险费或者支付保险赔偿，则应视作保险人的弃权，事后不能以被保险人未如实告知重要情况为由解除合同。

（二）保险人的告知义务

长期以来，告知义务被认为仅是投保方的单方义务，保险人是告知义务的权利主体。实际上海上保险合同是当事人双方的合意，并以保险人和投保人的相互诚信为基础；而且海上保险合同通常都以格式合同的形式订立，因此保险人作为一方当事人也须尽到一定的说明义务。对此，一些国家的法律作了规定，如澳大利亚《1984年保险合同法》第22条规定："保险人在保险合同订立前应以书面形式明确说明保险合同的性质及负有披露义务。"对于保险人的告知义务，虽然我国《海商法》并未提及，但我国《保险法》第17条规定："对保险合同中免除保险人责任的条款，保险人在订立合同时应当在投保单、保险单或者其他保险凭证上作出足以引起投保人注意的提示，并对该条款的内容以书面或口头形式向投保人作出明确说明；未作提示或者明确说明的，该条款不产生效力。"可见保险人的说明义务与投保人的告知义务一样，都是法律规定当事人在订立合同前应尽的义务，在性质上属于先合同义务，是当事人合意的基础。若保险人违反告知义务，即未明确说明免除保险责任的条款，不会产生整个保险合同无效的后果，而只是该未说明的免除责任条款不产生法律效力。

如何确定"免除保险人责任的条款"？在实务中争议较多。《最高人民法院关于适用〈中华人民共和国保险法〉若干问题的解释（二）》中规定：保险人提供的格式合同文本中的责任免除条款、免赔额、免赔率、比例赔付或者给付等免除或者减轻保险人责任的条款，可以认定为"免除保险人责任的条款"。保险人因投保人、被保险人违反法定或者约定义务，享有解除合同权利的条款，不属于"免除保险人责任的条款"。保险人将法律、行政法规中的禁止性规定情形作为保险合同免责条款的免责事由，保险人对该条款作出提示后，投保人、被保险人或者受益人以保险人未履行明确说明义务为由主张该条款不生效的，人民法院不予支持。

二、保证

（一）保证的含义与后果

保险意义上的保证（Warranty）是指投保人或被保险人对保险人所作的特定担保事项，如担保某种事项的作为或不作为，或某种事项的真实性等。保证之所以重要，是因为保险人承担保险责任是以被保险人履行某种义务或满足某种条件为前提的；因此保证是保险合同的基础，若被保险人违反之，就使保险合同失去了赖以存在的基础；而且保证无故意违反与非故意违反之分，保证在法律上都是重要的，任何违反均会导致严重的法律后果。英国《1906年海上保险法》规定："被保险人一旦违反保证，则不管保证事项是否重要，也不管此保证是否增加了风险，除保险单明文规定可以续保外，保险人可以解除赔偿责任，也不论其后发生的损失与违反保证之间有无因果关系。""被保险人一旦违反保证，即使在发生损失前该保证已弥补或履行，保险人也可以解除责任"。对于保证，我国《保险法》并未涉及，《海商法》仅在第235条中作出了如下规定："被保险人违反合同约定的保证条款时，应当立即书面通知保险人。保险人收到通知后，可以解除合同也可以要求修改承保条件，增加保险费。"《最高人民法院关于审理海上保险纠纷案件若干问题的规定》规定："保险人以被保险人违反合同约定的保证条款未立即书面通知保险人为由，要求从违反保证条款之日起解除保险合同的，人民法院应予支持。”“保险人收到被保险人违反合同约定的保证条款书面通知后仍支付保险赔偿，又以被保险人违反合同约定的保证条款为由请求解除合同的，人民法院不予支持”。“保险人收到被保险人违反合同约定的保证条款的书面通知后，就修改承保条件、增加保险费等事项与被保险人协商未能达成一致的，保险合同于违反保证条款之日解除”。可见，只要有违反合同约定的保证内容发生，保险人就拥有合同解除权，并不要求被保险人存在过失，或与标的损失之间有因果关系，也不要求是被保险人本人所为。

（二）保证的形式

保证根据其存在的形式，可以分为明示保证和默示保证。

1. 明示保证

凡是在保险合同中明文规定的保证，即为明示保证。明示保证必须载于保险单或类似的保险合同文件中，但并不一定以“保证”两字出现，可以以任何文字说明担保或承诺的意图。海上保险合同中的明示保证很多，如船舶的航程为伦敦至上海，船舶不得与他船在海上直接装卸货物，船舶不得从事拖带或救助服务等。

2. 默示保证

那些在保险合同中没有载明，而是由法律规定的，或在习惯中被人们所承认的保证，为默示保证。海上保险中的默示保证主要有适航保证、合法保证、不得绕航保证。

（1）适航保证

适航是指船舶各个方面能够满足特定航程中的一般海上风险。长期以来，船舶适航一直是海上保险中的重要默示保证。但是船舶保险和货物运输保险中对于船舶适航的要求是不同的，而且航程船舶保险和定期船舶保险中也对船舶适航有不同的规定。

关于船舶航程保险中的适航，英国《1906 年海上保险法》作了十分详尽的规定：① 船舶航程保险中含有默示保证，即船舶在开航前必须具有经受承保的特定航程的适航能力。② 如果在保险单生效时船舶停泊在港内，也有一个默示保证，即船舶在风险开始后应合理装备，足以经受得住港内的通常风险。③ 如果保险单承保的航程分不同阶段完成，在各个阶段中，船舶需要不同种类的装备，则也须遵循默示保证：在每一阶段开始时，船舶应具有为完成该阶段所必需的有关装备或准备的适航性。④ 船舶在各方面合理装备，能经得住承保航程的通常为海上风险，即被认为是适航。在船舶定期保险中，并没有船舶在航程的任何阶段必须适航的默示保证，但如果被保险人有私谋，将处于不适航状态的船舶派出海，由于这种不适航引起的损失，保险人可以不承担责任。值得注意的是：

货物运输保险属于航程保险，但在运输过程中，作为被保险人的货方无法对承运其货物的船舶进行控制，无法知其是否具备适航条件，因此伦敦保险协会的货物运输保险条款规定：“保险人放弃载运保险标的到目的港的船舶不得违反默示适航或适运保证，除非被保险人或其雇员对此种不适航或不适运有私谋。”即如果被保险人及其雇员并不知道承运船舶是不适航的，并无私谋，尽管船舶不适航的客观事实存在，也不会影响到被保险人的利益。当然保险人在履行赔偿责任后，可以享有向不具备适航能力的船只的追偿权利。

（2）合法保证

无论在和平时期还是战争年代，运送货物均会发生许多非常事件，如走私、私运违禁品等。这些非法行为大大增加了船舶、货物遭遇损失的可能性，因此英国《1906年海上保险法》第41条规定："凡所投保的海上冒险，经默示保证为合法者，在被保险人力所能及的范围内，对有关航行应以合法的方式完成。"在Popon V. Cope一案中，某船的船长为获暴利进行走私活动，该船船东知悉此情况后未加以阻止，该船后被拘捕。此案中，法庭认为，被保险人违反了航程须合法的默示保证，保险人可宣布保单无效。

（3）不得绕航保证

船舶脱离保单所载明的航线或习惯上的航线航行，称为绕航。绕航不仅增加船舶的开支，延迟交货时间，而且还增加了船舶、货物遇险的概率。因此海上保险中，通常把不得绕航作为一项默示保证，不得违反。但有时绕航是合理的或必需的，如发生了船方和船长不能控制的情况、为了船舶或标的物安全、为了协助遇难船上人员脱离危险、为了获得船上人员需要的医药或者治疗手术合理需要等，这些绕航是准许的；但当许可绕航的理由不复存在时，船舶须立即恢复原定的航线航行。此外，企图脱离航线是无关重要的，一定要有脱离航线的事实，才为绕航。

三、弃权与禁止反言

弃权是指保险人放弃其在保险合同中可以主张的某种权利。保险人的弃权必须有弃权的意思表示，或者是以明示的行为表示，或者以默示的行为表示。如船舶保险合同中规定，被保险人在保险事故发生后的一定时间内应通知保险人，若被保险人逾期才履行通知义务，而保险人仍予以接受者，可视为保险人放弃了对逾期通知的抗辩权。禁止反言是指保险人既已放弃了其可以主张的权利，日后不得再向被保险人主张此种权利。上例中，保险人接受了被保险人的逾期通知，则日后保险人不能以此为理由而拒绝承担责任。在实际中，弃权与禁止反言大多发生在保险代理人身上，如通过放宽保险条件或对保险条款作错误的说明，以达到延揽业务的目的。由于保险代理人是受保险人的委托进行活动的，因此他的弃权可产生约束保险人的后果。

第二节　保险利益原则

保险人义务的履行依赖于特定危险的偶然发生。如果投保人以与其自身毫无关系的他人财产为保险标的进行投保，且当保险标的发生保险事故时可以得到保险人的赔偿，则会诱发道德危险，损害全体被保险人的利益，并造成社会的极大不安定。有鉴于此，英国立法机关在1746年的《海上保险法》中规定：无法证明利益存在者，保险合同无效。这是关于保险利益原则的首次规定，该规定后被其他国家所效仿，从而成为所有保险合同均应遵守的一项基本原则。

一、保险利益的含义

保险利益（Insurable Interest），是指被保险人对于保险标的所具有的经济利害关系。对于保险利益，各国法律作了诸多解释：

《1906 年英国海上保险法》第 5 条规定："凡与某项海上冒险有利害关系者，即具有保险利益；尤其是对某项海上冒险或对于海上危险之中任何可以保险的财物具有某种普通法或平衡法上关系的人，如果对该项财物的安全或按期到达享有利益，或者该项财物发生灭失、损害时即受到损失或负有责任，即认为具有利害关系而具有保险利益。"

《1966 年美国纽约州保险法》第 148 条规定："保险利益应当包括对财产的安全或保留或毁损或金钱损失，所存有的任何合法及实质性利益。"

《1984 年澳大利亚保险合同法》第 17 条规定："当普通保险的被保险人，由于保险标的被损害或毁损而已经遭受金钱或经济损失时，保险人不得仅因该等损失发生之时被保险人对该财产无法律或平衡法上的利益而解除合同责任。"

我国《保险法》第 11 条规定："保险利益是指投保人或者被保险人对保险标的具有的法律上承认的利益。"

从上述规定可以看出：对于何谓保险利益，有两种不同的观点：一是经济利益原则，仅要求被保险人对保险标的具有"经济利益"；二是法律利益原则，不仅要求被保险人对保险标的具有经济利益，而且还要求被保险人与保险标的具有法律上认可的关系。我国借鉴了《1906 年英国海上保险法》的规定，要求被保险人对保险标的应具有经济利益；该经济利益还必须是"法律上承认"的利益。

二、保险利益原则的意义

在海上保险合同中，要求被保险人对保险标的具有保险利益，其意义在于：

（一）防止变保险为赌博

保险与赌博的最大区别在于保险合同中须有保险利益的存在，如果被保险人以与自己毫无利害关系的其他人的财产来投保，则被保险人就有可能因保险事故的发生而获得额外收益，这与赌博毫无二致。在海上保险发展历史中曾经出现过以与自己毫无利害关系的船舶为保险标的的投保，一旦船舶遭遇保险事故，被保险人可获得巨额赔款，严重影响了社会秩序的稳定，后被立法所禁止。

（二）防止发生道德危险

若允许被保险人以与自己毫无利害关系的他人的财产投保，则会出现一些人为了谋取不当利益，故意制造保险事故或希望保险事故发生，危及他人财产安全的情况。坚持保险利益原则，无损失则不赔偿，损失多少赔偿多少，有效地防止了为获得不当利益而诱发的道德风险。

（三）限制保险赔偿的额度

当保险标的发生损失，保险人的赔偿责任以保险合同中载明的保险金额为最高额度，但是如果被保险人丧失了对保险标的的拥有或其保险利益额度有所减少，则不能单纯以保险金额作为保险人承担赔偿责任的限制。要求被保险人在保险标的损失发生时具有保险利益，且以此作为赔偿的限制，体现了保险的损害补偿性。

三、保险利益的时间要求

在海上保险中，由于保险合同经常是在商品交易完成之前签订，因此传统上并不要求被保险人投保时必须对保险标的享有保险利益，只要他有得到该利益的可能性即可。英国《1906 年海上保险法》第 6 条明确规定："尽管在合同订立时被保险人无需对保险标的具有保险利益，但在损失发生时被保险人必须对其具有保险利益。"我国《保险法》第 48 条也规定："保险事故发生时，被保险人对保险标的不具有保险利益的，不得向保险人请求赔偿保险金。"因此，在海上保险实务中一直遵循上述作法：只要求被保险人在损失发生时对保险标的具有保险利益。相反，如果被保险人在保险合同订立时具有保险利益，但在损失发生时却丧失了该保险利益，则无权获得保险赔偿。如果被保险人在损失发生时对保险标的没有利益，在知晓损失发生后，也不能由于采取了任何行为或选择而获得利益。

四、保险利益的种类

保险利益是被保险人对保险标的因保险事故的发生以致保险标的的不安全而受到损失或者因保险事故的不发生而免受损害所具有的利害关系。在海上保险中，虽然保险标的众多，被保险人与保险标的的关系错综复杂，但总体上可以将保险利益划分为以下几类：

（一）现有利益

现有利益，也称既得利益，指被保险人对保险标的所享有的现存利益。被保险人因保险事故的不发生而实际享有该利益，因保险事故的发生而该利益丧失或减损。现有利益的产生是基于现实、法律的规定而非预期，如货物所有权人对货物、为船舶买卖提供融资的金融机构对船舶所拥有的保险利益等均属于现有利益。

（二）期待利益

所谓期待利益，是指被保险人在订立保险合同时对保险标的的利益尚未存在，但基于现有权利而未来可获得的利益。期待保险利益并非基于现实，而是人们基于合理、谨慎的推测，估计自己在可预见的未来将对保险标的拥有法律上承认的利益。期待利益一般因为被保险人对于保险标的具有法律上的权利或利益而发生，受法律保护，如货方对于货物运到销售地并以合理价格出卖而可获得的利润具有期待利益。

（三）责任利益

责任利益是指根据法律或合同规定，被保险人因疏忽或过失致使他人遭受财产损失或人身伤害时应承担的法律赔偿责任。此种利益取决于在保险期限内责任事故是否发生，也是一种消极的保险利益。在海上保险中，如船舶发生碰撞事故、油污事故、船员或旅客人身伤亡、沉船打捞等事故或事件时，被保险人依法须承担民事赔偿责任，对于此种责任，被保险人具有保险利益，可通过投保船舶保险或保赔保险转嫁给保险人。

（四）或有利益

或有利益是被保险人在与第三者的权益关系中因为某种特殊原因而产生的一种保险

利益。此种保险利益取决于第三者是否履行一定的约定义务。如在 FOB、CFR 等价格条件中，当货物越过船舷时，利害关系即转移到买方。当买方收到货物后发现货物质量不符合合同的要求并拒收货物，根据买卖法的规定，由于拒收货物，其后货物灭失的风险由买方又复归到卖方承担，这种在航程中偶然发生的利益称为或有利益。

第三节 损失补偿原则

一、损失补偿原则的含义

保险制度的目的在于补偿被保险人所遭受的经济损失，损失补偿原则最直接地体现了保险的这种补偿职能。损失补偿原则是指当保险事故发生使被保险人遭受损失时，保险人必须在责任范围内对被保险人所受的实际损失进行补偿，以使被保险人恢复到损失前所处的经济状况。换言之，被保险人受损后，一方面有权按照保险合同规定获得赔偿；另一方面，保险人进行的赔偿只限于保险事故造成的实际损失，且以保险金额和被保险人应有的保险利益为限，使被保险人在经济上的利益恢复到损失发生前的原有状态。因此损失补偿原则具有两层含义：其一，无损害则无赔偿。保险人进行损失补偿的程度、数额将视保险标的本身所遭受损害的实际大小而定，因为保险合同是一种损害补偿合同。其二，禁止被保险人通过保险获得任何不当得利，被保险人不能因为保险制度的存在而获得超过其实际损害的补偿，否则将与赌博无异。

从各国法律对海上保险合同所下的定义中可知，海上保险合同是补偿性合同，保险人有义务在合同约定的保险事故发生后，对被保险人所遭受的实际损失进行补偿。

二、损失补偿原则的派生原则之一——保险代位

通常而言，保险代位原则包括权利代位和物上代位，前者即代位求偿权，后者则为委付（本书将在第四章第二节中阐述委付的有关内容）。代位求偿权作为保险人与被保险人之间的权益转让制度，其建立可追溯到 18 世纪末期（英国 1782 年马森诉森茨伯一案的判例），现已为各国保险立法和司法普遍接受。代位求偿权是指保险人赔偿被保险人损失后，在赔付金额限度内，可以取得向造成损失的第三者要求赔偿的权利。我国《海商法》第 252 条就海上保险代位求偿问题作了相应规定：“保险标的发生保险责任范围内的损失是由第三人造成的，被保险人向第三人要求赔偿的权利，自保险人支付赔偿之日起，相应转移给保险人。”可见保险人的代位求偿权是基于法律规定而产生的，其适用具有强制性。

（一）代位求偿权的构成条件

根据民事责任原则，如果因第三者（即致害人）的过错致使被保险人遭受保险责任范围内的损失，则第三者须承担民事赔偿责任，从而在第三者与被保险人之间产生一种债权债务关系。但由于保险合同成立在前，保险人应负的赔偿责任不应因第三者的介入而有所改变，故产生针对同一损失，被保险人享有双重债权的现象。然而依照损失补偿原则，保险事故发生后，被保险人获得的补偿不能超过他所遭受的实际损失。此种情

形下，被保险人有两种选择：一是直接向民事法律关系中的致害人索赔；二是向保险人索赔。被保险人如果选择前者，若致害人的赔偿不足，被保险人有权就不足部分向保险人索回，这里谈不到代位求偿权的问题；被保险人若选择后者，保险人按照保险合同赔付被保险人损失后，取得向致害人的损失请求权，此即为代位求偿权。由此可见，代位求偿权实际上是民事责任原则和保险责任原则相互结合的产物。

代位求偿权是法律赋予保险人的一种权利，其形成必须具备如下条件：

1. 被保险人须对保险人享有索赔权

设立代位求偿权的目的是为了解决在同一事故中被保险人的双重补偿问题，若一项事故并非属于保险人的责任，被保险人无权索赔，被保险人没有额外受益的可能性，也就没有设立代位求偿权的必要。同样，若在事故发生前，保险合同已经无效或被解除，则也不存在代位求偿权。

2. 被保险人须对致害人享有损失请求权

代位求偿权是在有除了保险人和被保险人之外的第三者对保险事故负有民事责任的情况下，方能产生。在 1877 年 Simpson V. Thomson 一案中，一船舶被属于同一船东的另一艘船撞沉，保险人作了赔付后却无法向肇事船追偿。因为同一船东不能自己起诉自己，保险人不能在赔付被保险人损失后再向该被保险人索回。此种观点在我国《保险法》第 46 条中也有体现："除被保险人的家庭成员或者其组成人员故意造成本法第 44 条第 1 款规定的保险事故外，保险人不得对被保险人的家庭成员或者其组成人员行使代位请求赔偿的权利，"之所以如此规定，是因为被保险人的家庭成员或其组成人员与被保险人本身属于一个经济实体，若保险人行使代位求偿权，势必形成被保险人因损失而获得的保险赔偿又由于保险人代位向其家庭成员或组成人员求偿而被收回，显然与损害补偿原则背道而驰。当然，如果保险事故起因于被保险人的组成人员故意或预谋，则情况与上述相反。

3. 代位求偿权须于保险人赔付被保险人损失后，方能产生

各国保险立法均规定：保险人的代位求偿权产生于他已经向被保险人允诺并支付赔款之后。如日本《商法》第 662 条第 1 款规定："在由第三者行为造成损失的情况下，保险人对被保险人已支付其应负担金额时，在支付金额限度内，保险人取得投保人、被保险人对第三者应有的权利。"我国《保险法》第 60 条也规定："因第三者对保险标的的损害而造成保险事故的，保险人自向被保险人赔偿保险金之日起，在赔偿金额范围内代位行使被保险人对第三者请求赔偿的权利。"在我国，保险人在行使代位请求赔偿权利时，必须依照《海事诉讼特别程序法》的规定，向法院提交其已经向被保险人实际支付保险赔偿凭证。可见，保险人要行使代位求偿权，必须先按保险合同履行自己的赔偿义务。

（二）保险人行使代位求偿权的形式

在早期的代位求偿制度中，保险人是以被保险人的名义向对保险事故负有责任的第三者进行追偿。英国最早的代位求偿案例 Mason V. Sainsbury 即是如此。时至今日，英国仍不承认保险人以自己的名义向第三者追偿。我国《海商法》对于保险人是否可以以自己的名义行使代位求偿权并不明确，仅在第 252 条中规定："保险标的发生保险责任范围内的损失是由第三人造成的，被保险人向第三人要求赔偿的权利，自保险人支付

赔偿之日起，相应转移给保险人。”第254条规定：“保险人从第三人取得的赔偿，超过其支付的保险赔偿的，超过部分应当退还给被保险人。”2000年生效的《海事诉讼特别程序法》第94条规定：“保险人行使代位请求赔偿权利时，被保险人未向造成保险事故的第三人提起诉讼的，保险人应当以自己的名义向该第三人提起诉讼。”第95条：“保险人行使代位请求赔偿权利时，被保险人已经向造成保险事故的第三人提起诉讼的，保险人可以向受理该案的法院提出变更当事人的请求，代位行使被保险人对第三人请求赔偿的权利。被保险人取得的保险赔偿不能弥补第三人造成的全部损失的，保险人和被保险人可以作为共同原告向第三人请求赔偿。”《最高人民法院关于审理海上保险纠纷案件若干问题的规定》第13条规定：“保险人在行使代位请求赔偿权利时，未依照海事诉讼特别程序法的规定，向人民法院提交其已经向被保险人实际支付保险赔偿凭证的，人民法院不予受理；已经受理的，裁定驳回起诉。”从上可以得知：在我国，保险人可以以自己的名义向第三者追偿，且在其赔付被保险人的金额范围内享有这种权利；或者保险人向法院提出变更当事人的请求，以自己的名义行使代位求偿权。值得指出的是：在实践中，保险人往往视具体情况而定，或者以自己的名义，或是以被保险人的名义向第三人求偿。

（三）代位求偿权中对被保险人的法律要求

1. 协助提供单证及相关情况义务

在保险人向第三者行使代位求偿权时，被保险人应当向保险人提供必要的文件和他所知道的有关情况。一般而言，由于被保险人是保险事故的最先知情人，他往往掌握事故发生的第一手资料，对事故发生的原因、损失程度等情况的了解可能远远超过保险人，而且拥有保险标的的权利凭证以及有关的证据资料，因而各国保险法律一般要求被保险人有义务协助保险人向第三者求偿。

2. 不得损害保险人的代位权益

保险事故发生后，被保险人不得放弃向第三者的索赔权或者采取某种行为为保险人行使代位求偿权设置障碍。被保险人不能签订任何有损保险人行使代位求偿权的协议。具体是：保险事故发生后，保险人未赔偿保险金之前，被保险人放弃对第三者请求赔偿权利的，保险人不承担赔偿保险金的权利；保险人向被保险人赔偿保险金后，被保险人未经保险人同意放弃对第三者请求赔偿权利的，该行为无效；由于被保险人的过错导致保险人不能行使代位请求赔偿权利的，保险人可以相应扣减保险赔偿金。

三、损失补偿原则的派生原则之二——重复保险分摊

重复保险（Double Insurance）又称双重保险，是指被保险人对同一保险标的就同一保险事故向几个保险人重复订立保险合同，而使该保险标的的保险金额总和超过保险标的的价值。一旦保险标的因保险事故而致损失时，其损失应在保险人之间进行分摊，否则将产生被保险人获得的补偿超过其所遭受的实际损失，从而诱发道德风险。可见，重复保险分摊是从损害补偿原则中派生而来的。

（一）重复保险的构成要件

1. 同一保险标的

保险标的是保险合同的基本要素，是保险事故发生的本体，如果几份保险合同所承保的保险标的不同，则不会构成重复保险。但这里的“同一”并非要求投保人所投保的所有保险合同承保的保险标的完全一致，而只是要求保险合同中存在相同的标的。

2. 同一保险利益

如果投保人就同一标的、同一事故分别向几个保险人订立保险合同，但是保险利益不同，则不能构成重复保险，实为单独保险。

3. 同一保险事故

投保人对同一保险利益订立的数个保险合同所承保的保险事故不同，则保险事故所造成的损失将分别由承保该事故的不同保险人承担，被保险人不可能因获得多重赔偿而不当得利，也就不能构成重复保险。

4. 同一保险期限

若几份保险合同虽然承保同一标的、同一利益、同一事故，但是保险期限并不相同，保险期限没有相互重叠或交叉，则也不能构成重复保险。

5. 与数个保险人订立数个保险合同

如果投保人仅是与同一保险人订立数个保险合同，其保险金额的总和超过保险标的的价值，这种保险仅为超额保险而非重复保险，保险标的的损失将由一个保险人承担。

6. 保险金额总和超过保险标的的价值

这是重复保险与共同保险的根本区别。如果投保人与数个保险人订立几份保险合同，承保同一标的、同一利益、同一事故，但保险金额的总和未超过保险标的的价值，这种保险仅是数个保险人共同承担保险责任，属于共同保险，并不构成重复保险。

（二）重复保险的索赔方法

重复保险形成后，一旦标的物损失，保险人应如何承担责任？一般而言，有三种处理方法：

1. 连带主义

在连带主义下，每个保险人在其保险金额范围内，承担连带责任，被保险人可以根据自己的需要选择先向任何一个保险人索赔，该保险人不得推诿。承担赔偿责任的保险人，享有对其他保险人的追偿权。

2. 比例分担主义

在比例分担主义下，每个保险人仅对其自己应负的份额承担责任，没有义务代替其他保险人承担赔偿责任。具体的赔偿方法包括比例责任制和限额责任制。比例责任制是指各保险人分别就其所承保的保险金额与总保险金额的比例承担赔偿责任。限制责任制是按照保险人的单独责任限额与所有保险人的责任限额总和的比例承担赔偿责任。

3. 顺序责任主义

根据顺序责任主义，先行订立保险合同的保险人在其保险金额范围内承担责任，其他保险人仅在其损失超出该保险人的赔偿范围时才承担责任。如美国货物保险单中的条款规定：“如果本保险所承保的利益由另一个先于本保险单提供的承保范围的保险所承保，则本公司只对超出该先保险的数额承担责任。”

在海上保险中，对于重复保险分摊，大多数国家采用连带主义。英国《1906年海上保险法》规定：“除保单另有规定外，被保险人可以按自己方便，排定次序，向各保险人进行索赔，但所收到的赔款总额，不能超过本法所允许的数额。”我国《海商法》也规定：“除合同中有规定外，被保险人可以向任何保险人提出赔偿请求。被保险人获得的赔偿金额总和不得超过保险标的的受损价值。各保险人按照其承保的保险金额同保险金额总和的比例承担赔偿责任。任何一个保险人支付的赔偿金额超过其应当承担的赔偿责任的，有权向未按照其应当承担的赔偿责任支付赔偿金额的保险人追偿。”在重复保险下，根据连带主义原则向保险人索赔损失的规定极大地方便了被保险人，有力地保护了被保险人的利益。

第四节　近因原则

近因原则（Principle of Proximate Cause）是确定风险事故的发生与事故结果的形成之间的因果关系，从而确定保险责任的一项重要原则。英国《1906年海上保险法》第55条明确规定：“除保险合同另有规定以外，根据本法，保险人对由于承保风险为近因所造成的损失负赔偿责任。但保险人对不是保险风险为近因所造成的损失不予负责。”何谓近因？在早期的海上保险中，人们普遍认为在时间上与损失最为接近的原因即为近因。但是以时间最近作为确定近因的标准不尽合理，因为虽然该原因造成了保险标的的损失，而且与损失在时间上最为接近，但它并不是导致损失的最主要原因。如船东指使船长纵火，如果按照时间最近确定近因，则火灾为船舶毁损的近因，但实际上是船东的指示行为发生在先，纵火行为在后，且该指示行为与纵火行为存在着直接的因果关系，因此将火灾作为近因并不合理。经过多年的海上保险实践，人们对于近因的认识有了进一步的发展。比较有代表性的是1907年的波塞诉苏格兰联盟与国民保险公司一案，在该案中法官对近因作了阐述：“近因是指引起一系列事件发生，由此出现某种后果的能动的、起决定作用的因素；在这一因素的作用过程中，没有来自新的独立渠道的能动力量的介入。”1924年英国上议院宣读的法官判词中对近因的解释是：“近因是反映处于支配地位或者起决定作用的原因，即使在时间上它并不是最近的。”可见，所谓近因，不是指在时间或空间上与损失结果最为接近的原因，而是指促成损失结果的最有效的、起决定作用的原因。近因原则的含义是：若造成保险标的损失的近因属于承保风险，保险人应承担赔偿责任；若该近因属于除外风险，则保险人可以免除责任。

一、近因的认定方法

英国学者约翰T.斯蒂尔将近因的认定方法归纳为两种：

（一）顺推法

从事件链上的第一个事件开始，按照逻辑推理，思考下一步可能发生的事件是什么。如果第一个事件导致了第二个事件，第二个事件又导致了第三个事件，依次类推，直到最终事件，则第一个事件就是最后一个事件的近因。如果在这一过程的某一阶段上，事件链上的两个环节之间没有明显的联系，事件链就会中断，损失的原因肯定是另外某一事件。

（二）倒推法

从损失开始，逆着事件链的方向往前推理，在事件链上的每一个环节上都要问为什么会发生这样的事件，只要事件链不中断，可以一直追溯到最初的事件，则该事件即是致损的近因。

二、近因原则的具体应用

关于近因原则的运用在实务中有许多案例，但是在海上保险中，由于引起保险标的损失的原因错综复杂，因此正如美国学者普鲁塞所指出的："近因仍然是一团乱麻和一堆荆棘，一个令人眼花缭乱、扑朔迷离的领域。"近因原则的运用归纳起来有以下几种情况：

（一）单一原因

单一原因致损，是指造成事故的原因只有一个，没有其他原因存在。因此该原因如果属于保险责任范围，保险人就应当承担支付保险金的责任；反之，保险人可以拒绝承担责任。如船舶在海上遭遇恶劣气候，船壳和船舵被损坏，近因为恶劣气候。若船东投保了船舶全损险，因其属于部分损失，保险人无赔偿义务；如果投保的是船舶一切险，保险人就应予赔偿。

（二）多种原因同时存在

多种原因同时存在，并无次序上的先后，且对事件结果的形成都有直接与实质的影响，故多种原因均是近因。如多种原因都是承保风险，则保险人应承担赔偿责任；若多种原因均为除外风险，保险人可不承担支付保险金的责任。但若多种原因中既有承保风险，也有未保风险，则保险人只对承保风险所致的损失结果负责；如果结果无法划分，则保险人可一概不承担责任。

（三）多种原因连续发生

多种原因先后发生，且原因之间存在着因果链，即后因是前因直接、必然的发展结果或合理的延续时，则前因即为近因。这种情况中，前因与后因之间必须存在着因果关系，后因不过是前因作用于保险标的上因果链条上的一个环节，其对结局不具有决定性的影响，因此不能将后因视作近因。如果该近因是承保风险，保险人就要承担责任，否则，保险人可免除责任。这种多种原因连续发生的情况在实际中并不少见，如因为战争行为致使船舶被鱼雷击中，引发火灾，最终沉没，则战争行为与鱼雷击中、火灾、沉没之间存在着直接的因果关系，构成了一个完整的因果链条，因此船舶损失的近因只能是战争行为。

（四）间断发生的多种原因

多种原因虽是先后发生的，但是前因与后因之间不相关联，后因不是前因的直接的、必然的结果，前因与后因却对事件的结果都有影响效果，此种情况应视何种原因对事件的影响起支配作用而定。如货物在港口等待装船时发生火灾，为防止火灾蔓延，港口当局命令将一部分货物投入海中。此案中有两种损失：一部分货物是因火灾而直接受损，其损失近因为火灾；另一部分损失是因被投弃入海而受损，不能将火灾视为损失近因，而只能是港口当局命令，这种人为因素介入进来，并在效果上成为损失的主要原因。对于这部分货物损失是否应由保险人承担赔偿责任，须视保单条款而定，如果保单中约定“不负责他人故意行为所致损失”，则保险人有权拒赔。

案例分析

1. 某船公司将所拥有的船舶向保险公司投保船舶一切险。在保险期限内，船舶航行于一水道时，因雾而视线不良，船舶偏离航线搁浅，致船舵丢失，船底铆钉松动渗漏。经查：(1) 该船船检证书载明：核定载重量为12 000吨，该航次装载货物13 425吨。事故发生后，船检部门对该船重新丈量，证实该船载重量为13 500吨，并重新签发船检证书。(2) 该船自5年前进坞修理后，一直未按规定进坞检修，并取得船检部门认可。发生事故时，该船仍持有有效的适航证书。被保险人要求保险公司赔偿因此遭受的损失，而保险公司以被保险船舶该航次超载和未按规定检修拒赔。

请分析本案中船舶损失的近因及保险人的责任。

2. 1996年10月，某贸易公司委托一家钢材公司向某五金制品公司出售一批钢材，在交易中卖方使用钢材公司的名义。合同约定货物于1996年11月在远东某港口装运，卸货港为中国汕头，货物由买方投保。根据该合同，五金公司就合同项下的钢材向保险公司投保了海运货物平安险，并支付了保险费，保险人签发了保险单。1997年1月8日，承运上述货物的船舶在开往汕头港途中因货舱进水而沉没，货物也因此全损。五金公司向保险人索赔遭到拒绝。经查，进口钢材属于核定公司或者申请领取进口许可证后方可进口经营的产品。五金公司并非核定的经营钢材进口的公司，也没有申请领取进口许可证。

请分析保险人的拒赔是否合理。

思考题

1. 比较海上保险中的告知与其他财产保险中的告知有何不同？
2. 在航运技术水平不断提高的形势下，海上保险是否还需遵循保证原则？
3. 分析重复保险与共同保险的异同及各自的索赔方法。
4. 思考近因原则在实际中的应用。

第四章

海上保险中的风险与损失

本章摘要

在海上保险合同中，保险人承保的海上风险既有普通风险，又有特殊风险。普通风险是相对于战争风险和罢工风险而言的。根据风险的性质，普通风险又可分为基本风险和外来风险。海上保险合同中的除外风险主要有三大类：基于公共政策而规定的除外风险、基于经营政策而规定的除外风险、基于保险的各种性质而规定的除外风险。海上保险标的的损失按其损失程度的大小，可分为全部损失和部分损失。全部损失又包括实际全损和推定全损。前者是保险标的物质上的灭失，后者则是经济上的灭失。若保险标的构成了推定全损，则被保险人可以按全损要求索赔，但须将保险标的委付给保险人，保险人接受与否，并不影响被保险人的权利。海上保险标的的部分损失包括单独海损、共同海损和救助费用，当保险标的既遭受单独海损损失，又有共同海损损失和支出救助费用时，保险人的赔偿责任须受保险金额的限制。此外，海上保险合同还承保施救费用和额外费用，二者均可以由保险人在除了保险标的自身以外的另一个保险金额限度内赔付。

关键词

海上风险　推定全损　委付　施救费用

第一节　海上保险中的风险

风险是造成保险标的损失的不确定性，是引起损害发生的原因。由于保险经营和政策上的需要，保险人不可能对任何原因造成的保险标的损失都予负责，而必须将其赔偿责任限制在一定原因引起的损害范围之内。体现这种限制的是保险人所承保的风险须满足一定的条件，如风险不是投机性的；风险具有不确定性，是偶然意外的；风险必须是大量标的均有遭受损失的可能性，但没有大多数人遭受实际的损失；应有发生重大损失的可能性；在保险合同期限内损失是可以预测估算的，具有相当的稳定性。

此外，在海上保险中，保险人所承保的风险原则上还应限于海上发生的或与航海有关的自然灾害和意外事故。英国《1906 年海上保险法》第 3 条规定：凡是船舶、货物或其他动产暴露于海上风险时，即有海上冒险存在时，均可受到保障。何为海上风险？英国《1906 年海上保险法》规定：海上风险是指因海上航行而发生的或与海上航行有关的危险，即海上灾害、火灾、战争、海盗、抢夺、盗窃、捕获、扣押、王子和人民的拘禁和羁押、抛弃、船长和船员有意损害被保险人的行为和其他任何此类性质或保险单规定的风险。事实上，随着贸易的发展，运输方式的变化，海上保险的承保范围不仅限于海上，还包括与海相通的江河湖泊、港口、码头，甚至还延伸至陆上、空中。因此海上保险所涵盖的风险也不再局限于海上风险，也有船舶航行于内河、湖泊时面临的风险，有运输工具在陆上、空中所面临的风险，有船舶、货物在港口内停泊或存仓期间面临的风险。

一、普通风险

（一）基本风险

1. 搁浅

搁浅是指船体与水底之物，如岩石、海岸、沉船等意外接触，并继续搁置一定时间，失去继续航行能力的一种状态。构成搁浅事故须具备两个条件：一是偶然意外原因引起的；二是船舶必须紧密搁置在阻碍物上一段时间，如果接触后随即分离，并非搁浅事故。

2. 触礁

触礁是指船舶在航行中意外触及海中岩石或其他障碍物而仍能继续前进的一种状态。触礁与搁浅的区别是：触礁是船舶接触海中障碍物后仍能移动，搁浅则不能。此外，一般而言，触礁比搁浅要严重得多，极易引起船货沉没危险。

3. 沉没

沉没是指船体全部或大部分沉入水中，无法继续航行的一种状态。如果船体虽有一部分浸入水中，但仍具有航行能力，则不能视为沉没。

4. 碰撞

碰撞是指船舶与他船或其他物体突然猛烈地接触或撞击。其他物体包括固定物体或浮动物体，如码头、桥梁、浮筒、灯标等。在货物运输保险中，对于碰撞的解释基本是一致的，指载货船舶与除水以外的任何物体的撞击而导致的货物损毁。但在船舶保险中，船舶碰撞的概念是不一致的，伦敦保险协会船舶保险条款规定：船舶因与他船碰撞造成的损失，保险人负责赔偿。但船舶与码头、与作为水上饭店的游驳、与沉船或防波堤的碰撞，不属条款规定的碰撞事故。我国远洋船舶保险条款则规定：保险人对于“碰撞、触碰任何固定或浮动物体或其他物体”造成被保险船舶的损失负责赔偿。

5. 倾覆

倾覆是指船舶意外地失去平衡，导致船体翻倒或倾斜，非经施救不能继续航行的状态。在货物运输保险中，保险人除了承保船舶倾覆所造成的损失外，还承保陆上运输工具的倾覆损失。

6. 失踪

失踪是指船舶在海上航行，失去联络超过合理期限的一种情况。所谓合理期限取决于各国法律规定。我国《海商法》第 248 条规定："合理时间内未从被获知的最后消息的地点抵达目的地，除合同另有约定外，满两个月后仍没有获知其消息的，为船舶失踪。船舶失踪视为实际全损。"

7. 火灾与爆炸

火灾、爆炸虽不是海上特有的风险，但其对于海上航行的船舶、货物的危害很大，所以海上保险均把火灾、爆炸列入承保范围。火灾和爆炸不仅包括本船发生的火灾和爆炸，还包括本船以外的其他船舶及岸上发生的火灾和爆炸，蔓延至停靠码头的船舶，造成船舶、货物的损失。造成火灾的原因众多，如因船员故意或疏忽而引起火灾、因雷击起火、因战争起火、因货物内在缺陷起火等，须根据近因原则和保险合同中约定的内容来判断保险人是否承担赔偿责任。

8. 暴力盗窃

暴力盗窃是指使用暴力掠夺货物或船舶的行为。使用暴力并非必须行暴于人身，只要利用强暴手段盗取货物，即属于暴力盗窃。此外，暴力盗窃须是来自船外人员所为，不包括船上或旅客的暗中偷窃。由于货物运输保险的承保范围已扩展于陆上，因此货物存于岸上仓库，被人使用暴力破门盗走，也属于暴力盗窃所致损失。

9. 投弃

投弃是指将货物或一部分船舶属具投入海中所致的损失，通常是船舶及承载的货物处于共同危险时，为谋取共同安全而采取的一项保护措施。如船舶意外搁浅，为减轻船舶载重使之重新浮起，将货物抛弃入海；在遭遇恶劣气候船舶倾斜时，也常采取投弃措施使船舶恢复正常状态。投弃所致的损失，是共同海损中最典型的牺牲，保险人通常对此承担责任，但是除了习惯或特别约定装载于甲板上运输的货物之外，货主自愿装载于甲板上的货物被投弃所致的损失，不为保险人所承保，除非其加保舱面险。此外，因货物本身的性质或内在缺陷而投弃，除非保单特别承保，否则货主无法得到赔偿。

10. 船长、船员的恶意损害

恶意损害是指行为人明知其行为将损害他人的利益而仍有意为之或听任损害的发生。船长、船员的恶意损害是海上保险中的一项传统承保风险。常见的恶意损害行为有船长、船员纵火、弃船、凿船、故意搁浅、盗卖船货、故意绕航、走私而被当地政府部门扣留、无故拒绝卸货等。

（二）外来风险

外来风险是指由并非属于基本海上风险的外部因素所导致的损失。值得指出的是：外来风险虽然不属于海上风险，但它也是风险，因而也同样必须具备风险的性质，即须是偶然、意外的。而一些必然性的损失，如自然途耗等则不能列入外来风险之中。

1. 货物运输保险中的外来风险

货物运输保险中的外来风险不仅包括在运输过程中一般的外来因素导致的货物损失，如偷窃和提货不着、淡水雨淋、短量、渗漏、碰损和破碎、钩损、锈损、串味及受潮受热等；也包括与国家的法律法规、行政措施有关的特别外来因素导致的货物损失，如拒收。

2. 船舶保险中的外来风险

保险人在船舶保险中承保外来风险的作法来源于英国上议院在 1887 年对 The Inchmaree 轮一案的裁决，该案中由于轮机员在将水泵进锅炉时的疏忽造成船舶损失，但因并非属于基本的海上风险，因此该案中的保险人无须承担责任。后来，为保障被保险人的利益，保险人逐渐在船舶保险单中增加承保风险，一些非海上基本风险也被扩展至船舶保险条款中。这一作法后被各国船舶保险人所采纳。船舶保险中的外来风险主要有：装卸、搬移货物或燃料过程中发生的意外事故；船长、高级船员、船员、引航员、修船人、承租人等的疏忽等。

二、特殊风险

（一）战争风险

1. 战争、内战、革命、叛乱、暴动

战争是指主权国家或事实上具有主权国家特征的政治实体之间发生的武装冲突，而不论宣战与否。内战是一国内对立的派系之间的武装争斗。革命、叛乱、暴动虽未达到战争、内战的程度，但也是以一定规模的武力争斗为手段，造成巨大的人员伤亡和物质损失。这三个术语在重要性和规模上，依次递减。实际上，由于三者均为战争险所承保，因此并无区分的必要。

2. 捕获、扣押、拘留、禁制或扣留

捕获是指在战时被敌方或交战方永久性地占有，被剥夺了所有权，是一种政府行为或准政府行为。扣押包括由合法当局强制占有的各种行为，扣押并不限于政府行为。拘留、禁制和扣留是指政治或行政行为，不包括起因于暴动或一般司法程序所造成的损失。与捕获和扣押不同，拘留、禁制和扣留仅是暂时性行为，并无永久性占有船舶或货物的意图。

3. 没收和征收

对于没收与征收并无权威的解释。英国大法官 Ellenborough 勋爵将没收定义为“某国政府以某种方式作出的多少对该政府有利的一种行为，尽管严格来说，其收益未必进入国库”。虽然该定义有些严格，但至少说明“没收”一词是以公共目的占有私有财产。而征收是欲利用国家的权力强制占有私人财产，但要给予一定的补偿，因此包含了国有化的意味。

（二）罢工风险

1. 罢工和被迫停工

罢工是指雇员为提高工资待遇、改善劳动条件而集体拒绝工作或拒绝正常工作。被迫停工是指在罢工期间，雇主为对罢工者施压而将工厂关闭，致使未参加罢工者也无法正常工作，被迫停工工人的收入将受到影响，可能采取极端措施，造成船货损失。

2. 工潮、暴动和民众骚乱

工潮是罢工者采取的一种行动，如示威游行，具有一定的破坏性。根据英国法，暴动须具有几个要素：人数不少于 12 人；有共同的目的；必要时诉诸武力；而且为达共同目的而使用暴力或武力，并以此种方式惊吓至少一个以上有理智的、坚定勇敢的人。民众骚乱是指一个地区多数民众集合一起而使用暴力，以求达到某种目的，但没有达到内乱或叛乱的程度，或没有反政府的目的。

3. 恐怖行为或怀有政治动机的行为

很难给恐怖行为进行明确的定义。瑞士再保险公司的再保险合同中使用的定义更多关注的是这种现象的影响，而不是这种现象的动机。恐怖活动是指对人类生命、有形或无形财产或基础设施实施的，具有胁迫政府、恐吓公众或某一部分公众的目的或效果的暴力行为或暴力威胁。恐怖行为形式多样，如放火、劫机、爆炸等，其破坏力远大于暴动。“怀有政治动机的行为”一词的含义广泛，但动机实难确定，通常是指以爆炸、纵火等行为以显示其政治主张或实现其政治企图，但未达到叛乱的程度。

在海上保险中，一般将战争和罢工风险从一般水险中排除，不在普通水险的承保范围之内。如船舶和货物保险条款都订有战争、罢工险除外条款，从而明确保险人对于战争和罢工险条款中的承保风险和除外风险不负责任。根据我国的船舶战争、罢工险条款，属于该保险承保的风险有：战争、内战、革命、叛乱或由此引起的内乱或敌对行为；捕获、扣押、扣留、羁押、没收或封锁，此种赔案须从发生日起满六个月才能受理；各种战争武器，包括水雷、鱼雷、炸弹；罢工、被迫停工或其他类似事件；民变、暴动或其他类似事件；任何人怀有政治动机的恶意行为。属于该保险的除外风险有：原子弹、氢弹或核武器的爆炸；由被保险船舶的船籍国或登记国的政府或地方当局所采取的或命令的捕获、扣押、扣留、羁押或没收；被征用或征购；联合国安理会常任理事国之间爆发的战争。对于上述所列风险引起的船舶损失，水险保险人不负赔偿责任。但是在实践中，常因引起损失的原因是属于战争罢工险还是水险的承保范围而发生纠纷。对此，只能根据两种保险所承保风险的性质加以判断。普通水险是以自然灾害、意外事故及不法的故意或过失行为来确定风险范围的；而战争、罢工险则是以带有各种政治背景以及政治目的的武力或暴力来确定风险范围的。因此，凡是具有政治因素的风险属于战争、罢工险的承保风险；反之，则属于水险的范围。

三、除外风险

除外风险，又称免责风险，各国海上保险法及海上保险合同中均订有除外责任条款，以对保险责任范围进行限制或修正。根据除外风险的设置原因，可将海上保险中的除外风险分为以下几类：

（一）基于公共政策而规定的除外风险

对于因被保险人的故意行为所致的损失，各国海上保险法和海上保险合同均基于公共政策将其列为除外风险。故意行为包括被保险人希望损失发生的直接故意行为和被保险人明知会发生损失而持放任态度而致损失发生的间接故意行为。对于被保险人的疏忽过失行为，各国海上保险法和海上保险合同中的规定各不相同。例如，在英国的条款中并未明确，一般认为保险人对被保险人的重大过失和一般过失负责。法国、德国、日本等大陆法系国家通常规定保险人对被保险人的重大过失免责。我国的货物运输保险条款和船舶保险条款规定：“被保险人及其代表的疏忽或故意行为”除外，即不仅是重大过失行为保险人不予负责，而且对于一般过失行为，保险人也是免责的。可见，与英国伦敦保险协会条款和大陆法系国家的规定相比，我国货物运输保险条款和船舶保险条款中规定得更为严格。

（二）基于经营政策而规定的除外风险

从保险经营的角度出发，一些基本风险及不易控制的风险通常被排除在外。因此在货物运输保险中，通常将迟延作为一项除外风险，即使该迟延是由保险风险引起的。在伦敦保险协会货运险条款中，虽然规定在保险人不能控制的情形下的迟延，保险合同仍然存续，但这仅是关于保险期限的规定，保险人仍不承保迟延造成的货物损失。再如，若是由于承运人、管理人等经营困境造成货物损失或费用支出，则因其不属于海上风险，且难以掌控，对此种损失，保险人通常不予负责。

（三）基于保险的各种性质而规定的除外风险

根据保险本身的性质，保险人承保的风险须是偶然的、意外的。因此对于必然性的损失，保险人不负赔偿责任。在各国海商法及海上保险合同中均明确规定，对于货物的自然损耗、本身缺陷和自然特性及船舶的自然磨损或锈蚀，保险人不负赔偿责任。此外，保险人通常仅对保险期间内发生的风险引起的损失负责。货物运输保险条款中通常规定，在保险责任开始以前，被保险货物已存在的品质不良或数量短缺所引起的损失，保险人不负赔偿责任。在船舶保险中，保险人对于船舶的缺陷，即材料缺陷的更换或修理不负责任。

第二节　海上保险中的全部损失

一、实际全损

实际全损（Actual Total Loss），是指保险标的遭受保险责任范围内风险而使其实体完全毁损或失去原有性质的一种损失形态。海上保险中保险标的的实际全损主要包括四种情况：保险标的完全灭失；保险标的完全失去原有形体、效用；保险标的所有权丧失，不能再归被保险人拥有；保险标的失踪达到一定时间。

（一）保险标的完全灭失

保险标的完全灭失是指保险标的实体已经完全毁损和不复存在。如船舶损毁，成为一堆废铁，无法再行修复；或者沉没入海，无法打捞。货物被火全部烧毁或易溶货物被海水完全溶解等。

（二）保险标的完全失去原有形体、效用

保险标的遭遇承保风险而损坏，其损失程度严重到不再是投保时本来的品种，其属性已完全发生改变。此种实际全损多发生于货物运输保险中。在 Asfar V. Blunden 案中，一批海枣遭海水浸泡，上诉法院判定该损失为实际全损，因为这些海枣发酵腐烂，已失去海枣的特性。在这种实际全损中，保险标的的形体可能依然存在，但已失去了其商业上的特性。如果虽严重受损，但其特性并未改变，则只能视为部分损失。

（三）保险标的所有权丧失，不能再归被保险人拥有

这是指保险标的仍然存在，也未丧失原有属性和用途，但被保险人已丧失了对它的有效拥有，而且无法收回。保险标的丧失后无法收回多发生在被捕获的情况下。在战时货物被敌方捕获并作为战利品，此时被保险人永远丧失了对货物的拥有，无法收回。但是如果船舶被船员劫去做生意、几个星期杳无音讯，若船东主张船舶已经构成实际全损，而又没有证据能证明船舶不能再归船东拥有，则船东的主张很难获得法院的支持。

（四）保险标的失踪达到一定时间

保险标的失踪是指从船货等保险标的到达目的地所需的合理时间内没有到达目的地，也没有获悉其消息。所谓合理时间，各国海商法规定不同。英国《1906 年海上保险法》未规定具体的期限，因此合理时间是一个事实问题，须视不同的案件情况加以确定。我国《海商法》则明确规定："船舶在合理时间内未从被获知最后消息的地点抵达目的地，除合同另有规定外，满两个月后仍没有获知其消息的，为船舶失踪。"

二、推定全损

推定全损（Constructive Total Loss），是指保险标的虽未完全灭失，但实际全损已经不能避免，或者恢复、施救的费用超过保险标的的价值。归纳起来，推定全损包括以下几种情况：

（一）实际全损已不可避免

这是指保险标的遭遇保险事故后，尚不构成实际全损，但由于环境和条件的限制，被保险人无法采取任何挽救措施，这样持续下去保险标的将无法避免实际全损。如船舶在航行中搁浅，损失严重，未达到实际全损程度，但由于地处偏僻水域，且受当时气候条件的限制，无法对其进行救助，因而可视为船舶已经构成全损。

（二）被保险人丧失对保险标的的占有，且不大可能将其收回或将其收回所支出的费用将超过保险标的的价值

这是指被保险人丧失了保险标的的所有权或占有权，收回的可能性不大，或者即使收回，但所需费用也将超过保险标的的价值。在 Hall V. Hayman 1912 一案中，船舶在圣沦期湾中搁浅，虽经多方努力，但仍不能将其浮起，一个月后被保险人要求保险人按推定全损赔偿。法庭认为船舶尚未构成推定全损，因为在当时船舶虽被封住，直至一个月后仍没有浮起的希望，但即使如此也不能证明被保险人不大可能收回船舶。

（三）为恢复或修理受损保险标的支出的费用将超过保险标的的价值

这是实际中最为常见的推定全损情况，是指保险标的未达到完全毁灭的程度，还可采取相应的补救措施，但是将其恢复到原来状态，所支出的费用将达到或超过保险标的自身的价值，这在经济上是得不偿失的。

上述第（二）、（三）种情况中，确定是否构成推定全损均以保险标的的价值作为衡量尺度，何谓"保险标的的价值"？英国《1906 年海上保险法》第 60 条规定："以下情况下存在推定全损：（1）由于承保危险使被保险人丧失对其船、货的占有，而且被保险人不可能收回船舶和货物，或者收回船、货的费用将超过其收回后的价值；（2）在船舶受损情况下，由于承保危险使船舶如此受损，以至于修理船损的费用会超过修理后船舶的价值。估计修理费用时，其他各方支付共同海损分摊的修理费用不应被扣除，但要将以后的救助费用和船舶经修缮船方应负的共同海损分摊额计算在内；（3）在货物受损的情况下，如果修理受损货物和续运货物到目的地的费用，会超过货物到达目的地的价值。”从上述规定可知：船舶保险中修理后的船舶价值是考虑的因素，货物运输保险则考虑货物到达目的地的价值。但值得注意的是：实务中，无论英国还是我国的船舶保险条款均将保险价值作为推定全损是否成立的衡量尺度。

三、实际全损与推定全损的比较

虽然实际全损与推定全损都属于全部损失，但是二者之间的区别也是显而易见的。

（一）性质不同

实际全损是保险标的在物质上的完全灭失或失去原有的性质和用途；而推定全损则着重于从经济价值上来考虑保险标的的恢复和修理是否合算。可见，实际全损是一种物质上的灭失，而推定全损是一种经济上的灭失。

（二）索赔手续不同

在实际全损情况下，被保险人无须办理任何手续，即可向保险人要求赔偿全部损失；但在推定全损情况下，被保险人可以向保险人提交委付通知，要求保险人按照全部损失承担赔偿责任，也可以不提出委付，由保险人按照部分损失赔偿。因此，推定全损就其实质而言，只是保险人和被保险人双方达成协议后解决保险赔款的一种处理方法。

四、委付

当保险标的损失严重，达到推定全损程度时，若被保险人以全损向保险人索赔，则首先要向保险人提出委付通知，将保险标的委付给保险人。因此委付是构成推定全损索赔的前提条件。委付（Abandonment）是指在发生保险事故，造成保险标的推定全损时，被保险人明确表示将该保险标的的一切权利与义务转移给保险人，而请求保险人赔偿全部保险金额的法律行为。

（一）委付通知

当被保险人决定索赔推定全损时，须向保险人委付保险标的。委付通知是被保险人向保险人表明其欲放弃他在财产上的权利的意图，交由保险人处置的一种方式。

1. 委付通知的形式

委付通知可以以口头或书面的形式发出，但在实务中多采用书面形式。在委付通知中必须清楚表达被保险人无条件地转让其对保险标的的所有权利。委付通知须是无条件的，任何附带条件的委付通知都是无效的。在 Russian Bank for Foreign Trade V. Excess Insurance Co. Ltd. 案中，一批大麦从黑海运往英国，承保险别为战争险和水险。大麦装船后，黑海的唯一出口达达尼尔海峡遭军事封锁。到次年 3 月，大麦开始发热，卸船存放于码头仓库。被保险人通知其保险经纪人向保险人表示，如保险人愿意赔付该大麦的保险金扣除其在码头仓库的现值后的差额，便可解除保险人的一切责任。法庭判决该委付通知因附有条件而属无效。

2. 提交委付通知的期限

被保险人在得知保险标的严重受损的准确情报后就应发出委付通知，但如果尚不能肯定损失的情况，被保险人有权在合理时间内进行查询，以便选择是否委付保险标的。一方面被保险人有权在调查了解损失情况之后再决定是否发出委付通知；另一方面，被保险人须在知悉委付原因发生后的一定期间内发出委付通知，不能静观其变，以便根据财产的最终状况及市场价格的涨落作出对自己最有利的决定。在 Kelly V. Walton 案中，一艘载有亚麻籽的船舶被扣押，被保险人于 2 月 11 日得知这个消息，这些种子在 5 月 10 日前播种方有价值，过期则无价值。被保险人应在 5 月 10 日或此前发出委付通知。事实上，被保险人在 6 月 11 日才发出委付通知，超过了合理的时间期限。

3. 无须发出委付通知的情形

英国《1906 年海上保险法》规定了三种无须发出委付通知的情况：

（1）保险人放弃要求被保险人发出委付通知的权利。

（2）当保险标的对保险人毫无利益时，可不必发出委付通知。

（3）保险人无须向再保险人发出委付通知。

（二）委付的法律后果

根据英国《1906 年海上保险法》，对于被保险人提交的委付通知，保险人可以用明示或默示的行为表示接受委付，但是保险人的沉默不得视为接受委付。根据现行的船舶保险条款和货物运输保险条款中的“弃权条款”，被保险人或保险人为拯救、保护或重新获得保险标的所采取的任何措施不应被认为是放弃或接受委付或对双方的权利有其他损害。

保险人一旦接受了委付通知，委付通知就成为不可撤销的了，保险人应受其约束，即接受委付后，保险人须赔偿被保险人的全部损失，同时取得有关保险标的的一切权利和全部义务。因此保险人在接受委付之前，须慎重权衡利益得失，衡量受损保险标的的残余价值是否能大于将要由此而引起的各种义务和责任所产生的经济损失。若保险人拒绝接受被保险人提交的委付通知，被保险人的权利并不因保险人拒绝接受而受影响。如果保险标的的损失达到了推定全损的程度，尽管保险人拒绝接受委付通知，但他仍须按照全部损失赔偿被保险人。

第三节　海上保险中的部分损失

当保险标的的损失未达到实际全损或推定全损的程度时，称为部分损失。在部分损失情形下，保险人的赔偿不能超过保单中约定的保险金额。根据英国《1906 年海上保险法》，保险标的的部分损失包括单独海损、共同海损和救助费用三部分，因此当一个保险标的既遭受单独海损损失，又有共同海损损失和支出救助费用时，保险人的赔偿责任须受保险标的的自身保险金额的限制，不能超过。

一、单独海损

单独海损（Particular Average）是指因承保风险造成的船舶、货物、运费或其他利益的部分灭失或损害，而且不属于共同海损的部分损失。简言之，单独海损是属于非共同海损性质的部分损失。船舶在海上遭遇恶劣气候而使船体受损，则此种损失为船舶的单独海损；若货物遭受火灾而被焚毁一部分，则为货物的单独海损；货物遭受损失后，一部分到付运费无法收回，则为运费的单独海损。要构成单独海损，应具备两个条件：一是保险标的单独遭遇损失，并不涉及其他利益方；二是由保险风险造成的损失具有偶然性。

值得注意的是：单独海损一词在 S. G 保单及英国《1906 年海上保险法》中可见，那时，若保险标的遭遇单独海损则适用免赔率的规定，而发生共同海损时，则无须扣减免赔率。此外，在 1982 年以前的伦敦保险协会货物运输保险条款中有 Free From Particular Average（F. P. A）条款和 With Average（W. A）条款，两个条款涉及单独海损。但在 1982 年的伦敦保险协会条款中已不再使用单独海损一词，而是代之以部分损失。但是在实务上及学理上，仍保留单独海损一词，以和共同海损相对应。

二、共同海损

共同海损（General Average）是指共同海损法律制度，具体地讲，就是指在同一海上航程中，当船舶、货物和其他财产遭遇共同危险时，为了共同安全，有意而合理地采取措施所直接造成的特殊牺牲和支付的特殊费用，由各受益方按比例分摊的法律制度。共同海损须具备如下要件：

（一）海上财产遭遇共同危险

海上财产，包括船舶、货物和船上的其他财产，遭遇共同危险是共同海损成立的前提条件。所谓共同危险必须是真实存在的，且是同一海上航程所共同面临的。

（二）采取的共同海损措施必须是有意而合理的

所谓有意采取的措施是指船长在主观上明知采取某种措施会导致船舶或货物的进一步损害，但为了避免船、货的共同危险而不得不采取的行动。合理的措施是指本着以最小的牺牲换取船、货的最大安全为原则而采取的措施。

（三）作出的牺牲和支付的费用必须是特殊的

共同海损牺牲是在非正常的情况下所造成的财产的灭失或在形态上的损坏。而特殊费用是指如果没有共同危险发生就不会支付的费用。由于这种费用是专为船舶和货物的共同安全而支付的，所以应该列入共同海损范畴。

对于共同海损，保险人的责任仅限于共同危险属于保险风险的情况下产生的共同海损牺牲和分摊。反之，如果船货面临的共同危险不是保险风险，保险人对由此采取共同海损措施而发生的牺牲和分摊不负责任。原则上，保险人仅负责保险标的应分摊的那部分共同海损牺牲和费用。但如果是保险标的本身遭受共同海损牺牲，则保险人应赔偿这种损失，被保险人不必向其他各方分别索取分摊额，但被保险人须将向其他方请求分摊的权利转移给保险人。

三、救助费用

救助费用是指船舶和货物在海上遭遇危险事故时，对于自愿救助的第三者，因救助或保全处于危险中的船舶或货物所支付的报酬。船舶与货物在海上遭遇事故后，按照国际惯例，其他船舶有义务采取救助措施，被救财产方则应支付相应的报酬。通常而言，救助费用的产生须具备下列一些条件：

（一）救助方须是海难关系中的第三方

根据英国《1906年海上保险法》，救助费用不包括被保险人或其代理人或其雇佣的其他人为避免承保危险而提供的具有救助性质的服务所支出的费用。此种费用只能视为施救费用，因为他们是按照自己的职责履行义务。

（二）救助行为须是自愿的

海难救助制度是从自愿救助发展起来的，因此救助行为须是自愿的，而不是职务上或法律上的救助义务，即在海难事故发生前，没有任何合同约定或法律规定救助方在海上财产遭遇事故时负有救助的义务。海难事故发生时要不要进行救助，完全取决于救助方的自愿。这里所说的没有合同上的义务并不包括在海难事故发生后双方所签订的救助合同，因为这种救助合同恰好是双方在自愿的基础上对救助海上财产所达成的协议。如果救助方与被救助方事先已经约定或者根据法律规定负有救助义务，则在发生海难事故的情况下，救助方必须对其进行救助，即使救助成功，被救助方也无权获得救助报酬。如遇险船的船员救助本船，或者发生碰撞事故以后，相碰船的船长对另一船及船上的船员和旅客救助等，不属于海难救助，无权享受救助报酬。

（三）救助行为必须取得效果

长期以来，海上救助所遵循的原则是无效果无报酬原则。即请求救助报酬应该以船舶或货物的全部或部分获救为前提条件。即使救助方投入了巨大的人力、财力和物力，但最终并未使财产获救，也不能请求救助报酬，这一原则已为世界各国所普遍接受。但是自1980年以来，这一原则发生了一些变化，主要是为了鼓励对造成油污的船舶进行救助，对全部或部分装载石油的油轮进行救助，即使救助不成功，也可索取合理费用。《1989年国际救助公约》更设立了特别补偿制度：当船舶或船上货物对环境构成污损威胁时，救助人对其进行了救助作业，救助财产无效果或效果不明显，且未能防止或减轻环境污损，根据第13条（“评定报酬的标准”条款）确定的救助报酬少于其所花费用时，救助人有权获得相当于该费用的特别补偿。如果救助作业同时防止或减轻了环境污损，特别补偿可增加到救助人所花费用的130%，特别情况下，法院或仲裁机构可根据公平、合理的原则，将此项补偿增至200%。

第四节　海上保险中的费用

一、施救费用

当保险标的在保险期间内因保险事故而遭受损失时，被保险人必须及时地采取合理的施救措施，防止或减少损失。一方面，可以防止损失扩大，对保险人和被保险人都是有好处的；另一方面，在海上保险中，被保险人对保险标的的性能、用途等比保险人更加了解，自然也能比保险人更加有效地对标的进行施救和处理。这就要求被保险人在向保险人履行出险通知义务的同时，也必须承担施救责任。被保险人如果不履行这项义务，保险人有权对扩大部分的损失拒绝赔付。实施这些施救措施而支出的费用为施救费用，应当由保险人负担。

海上保险合同项下，保险人负责赔偿的施救费用必须满足以下条件：

（1）施救行为必须是因承保风险所引起的。

（2）必须是为了避免或减少被保险船舶或货物单方的损失而产生的费用。

（3）只能是由被保险人及其雇员或代理人采取措施而支付的费用。

（4）必须是为避免或减少承保的损失而支出的，费用的支出必须是谨慎且合理的。一般采用的标准是，如同被保险人在没有投保的情况下，为保护自己的财产受损而支出的费用一样。

保险合同中载有的施救条款，通常被视为对保险合同的补充。尽管保险人已经对保险标的作了全损赔偿，或者有对保险标的的全部单独海损或在规定的百分比以下的单独海损不负赔偿责任的保证，但被保险人为履行施救义务而合理产生的一切费用，均可以从保险人处得到赔偿。因此施救费用条款实际上是保险合同的补充合同，是保险人与被保险人之间的特别约定。若保险标的为不足额投保，则保险人对于施救费用的赔偿也须按比例进行。

二、额外费用

额外费用是指为了证明损失索赔成立而支付的费用，包括检验费用、拍卖受损货物的销售费用、公证费用、查勘费用、理算费用等。额外费用一般只有在索赔成立时，保险人才对这些与索赔成立有关的费用负赔偿责任，否则将由被保险人自行承担。但保险合同中另有约定的除外，如船舶保险合同中通常规定，对于船舶搁浅后检查船底的费用，即使无损失发生，但此检查费用，保险人仍须负责。

对于额外费用的赔偿，不能与保险标的损失的赔偿一并进行。若保险单中有免赔额或免赔率的规定，也不能将额外费用与保险标的损失合并，以达到免赔额或免赔率的要求。

在我国，额外费用通常与施救费用一并由保险人负责，被保险人支出的施救费用和额外费用，以及为执行保险人的特别通知而支出的费用，应当由保险人在保险标的损失赔偿之外另行支付。若保险金额低于保险价值的，除合同另有约定外，保险人应当按照保险金额与保险价值的比例进行赔付。

案例分析

1. 2001 年 11 月 5 日，“深圳”号货轮满载货物从大连港启航，开往伦敦。11 月 18 日，因第一货舱的电线老化导致短路引发火灾，致使 200 箱出口服装完全烧毁。船到新加坡港卸货时发现，装在同一货舱中的茶叶由于火灾发生时服装燃烧散发出的焦糊味而完全失去了其特有的芳香。船经印度洋时，遭遇恶劣气候，船底破裂，海水入仓，导致仓内装载的数控机床严重受损。为了避免损失更为严重，船舶不得不停靠附近避难港进行修理，进出避难港及在避难港停留共支出费用 35 万元。为了方便修理船舶，不得不将船上部分陶瓷货物卸下，在卸货时有两箱货物从吊钩上脱落而受损。同时，经有关人员对数控机床抢修事宜的评估，发现整理恢复费用十分庞大，已经超过了货物的保险价值。

试分析上述损失分别属于什么损失。

2. 1936 年 11 月，ELSWICK 号船因状况不良无法用于渔业而被搁置在 TYNE 地区。第二次世界大战爆发后，被保险人为该船重新投入使用而申请许可证，1940 年 3 月负责颁发许可证的官员检查该船后认为船舶需修理的地方太多，因此拒绝颁发许可证。1941 年 11 月被保险人被允许将该船拖往 P 港修理，1941 年 12 月被保险人为该船去 P 港的航行向保险人投保了一切险，保单中约定的保险价值与保险金额为 8 000 英镑，1942 年 1 月 16 日通过背书增加到 9 000 英镑。该船于 1942 年 1 月 20 日在 P 港入口处因拖绳断开而搁浅，之后又遭到风暴的重创。被保险人在 22 日与 P 港的修理商通电话后，在未亲自见到船舶的情况下，于 2 月 4 日决定把船舶委付给保险人并于 9 日发出了委付通知。保险人不接受委付，但同意将该通知视为一份令状（Writ），并派人检查了该船舶，结论是能看见的损坏是严重的。作为唯一能在战时进行海上救助的机构，海军部海上救助处于 1942 年 6 月 12 日将该船打捞出并放在 P 港内的海滩上。1943 年 7 月 10 日，海军部向法庭起诉，要求被保险人支付救助费，并从船舶拍卖所得的 685 英镑得到 500 英镑救助费。1947 年 5 月 9 日，被保险人向保险人提出索赔，认为船舶已无法避免地遭受了全损，主张船舶属于推定全损或者不少于 9 000 英镑的单独海损。

请问：本案中船舶的推定全损能否成立？

思考题

1. 实际全损与推定全损有何不同？
2. 分析委付通知、委付、推定全损间的关系。
3. 如何区分单独海损与共同海损损失？
4. 比较施救费用与救助费用的区别。

第二篇

海上运输货物保险条款与实务

第五章

我国海上运输货物保险条款

本章摘要

根据运输方式的不同，海上运输货物保险可以分为海洋、陆上、航空、邮包运输货物保险，在每一个险种中均包括基本险和附加险。我国国际贸易中三分之二以上的货物是通过海运完成的，因此海洋运输货物保险占有极为重要的地位。本章将以中国人民保险公司的海洋运输货物保险条款为例加以阐释。根据保险责任的不同，海洋运输货物保险分为平安险、水渍险和一切险三个基本险别，其中以一切险责任范围最为广泛，保险费率最高。在正常运输情况下，保险责任起讫按照仓至仓条款办理，在发生非正常运输情况时，被保险人须通知保险人，必要时加缴保险费，保险合同继续有效。我国的海洋运输货物保险有偷窃提货不着险、淡水雨淋险、受潮受热险等11种普通附加险；拒收险、交货不到险等六种特别附加险；战争险和罢工险两种特殊附加险；被保险人可根据货物特性、航线等情况确定加保。此外，针对冷藏货物和散装桐油的特性，专门设计了冷藏运输货物保险和散装桐油运输保险两个专门保险险种。

关键词

基本险　仓至仓　附加险

第一节　海洋运输货物基本险条款

在各种运输货物保险中，海洋运输货物保险占有重要的地位，其他运输货物保险条款均是以此为基础发展而来的。我国许多保险公司使用的是以中国人民保险公司于1981年1月1日修订的海洋运输货物保险条款为蓝本的条款（2009年《保险法》生效后，各家保险公司重新向监管部门作了备案）。

一、海洋运输货物保险的责任范围

目前许多保险公司所使用的海洋运输货物保险条款（中国人民保险公司于1981年1月1日修订）是参照伦敦保险协会1963年货物运输保险条款制定的，共分5个部分：

责任范围、除外责任、责任起讫、被保险人的义务和索赔期限。这套条款的主要特色是在责任范围部分设定了平安险、水渍险和一切险 3 种险别，投保人可以根据需要选择其中任何一种险别投保。

（一）平安险（Free From Particular Average，F. P. A）

这是我国海上保险实践中长期使用的一个称谓。实际上，平安险的英文意思是“单独海损不保”，单独海损属部分损失，因而有人认为平安险中保险人只负责赔偿货物的全部损失。但经过实践中的不断修订补充，目前平安险的责任范围已经大大超出了全损险的责任范围，保险人对于某些原因造成的部分损失也是承担责任的。具体来说，平安险的责任范围包括：

（1）被保险货物在运输途中由于恶劣气候、雷电、海啸、地震、洪水等自然灾害造成整批货物的全部损失或推定全损。被保险货物用驳船运往或运离海轮的，每一驳船所装的货物可视作一个整批。

（2）由于运输工具遭受搁浅、触礁、沉没、互撞、与流冰或其他物体碰撞以及失火、爆炸等意外事故造成货物的全部或部分损失。

（3）在运输工具已经发生搁浅、触礁、沉没、焚毁等意外事故的情况下，货物在此前后又在海上遭受恶劣气候、雷电、海啸等自然灾害所造成的部分损失。

（4）在装卸或转运时由于一件或数件整件货物落海造成的全部或部分损失。

（5）被保险人对遭受承保责任内危险的货物采取抢救、防止或减少货损的措施而支付的合理费用，但以不超过该批被救货物的保险金额为限。

（6）运输工具遭遇海难后，在避难港由于卸货所引起的损失以及在中途港、避难港由于卸货、存仓以及运送货物所产生的特别费用。

（7）共同海损的牺牲、分摊和救助费用。

（8）运输契约订有“船舶互撞责任”条款，根据该条款规定应由货方偿还船方的损失。

“船舶互撞责任”条款是海上货物运输合同（提单或租约）中的一项基本条款，其内容是：若载货船的货方从非载货船获得全部赔偿，导致非载货船要求载货船按其责任比例分摊赔款时，载货船可以要求货方偿还自己的损失。被国际社会普遍接受的《1910 年船舶碰撞公约》规定：船舶互有过失碰撞，由碰撞双方根据各自的过失程度比例承担相应的责任；但是根据《海牙规则》：船长、船员、引水员或承运人所雇用的其他人员在驾驶或管理船舶时的行为疏忽或过失造成货损时，承运人（载货船）可以免责。船舶互撞大多可归因于双方船员的疏忽过失，故本船对于本船所载货物不负赔偿责任。若货主投保了海上运输货物保险的任一险别，此损失即可向保险人索赔，因为碰撞造成的货物损失，不论是全部损失还是部分损失，都属于保险人的责任范围。

但是，美国关于船舶互撞的损害赔偿原则与上述《1910 年船舶碰撞公约》和大多数国家的作法不同。首先，它主张“对半责任原则”，即不论各方的过失比例如何，均须承担一半责任。其次，美国主张“货物无辜原则”。在互有过失碰撞中引起的货物损失，根据“货物无辜原则”，可以向任何一方船索赔全部损失，但是由于受《海牙规则》和《美国海上货物运输法》的限制，载货船对本船所载货物的损失是免责的，因而，货方只能向非载货船索取 100% 的赔偿，而非载货船又可以根据载货船的过失程度比例向其摊回已经支付给货方的赔偿金额的一部分。此种结果最终使得载货船变相失去了根据《海牙规则》中对本船货物损失的免责权利。为了避免失去这种权利，各国承运人纷纷在运输合同中加入“船舶互撞责任”条款：若载货船的货方从非载货船那里获得全部赔偿，导致对方非载货船向载货船求偿，则货方应偿还载货船根据过失比例赔付给非载货船的那部分数额，从而成为海上货物运输合同中的一个标准条款。

一般而言，因两船互有过失碰撞造成货物损失后，由于碰撞风险属于保险人的责任范围，因而货方（被保险人）会首先向保险人索赔，保险人赔付后，依法取得代位求偿权，如果保险人成功地从非载货船索赔全部赔偿，随之而来的是非载货船向载货船按其过失比例索赔其应负责的部分，载货船又会向货方要求偿还他已支付给非载货船的数额。为了解决因在“船舶互撞责任”条款下的货方偿还船方损失而导致的货方利益受损问题，在海上运输货物保险合同中加入了一条“运输合同订有船舶互撞责任条款，根据该条款规定应由货方偿还船方的损失”也可由保险人负责的规定。

平安险主要承保货物的部分损失及某些情况下的全部损失，其责任范围在三种主险险别中是最小的，因而只适用于价值低、裸装的大宗货物，如矿砂、钢材、铸铁制品等投保，其费率也是最低的。

（二）水渍险（With Particular Average，W. P. A/W. A）

水渍险也是我国海上保险实践中长期使用的一个名称。按其英文表述，在水渍险中，保险人也负责货物的单独海损。我国海洋运输货物保险中的水渍险条款规定：“除包括平安险的各项责任外，本保险还负责被保险货物由于恶劣气候、雷电、海啸、地震、洪水等自然灾害所造成的部分损失。”即在平安险的责任范围基础上，增加了货物由于恶劣气候等自然灾害造成的部分损失。由于水渍险的责任范围有所扩大，相应地，其保险费率也高于平安险的保险费率。

（三）一切险（All Risks，A. R）

按照我国海洋运输货物保险条款的规定，一切险“除包括平安险和水渍险的各项责任外，还负责被保险货物在运输途中由于外来原因所致的全部或部分损失。”具体来说，一切险除平安险和水渍险的各项责任外，还包括 11 种普通附加险，即：偷窃提货不着险、淡水雨淋险、短量险、混杂玷污险、渗漏险、碰损破碎险、串味险、受潮受热险、钩损险、包装破裂险和锈损险。

一切险虽名为“一切”，但保险人并不负责货物在运输过程中的一切损失，它必须受“风险”这一概念的制约，对于那些确定的损失、预期的损失、必然会发生的损失，如被保险人的故意行为导致的损失、自然途耗等是不负责任的。一切险的责任范围是三种主险中最大的一种，因此，一切险特别适用于一些粮油食品、纺织纤维类商品以及新的机器设备等投保，其费率也是三种险别中最高的。

二、海洋运输货物保险的除外责任

除外责任是保险合同中的重要组成部分，是指保险人不予承担责任的风险项目及损失费用。规定除外责任的目的是在已经列明的保险责任前提下进一步明确保险人的责任，或对保险责任作出修订。除外责任中所列的致损原因一般是那些非偶然、非意外的原因，如被保险人本身的原因或发货人的失职造成的损失，或货物本身缺陷或其他特殊原因造成的损失。我国海洋运输货物保险条款，包括平安险、水渍险和一切险，其除外责任是一致的：

（1）被保险人的故意行为或过失所造成的损失。

（2）属于发货人责任所引起的损失。

（3）在保险责任开始前，保险标的已存在的品质不良或数量短差所造成的损失。

（4）被保险货物的自然损耗、本质缺陷、特性以及市价跌落、运输延迟所引起的损失或费用。

（5）海洋运输货物战争险条款和货物运输罢工险条款规定的责任范围和除外责任。

三、海洋运输货物保险的责任起讫

责任起讫是指保险人对被保险人承担保险责任的起始时间和终止时间。我国海洋运输货物保险条款对保险责任起讫区分两种情况分别加以规定，即正常运输与非正常运输。

（一）正常运输情况下的责任起讫

所谓正常运输是指使用正常的运输工具，按照正常的航程、航线行驶，并停靠港口，包括正常的延迟、正常的存仓、正常的转船。在正常运输情况下，海洋运输货物保险的责任起讫是以“仓至仓”条款为依据的，即保险人的责任自被保险货物运离保险单所载起运地仓库或储存处所开始运输时生效，包括正常运输过程中的海上、陆上、内河和驳船运输在内，直至该项货物到达保险单所载明的目的地收货人的最后仓库或储存处所或被保险人用作分配、分派或非正常运输的其他储存处所为止。如未抵达上述仓库或储存处所，则以被保险货物在最后卸载港全部卸离海轮后满 60 天为止。如在上述 60 天内被保险货物需转运到非保险单所载明的目的地时，则以该项货物开始转运时终止。

上述“仓至仓”条款规定了在正常运输情况下保险人的责任的起点——货物从保单载明的起运地仓库或储存处所运输时开始，在正常运输过程中持续，但要沿通常的路线运输，运输途中的暂时保管，如等车、待船等，并不影响保险责任的继续。

关于保险人责任的终止，有下列四种情况：

（1）到达保单载明的目的地收货人的最后仓库或储存处所。

（2）到达被保险人用作分配、分派的非保单载明的其他储存处所。

（3）到达非正常运输的其他储存处所。

（4）在最后卸载港全部卸离海轮后满 60 天。

上述四种情况以先发生者为准。若货物在最后卸货港全部卸离海轮后的 60 天内保险货物开始转运至非保单载明的目的地时，则以该项货物开始转运时终止。

（二）非正常运输情况下的责任起讫

所谓非正常运输是指由于被保险人无法控制的运输延迟、绕道、被迫卸货、重行装载、转运或承运人运用运输契约赋予的权限所作的任何航海上的变更或终止运输契约，致使被保险货物运到非保险单所载明的目的地等意外情况。非正常运输情况下的保险责任起讫，国际上一般以“延伸条款”和“运输合同终止条款”加以规定。但是我国海洋运输货物保险条款把上述两个条款合二为一，规定：

由于被保险人无法控制的运输延迟、绕道、被迫卸货、重行装载、转载或承运人运用运输契约赋予的权限所作的任何航海上的变更或终止运输契约，致使被保险货物运到非保险单所载明的目的地时，在被保险人及时将获知的情况通知保险人，并在必要时加缴保险费的情况下，本保险仍继续有效。保险责任按下列规定终止：

（1）被保险货物如在非保险单所载明的目的地出售，保险责任至交货时为止，但不论任何情况，均以被保险货物在卸载港全部卸离海轮后满 60 天为止。

（2）被保险货物如在上述 60 天期限内继续运往保险单所载原目的地或其他目的地时，保险责任仍按正常运输情况下的“仓至仓”条款规定终止。

可见，按照我国现行的海洋运输货物保险条款，不论被保险人无法控制的运输延迟、绕道还是运输合同终止，被保险人都有义务及时通知保险人，并在必要时加付保费的条件下，保险合同方能继续保持效力。

值得注意的是，由于贸易合同中所采用的价格条件不同，不同价格条件中买卖双方办理保险的义务不同，因此必须把“仓至仓”条款与不同的价格术语结合起来，以明确保险人对被保险人实际所承担的责任。当贸易双方按 CIF 价格成交，由卖方办理保险时，该保险单责任起讫完全与“仓至仓”条款规定的一致；但如果贸易合同是按 FOB 价或 CFR 价格成交，由买方办理保险，此种情形下保险人的责任实际上是从货物越过船舷开始的，其原因是货物越过船舷前的风险由卖方承担，买方并无保险利益，因此虽然合同中载有“仓至仓”条款，但保险人的责任并不起始于货物运离保险单所载明的仓库或储存处所。

四、海洋运输货物保险中被保险人的义务

（1）当被保险货物运抵保险单所载明的目的港（地）以后，被保险人应及时提货，当发现被保险货物遭受任何损失，应即向保险单上所载明的检验、理赔代理人申请检验，如发现被保险货物整件短少或有明显残损痕迹应立即向承运人、受托人或有关当局（海关、港务当局等）索取货损货差证明。如果货损货差是由于承运人、受托人或其他有关方面的责任所造成，应以书面方式向他们提出索赔，必要时还须取得延长时效的证明。

（2）当货物遭受保险责任范围内的危险时，保险人和被保险人都可采取合理的抢救措施，防止或减少货物的损失，被保险人采取此项措施，不应视为放弃委付的表示，保险人采取抢救措施，也不得视为接受委付的表示。

（3）如遇航程变更或发现保险单所载明的货物、船名或航程有遗漏或错误时，被保险人应在获悉后立即通知保险人并在必要时加缴保险费，保险继续有效。

（4）当货物发生损失，向保险人索赔时，被保险人必须提供以下单证：保险单正本、提单、发票、装箱单、磅码单、货损货差证明、检验报告及索赔清单。此外，当货损涉及第三者责任时，还须提供向责任方追偿的有关函电和其他必要单证或文件。

（5）在获悉有关运输契约中“船舶互撞责任”条款的实际责任后，应及时通知保险人，以使保险人采取必要的措施对承运人的索赔进行抗辩，维护自己的利益。

五、索赔期限

现行海洋运输货物保险的索赔期限，自被保险货物在最后卸载港全部卸离海轮后起算，最多不超过两年。

第二节　海洋运输货物附加险条款

附加险是不能单独投保的，它只能在投保主险的基础上，由被保险人根据运输货物的实际需要附加投保。海洋运输货物保险的附加险包括三大类：普通附加险、特别附加险和特殊附加险。

一、普通附加险

普通附加险又称一般附加险，我国海洋运输货物保险的普通附加险主要有以下几种：

（一）偷窃、提货不着险（Theft，Pilferage & Non-Delivery）

承保货物在保险期限内，由于偷窃行为或整件提货不着所致的损失，由保险人按保险价值赔偿。“偷”一般是指货物整件被偷走；“窃”一般是指整件货物中的一部分被窃取。这里的偷窃是指暗中进行的小偷小摸，不包括使用暴力手段的公开劫夺。“提货不着”是指货物的全部或整件未能在目的地交付给收货人。为了便于确定责任，被保险人必须在提货后10日内申请检验；对于整件提货不着，必须向有关责任方取得整件提货不着的证明，否则，保险人有权拒绝赔偿。

（二）淡水雨淋险（Fresh Water & Rain Damage）

承保被保险货物在运输过程中直接由于雨淋或淡水所致的损失。雨淋包括雨水及冰雪融化给货物造成的损失。淡水是与海水相对的，包括舱汗、船上淡水舱及水管漏水等。由于平安险和水渍险主要负责海水所致的货物损失，而不包括淡水损失，因此，当货物外包装上有水渍痕迹时，被保险人必须于提货后10日内申请检验，以便决定是雨淋还是海水致损。

（三）短量险（Risk of Shortage）

承保在运输过程中货物的数量短少和重量短缺的损失。对有包装的货物发生短量索赔时，必须有外包装破裂、松口、扯缝等现象，以排除装船前的短量；对散装货物的短少一般以装船重量与卸船重量之间的差额作为损失的依据，但需扣除正常途耗。

（四）混杂、玷污险（Risk of Intermixture and Contamination）

承保货物在运输过程中由于混进杂质或与其他物质相接触而被玷污所引起的损失。如矿砂、矿石等混进泥土、碎石而影响质量，布匹、纸张、服装等被油类或带色的物质污染因而引起的经济损失。

（五）渗漏险（Risk of Leakage）

承保流质、半流质、油类货物在运输过程中由于容器损坏而引起的渗漏损失，以及用液体储藏的货物如盐渍湿肠衣、酱渍菜等因液体渗漏而引起的货物腐败、变质等损失。

（六）碰损、破碎险（Risk of Clash and Breakage）

承保货物在运输过程中，因震动、碰撞、受压造成的碰损和破碎损失。碰损主要是对金属或金属制品、漆木制品等而言的，如机器、搪瓷器皿、漆木用具等在运输途中因受到震动、挤压等造成货物本身的脱瓷、划痕等损失。破碎主要是针对易碎性物质，如陶瓷、玻璃器皿、大理石等在运输过程中由于装卸粗鲁、运输工具的震荡造成货物本身的破裂、断碎等损失。

（七）串味险（Risk of Odour）

承保食用物品、中药材、化妆品原料等货物在运输过程中因受其他带有异味物品的影响而引起的串味损失。如果这项串味损失是由运输方装载不当所引起的，则保险人在负责赔偿后，有权向运输方追偿。

（八）受潮受热险（Damage Caused by Sweating and Heating）

承保被保险货物在运输过程中因气温突然变化或由于船上通风设备失灵致使船舱内水汽凝结发潮或发热所造成的损失。

（九）钩损险（Risk of Hook Damage）

承保货物在运输或装卸过程中因使用手钩、吊钩等工具所造成的损失，此外，保险人还负责对钩损的货物包装进行修补或调换所支付的费用。

（十）包装破裂险（Loss for Damage Caused by Breakage of Packing）

承保用袋装、箱装、桶装、篓装的货物在运输途中因包装破裂造成货物的短少、玷污、受潮等损失。此外，保险人还负责对包装进行修补或调换所支付的费用。

（十一）锈损险（Risk of Rusting）

承保金属或金属制品在运输过程中因生锈而造成的损失，这种生锈只要不是原装时就存在的，保险人都负责赔偿。但对于在运输过程中极易生锈的铁丝、钢丝绳、水管零件等货物以及必然会生锈的裸装金属板、块、条、管等，一般不予承保。

二、特别附加险

与普通附加险一样，特别附加险也不能独立投保，必须依附于主险项下。但与普通附加险相区别的是：特别附加险主要承保一些涉及政治、国家政策法令和行政措施等特别的外来风险，它不属于一切险的范围之内。我国海洋运输货物保险的特别附加险主要有：

（一）交货不到险（Failure to Deliver Risk）

承保不论任何原因，已装上船的货物不能在预定抵达目的地的日期起六个月内交货的损失，由保险人按全损予以赔付。造成交货不到既有运输上的原因，也有政治上的原因，如禁运、强迫卸货等，从而使得本险别与一切险中的提货不着险和战争险的责任有相互重复之处。因此，交货不到险规定：所有运输险和战争险项下应予负责的损失，不包括在本险的责任范围之内。由于交货不到险的责任范围较宽，因此被保险人须首先获得一切进口许可证并办妥有关的进口手续，以免因无进口许可证等原因被拒绝进口而造成交货不到。

（二）进口关税险（Import Duty Risk）

如何对受损货物征收进口关税，各国的规定不同，有的国家规定受损货物可按其价值减免进口税，也有的国家规定不论货物是否受损，一律按货物完好时的价值计征关税。进口关税险就是针对这种情况而设立的，承保遭受保险责任范围内损失的货物，根据进口国的规定仍须按完好价值完税所造成的关税损失。进口关税险的保险金额应根据可能缴纳的税款来确定，通常是由被保险人根据进口国进口关税的税率来制定，与货物保险金额分开载在保险单内，发生损失时在该保额限度内赔偿，不能和主险的保额相互串用。

（三）舱面险（On Deck Risk）

海上运输货物通常是装载在船舱内的，在制定货物运输保险的责任范围和费率时，都是按舱内货物来考虑的，保险人对装载在舱面的货物是不承担赔偿责任的。但是在实际业务中，有些货物由于体积大，或有毒性、有污染，根据航运习惯，必须装载于舱面上。舱面险就是专门承保这些货物在运输过程中所遭受的损失。

舱面险对被保险货物存放舱面时，除按保险单所载条款负责外，还包括被抛弃或风浪冲击落水在内所致的损失。由于装载在舱面的货物极易受损，因而保险人通常只愿意在平安险的基础上加保舱面险，一般不接受在一切险基础上加保舱面险，以免责任过大。

（四）拒收险（Rejection Risk）

承保被保险货物在进口港被进口国政府或有关当局拒绝进口或没收，保险人按照被拒绝进口或没收货物的保险价值赔偿。如果在被保险货物起运后，进口国宣布任何禁运或禁止，保险人仅负责赔偿将货物运回到出口国或转口到其他目的地而增加的运费，但最多不得超过该批货物的保险价值。

加保拒收险的多是与人体健康有关的食品、饮料和药品等，被保险人在加保拒收险时，须保证被保险货物的生产质量、包装和商品检验符合产地国和进口国的有关规定以及被保险货物备有一切必需的、有效的进口特许证或许可证。拒收险对于市价跌落、被保险货物记载的错误、商标或标记的错误、贸易契约或其他文件发生的错误或遗漏、违反产地国政府或有关当局关于出口货物的有关规定、被保险货物在起运前进口国已经宣布任何禁运或禁止等原因所引起的损失不负赔偿责任。

（五）黄曲霉素险（Aflatoxin Risk）

黄曲霉素是发霉的花生、油菜籽等含有的一种毒素，各国卫生当局对此都有严格的限制。本附加险承保被保险货物在保险责任有效期限内，在进口港或进口地经当地卫生当局检验证明，因含有黄曲霉素超过了进口国对该毒素的限制标准，必须拒绝进口、没收或强制改变用途时所引起的损失，由保险人按被拒绝进口或被没收部分货物的保险价值或改变用途所造成的损失，负责赔偿。但被保险人对于因拒绝进口或强制改变用途的货物有义务进行处理，或申请仲裁。实际上，此附加险是专门承保一种原因的拒收险。

三、特殊附加险

（一）战争险（War Risk）

1. 海运战争险的责任范围

海运战争险的责任范围包括：

（1）直接由于战争、类似战争行为和敌对行为、武装冲突或海盗行为所致的损失。

（2）由于上述风险所引起的捕获、拘留、禁制、扣押所造成的损失。

（3）各种常规武器包括水雷、鱼雷、炸弹所致的损失。

（4）上述责任所引起的共同海损的牺牲、分摊和救助费用。

我国现行的海运战争险条款把海盗行为列为其中一种风险，而英国伦敦保险协会货物运输保险条款却将其列入（A）险责任范围内。

2. 海运战争险的除外责任

海运战争险的除外责任包括：

（1）由于敌对行为使用原子或热核制造的武器所致的损失和费用。

（2）根据执政者、当权者或其他武装集团的扣押、拘留引起的承保航程的丧失和挫折而提出的任何索赔。

3. 海运战争险的责任起讫

海运战争险的责任起讫依照水面危险原则确定，具体如下：

（1）保险责任自被保险货物装上保险单所载起运港的海轮或驳船时开始，到卸离保险单所载明的目的港的海轮或驳船时为止。如果被保险货物不卸离海轮或驳船，保险责任最长期限以海轮到达目的港当日午夜起算满 15 天为限。

（2）如在中途转船，不论货物在当地卸载与否，保险责任以海轮到达该港或卸货地点的当日午夜起算满 15 天为止，待再装上续运海轮时恢复有效。

（3）如运输契约在保险单所载明的目的地以外的地点终止时，该地即视为本保险的目的地，仍照前述（1）款的规定终止责任，如需运往原目的地或其他目的地时，在被保险人于续运前通知保险人并加缴保险费的情况下，可自装上续运的海轮时恢复有效。

（4）如运输发生绕道、改变航程或承运人运用运输契约赋予的权限所作的任何航海上的改变，在被保险人及时将获知的情况通知保险人，在必要时加缴保险费的情况下，本保险仍继续有效。

现行的海运战争险条款并不是一个独立的条款，仍然依附于海洋运输货物保险条款，当后者与前者有冲突时，以前者为准，前者未作规定的，仍适用后者的有关规定。

（二）罢工险（Strikes Risk）

罢工险是海洋运输货物保险的一个特殊附加险，主要承保由于罢工者、被迫停工工人或参加工潮、暴动、民众斗争的人员的行为或任何人的恶意行为；以及由于上述行为所引起的共同海损牺牲、分摊和救助费用。罢工险仅负责由于罢工等风险所造成的货物的直接损失，对于一些间接损失，如罢工期间的劳动力短缺或不能履行正常职责所致的保险货物的损失，包括因此而引起的动力或燃料缺乏使冷藏机停止工作所致的冷藏货物的损失，保险人是不负责赔偿的。

第三节　海洋运输货物专门保险

一、海洋运输冷藏货物保险

海洋运输冷藏货物保险是海上运输货物保险中的一种专门保险，可以单独投保。它是针对冷藏货物的特殊性质而设计的标准条款。

（一）海洋运输冷藏货物保险的责任范围

我国海洋运输冷藏货物保险分为冷藏险和冷藏一切险两种。

1. 冷藏险

冷藏险的责任范围与海洋运输货物保险中的水渍险的责任范围基本相同，除此之外，保险人还负责赔偿“由于冷藏机器停止工作连续达 24 小时以上所造成的腐烂或损失”。

值得注意的是：保险人并非对所有因冷藏机器故障所造成的损失都承担责任，而须具备两个条件：冷藏机器完全停止工作，必须连续达 24 小时以上。这与国际惯例是一致的。

2. 冷藏一切险

冷藏一切险的责任范围是在冷藏险的各项责任基础上，增加承保被保险货物在运输途中由于外来原因所造成的腐烂或损失。这与海洋运输货物保险中的一切险的责任范围是一致的。

（二）海洋运输冷藏货物保险的除外责任

海洋运输冷藏货物保险的除外责任与海洋运输货物保险的除外责任基本是相同的，并根据冷藏货物的特点增加了两项除外责任，即：

（1）被保险货物在运输过程中的任何阶段，因未存放在有冷藏设备的仓库或运输工具中，或辅助运输工具没有隔温设备所造成的货物腐烂。本条旨在避免冷藏货物在保险期间被置于无制冷设备或制冷设备完全不能工作的处所。

（2）被保险货物在保险责任开始时因未保持良好状态，包括整理加工和包扎不妥，冷冻上的不合规定及骨头变质所引起的货物腐烂和损失。本条实际上是不保原残。

（三）海洋运输冷藏货物保险的责任起讫

海洋运输冷藏货物保险的保险期限与海洋运输货物保险的保险期限基本相同。保险责任自被保险货物运离保险单所载起运地点的冷藏仓库装入运送工具开始运输时开始，但责任终止较早，具体如下：

至货物到达保险单所载明的最后卸载港 30 天内卸离海轮，并将货物存入岸上冷藏仓库后继续有效，但以货物全部卸离海轮起算满 10 天为限。在上述期限内货物一经移出冷藏仓库，则责任即行终止，如卸离海轮后不存入冷藏仓库，则至卸离海轮时终止。

由于非正常运输情况而使被保险货物运至非保险单所载明的目的地时，在被保险人及时将获知的情况通知保险人，并在必要时加缴保险费的情况下，保险人仍继续负责。

保险责任在货物到达卸载港 30 天内全部卸离海轮并存入岸上仓库后，仍以货物卸离海轮后满 10 天终止。在上述期限内，如果货物在该地出售，则保险责任至交货时终止。

二、海洋运输散装桐油保险

海洋运输散装桐油保险也是海上货物运输险的一种专门保险。桐油是我国大宗出口商品之一，桐油与其他货物一样，在运输途中面临着自然灾害和意外事故，此外，与其他货物相比，桐油具有不同的特性，在运输过程中容易受到污染、渗漏、短量、变质等损失。海洋运输散装桐油保险就是针对桐油的这种特殊要求而设计的。

（一）海洋运输散装桐油保险的责任范围

海洋运输散装桐油保险的责任范围采用列明风险和一切险结合的方式约定保险人的责任。即保险人除了负责施救费用、共同海损牺牲和分摊、救助费用以及运输契约订有“船舶互撞责任”条款应由货方偿还船方的损失外，保险人还承保：

（1）不论任何原因所致被保险桐油的短少、渗漏超过保险单规定的免赔率（以每个油仓作为计算单位）的损失。

（2）不论任何原因所致被保险桐油的玷污或变质损失。

（二）海洋运输散装桐油保险的除外责任

海洋运输散装桐油保险的除外责任与海洋运输货物保险的除外责任基本相同，此处不再赘述。

（三）海洋运输散装桐油保险的责任起讫

海洋运输货物保险中的“仓至仓”条款在这里变化为“库至库”，即：保险人的责任自桐油运离保险单所载明的起运港的岸上油库或盛装容器开始运输时生效，在整个运输过程中，包括油管唧油，继续有效，直至安全交至保险单所载明的目的地的岸上油库时为止。此外，还规定：

（1）如桐油不及时卸离海轮或交至岸上油库，则最长保险期限以海轮到达目的港后 15 天为限。

（2）由于非正常情况而使桐油被运至非保险单所载明的目的港时，在被保险人及时将获知的情况通知保险人，并在必要时加缴保险费的情况下，保险继续有效。保险责任在桐油到达该港口 15 天内卸离海轮，在卸离海轮后满 15 天责任终止。如在上述期限内桐油在该地出售，则在交货时为止。

（四）海洋运输散装桐油保险的特别约定

由于桐油极易被玷污、渗漏，而且保险人承担不论任何原因造成的损失，因而在承保散装桐油时，针对桐油的特性，对被保险人和被保险桐油作了一些特别约定，以控制桐油在装运前、运输过程中的风险，避免保险当事人双方在重量或容积方面的争执。

（1）被保险人在起运港必须取得下列检验证书：① 船上油仓在装油前必须清洁并经在场的商品检验局代表检验出具合格的证书。② 桐油装船后的容量或重量和温度必须由商品检验局详细检验并出具证书，装船重量作为保险人负责的装运量。③ 装船桐油的品质还须由商品检验局抽样化验并出具合格证书，证明在装运时确无玷污、变质或培他（桐油损失专门名词）迹象。如不按照执行，保险人不负责桐油品质上的损失。

（2）被保险桐油如遇被保险人无法控制的非正常情况必须卸货时，在卸货前须进行品质鉴定并取得证书，对接受所卸桐油的油驳、岸上油库及其他容器以及重新装载桐油的船舶油舱也须申请当地合格的检验人进行检验，并取得证书。

（3）被保险桐油在运抵保险单所载目的港后，被保险人必须在卸货前通知保险单所指定的检验、理赔代理人，由他指定的检验人进行检验，以确定卸货时油仓的温度、容量、重量或量尺，并应由代理人指定的合格检验师一次或数次抽样化验，出具确定当时品质状况的证书。如到货后由油驳驳运，则在装油前须经检验人检验出证。

三、活牲畜、家禽运输保险

活牲畜、家禽因其风险不可控制，且其死亡原因不易确定，因此不能采用普通的货物运输保险条款承保，须使用专门的活牲畜、家禽保险条款。以下以中国人民保险公司2009年的活牲畜、家禽的海上、陆上、航空运输保险条款为例加以说明。

（一）责任范围

对于活牲畜、家禽在运输途中的死亡，负责赔偿。

（二）除外责任

对下列原因造成的死亡，不负赔偿责任：

（1）被保险人的故意行为或过失。

（2）属于发货人所负责任。

（3）由于战争、工人罢工或运输延迟。

（4）在保险责任开始时，被保险活牲畜、家禽健康状况不好。

（5）被保险活牲畜、家禽因怀仔、防疫注射或接种所致的死亡；或因传染病、患病，经管理当局命令屠杀或因缺乏饲料而致的死亡；或由于被禁止进口或出口或检验规格不符所引起的死亡。

（三）责任起讫

保险责任自被保险活牲畜、家禽装上运输工具时开始直至目的地卸离运输工具时为止。如不卸离运输工具，最长的保险责任期限从运输工具抵达目的地当日午夜起算，以15天为限。

在保险有效的整个运输过程中被保险活牲畜、家禽必须妥善装运，专人管理，否则保险人不负赔偿责任。

（四）货损检验及赔款

（1）被保险活牲畜、家禽运抵本保险单所载目的港或目的地以后，被保险人必须及时提货并做到：① 如发现被保险活牲畜、家禽死亡，应即向本保险单所指定的检验、理赔代理人申请检验，如当地无本公司的检验、理赔代理人，可找当地检验机构代为检验。② 如发现被保险活牲畜、家禽的死亡涉及承运人或有关当局的责任，被保险人应即以书面方式向承运人或有关当局索赔。

（2）被保险人索赔时必须提供下列单证：保险单或保险凭证正本、提单、发票正本或副本；主管当局对事故和牲畜、家禽死亡的证明；如涉及第三者责任，还必须提供向责任方追偿的有关函电及被保险人所能提供的其他与确认保险事故的性质、原因、损失程度等有关的证明和资料。

（3）在活牲畜、家禽遇险后，由于被保险人立即采取的有效抢救、防损措施而支付的合理费用，保险人负责赔偿，但赔偿金额以不超过保险金额为限。

第四节 陆、空、邮运输货物保险条款

一、陆上运输货物保险

在国际贸易中，有一部分货物是采用陆上运输方式完成交货任务的。陆上运输主要包括铁路运输和公路运输两种方式，所采用的运输工具通常是火车和汽车，对于采用人力车和牲口等其他运输工具运输的货物一般不予承保。

陆上运输货物保险包括一般的陆上运输货物保险、陆上运输冷藏货物保险和陆上运输货物战争险。

（一）一般的陆上运输货物保险

一般的陆上运输货物保险是在海洋运输货物保险的基础上发展而来的，承保采用火车、汽车运输的货物在运输途中因遭遇灾害事故所造成的损失。

1. 责任范围

一般的陆上运输货物保险按照责任范围大小的不同，有陆运险和陆运一切险两个险别。

（1）陆运险的责任范围

陆运险的责任范围与海洋运输货物保险中的水渍险的责任范围基本相同，但根据货物在陆上运输过程中面临的风险，剔除了海洋运输货物保险中的海啸、浮冰等海上固有的自然灾害及共同海损牺牲和分摊等。具体为：① 自然灾害和意外事故。具体而言，指被保险货物在运输途中遭受暴风、雷电、洪水、地震自然灾害，或由于运输工具遭受碰撞、倾覆、出轨或在驳运过程中因驳运工具遭受搁浅、触礁、沉没、碰撞，或由于遭受隧道坍塌、崖崩，或失火、爆炸意外事故所造成的全部或部分损失。② 施救费用。被保险人对遭受承保责任内危险的货物采取抢救、防止或减少货损的措施而支付的合理费用，但以不超过该批被救货物的保险金额为限。

（2）陆运一切险的责任范围

陆运一切险的责任范围与海洋运输货物保险中的一切险基本相同。除承保陆运险的各项保险责任外，还负责被保险货物在陆上运输过程中由于外来原因所致的全部或部分损失。其中外来原因包括：短少短量、偷窃、渗漏、碰损破碎、钩损、受潮受热、锈损、串味、混杂玷污、雨淋等运输过程中的一般性外来风险。

2. 责任起讫

一般的陆上运输货物保险的责任起讫也采用“仓至仓”条款，但具体内容与海洋运输货物保险稍有不同。具体为：保险人对被保险货物所承担的保险责任，自货物运离保险单所载明的起运地仓库或储存处所开始运输时起，包括正常运输过程中的陆上和与其有关的水上驳运在内，直至该项货物运达保险单所载明的目的地收货人的最后仓库或

储存处所或被保险人用作分配、分派的其他储存处所为止。如果被保险货物未运抵保险单所载明的目的地收货人的最后仓库或储存处所，保险责任以货物运抵最后卸载的车站满 60 天为限。

3. 被保险人义务与索赔期限

一般的陆上运输货物保险中的除外责任、被保险人义务、索赔期限与海洋运输货物保险中的规定完全一致。

（二）陆上运输冷藏货物保险

陆上运输冷藏货物保险是陆上运输货物保险中的一种专门保险，可以单独投保。

1. 保险责任

除负责陆运一切险的保险责任外，还承保被保险货物在运输途中由于冷藏机器或隔温设备的损坏，或者由于车厢内贮存冰块的融化而造成的解冻融化致使货物腐败的损失。

2. 责任起讫

陆上运输冷藏货物保险的责任起讫具体为：自被保险货物运离保险单所载起运地的冷藏仓库装入运送工具开始运输时生效，包括正常陆运和与其有关的水上驳运在内，直至该项货物到达保险单载明的目的地收货人仓库时继续有效，但最长保险责任以货物到达目的地车站后 10 天为限。

（三）陆上运输货物战争险

为了促进对外贸易的发展，我国开办了陆上运输货物战争险，但仅限于采用火车运输的货物，且该险种为陆上运输货物保险的附加险，不能单独投保。

1. 责任范围

负责被保险货物在火车运输途中直接由于战争、类似战争行为或敌对行为、武装冲突所致的损失，及各种常规武器包括地雷、炸弹所致的损失。

2. 责任起讫

（1）自被保险货物装上保险单所载起运地的火车开始，到卸离保险单所载目的地的火车时为止。如果被保险货物不卸离火车，则保险责任最长期限以火车到达目的地的当日午夜起算满 48 小时为止。

（2）如果在运输中途转车，不论货物在当地卸载与否，保险责任以火车到达该中途站的当日午夜起算满 10 天为止，如货物在上述期限内重行装车续运，则保险恢复有效。

（3）如运输契约在保险单所载目的地以外的地点终止时，该地即被视为本保险单所载目的地，保险责任以货物卸离该地为止。如不卸离火车，则以火车到达该地当日午夜起算满 48 小时为止。

二、航空运输货物保险

1903 年，美国的莱特兄弟试验成功现代飞机的雏形。自此以后，飞机就成为重要的交通运输工具。第二次世界大战以前，运用飞机运输的货物通常是军用品及部分邮件，且运量很小。第二次世界大战以后，空运在运输中所占的地位越来越重要，运量不断增加，运输货物的种类日益扩大。为了给货物在航空运输中的风险提供保障，保险公司开发了航空运输货物保险。我国的航空运输货物保险包括一般的航空运输货物保险和航空运输货物战争险。

（一）一般的航空运输货物保险

1. 责任范围

根据责任范围大小的不同，航空货运险包括航空运输货物险和航空运输一切险两个基本险别。

（1）航空运输货物险

航空运输货物险的责任范围与海洋运输货物水渍险、陆运险大体一致。具体是：①被保险货物在运输途中遭受雷电、火灾、爆炸或由于飞机遭受恶劣气候或其他危难事故而被抛弃，或由于飞机遭受碰撞、倾覆、坠落或失踪等意外事故所造成的全部或部分损失。②被保险人对遭受承保责任范围内危险的货物采取抢救、防止或减少货损的措施而支付的合理费用，但以不超过该批被救货物的保险金额为限。

（2）航空运输一切险

航空运输一切险的责任范围与海洋运输一切险、陆运一切险基本相同。除承保航空运输险的各项责任外，还负责“被保险货物在运输途中由于外来原因造成的全部或部分损失”。

2. 责任起讫

航空运输货物保险的责任起讫也遵循仓至仓条款，同时考虑了航空运输的特点。

（1）自被保险货物运离保险单所载明的起运地仓库或储存处所开始运输时起，包括正常运输过程中的各种工具的运输在内，直至该项货物运达保险单所载明的目的地收货人的最后仓库或储存处所或被用作分配、分派或非正常运输的其他储存处所为止。如未抵达上述仓库或储存处所，则以被保险货物在最后卸载地卸离飞机后满 30 天为止。如在上述 30 天内，被保险货物需转送到非保险单所载明的目的地时，则以该项货物开始转运时终止。

（2）如果由于被保险人无法控制的运输延迟、绕航、被迫卸货、重装、转运或承运人运用货物运输合同赋予他的权限所作的任何变更或终止货运合同等情况，致使被保险货物运到非保险单所载明的目的地时，只要被保险人及时将获知的情况通知保险人，并在必要时加缴保险费，保险人仍继续负责。如果被保险货物在该非保险单所载明的目的地出售，保险责任至交货时为止，但以货物在卸载地卸离飞机后满 30 天为止。如果在上述 30 天期限内，被保险货物继续运往保险单所载明的目的地或其他目的地时，保险责任仍按照正常运输情况下的规定终止。

（二）航空运输货物战争险

1. 责任范围

航空运输货物战争险承保直接由于战争、类似战争行为和敌对行为、武装冲突所致的损失；以及由此引起的捕获、拘留、扣留、禁制、扣押所致的损失；由于各种常规武器，包括炸弹所造成的损失。

2. 责任起讫

航空运输货物战争险的责任起讫与海洋货运战争险相类似。具体为：自被保险货物装上保险单所载起运地飞机时开始，到卸离保险单所载目的地的飞机时为止。如果被保险货物不卸离飞机，则保险责任最长期限以飞机到达目的地的当日午夜起算满 10 天为止。如被保险货物在中途港转运，保险人责任以飞机到达转运地当日午夜起算满 15 天为止，待装上续运的飞机时保险责任再恢复有效。

三、邮包保险

采用邮政包裹运输的主要是一些货样及质轻价高的货物。在邮包运输过程中，一般需经海、陆、空运输环节，因此遭受各种自然灾害及意外事故的概率较大。邮包保险主要包括一般的邮包保险和邮包战争险。

（一）一般的邮包保险

1. 责任范围

邮包在运输过程中可能采用海运方式，也可能是陆运或空运方式，因此面临的风险多种多样。相应地，邮包保险的责任范围也就有所不同。我国的一般邮包保险根据责任范围分为邮包基本险和邮包一切险两种，两者均承保邮包在运输过程中，包括海运、陆运及空运过程中因自然灾害和意外事故造成的损失。

（1）邮包基本险

邮包基本险的责任范围相当于海洋运输货物保险中的水渍险。包括：被保险邮包在运输途中由于恶劣气候、雷电、海啸、地震、洪水等自然灾害，或由于运输工具遭受搁浅、触礁、沉没、碰撞、倾覆、出轨、坠落、失踪，或由于失火、爆炸意外事故所造成的全部或部分损失；被保险人对遭受保险责任范围内危险的货物采取抢救、防止或减少货物损失措施而支付的合理费用，但以不超过被救货物的保险金额为限。

（2）邮包一切险

邮包一切险的责任范围与海运一切险相类似，除包括邮包险的承保责任外，还负责被保险邮包在运输途中由于外来原因所致的全部或部分损失。

2. 责任起讫

邮包保险的责任起讫采用仓至仓条款：保险人对被保险邮包所保责任，自邮包离开保险单所载明的起运地点寄件人的处所运往邮局时起，直至该项邮包运达保险单所载明的目的地邮局，自邮局签发到货通知书当日午夜起算满 15 天终止。但在此期限内邮包一经递交至收件人的处所时，保险责任即行终止。

（二）邮包战争险

邮包战争险承保被保险邮包在运输过程中直接由于战争、类似战争行为和敌对行为、武装冲突、海盗行为所造成的损失，以及由此而引起的捕获、拘留、扣留、禁制、扣押所造成的损失，及由于各种常规武器，包括水雷、鱼雷、炸弹所造成的损失；此外，还负责上述责任范围所引起的共同海损牺牲、分摊和救助费用。

邮包战争险的责任起讫：自被保险邮包经邮局收讫后自储存处所运送时生效，直至该项邮包运达保险单所载目的地邮局送交收件人为止。

案例分析

1. 某外贸公司出口意大利的箱包以集装箱方式运输。出运前在我国某保险公司投保了海洋运输货物一切险。该集装箱于某日凌晨5时运达保单列明的目的港收货人仓库，因仓库人员7点上班，驾驶员于是在驾驶室打盹等待卸车。在此过程中，卡车被3名武装分子劫持。驾驶员和车辆未受大的损害，但车上货物全部被劫，损失金额达4万多美元。上述事实已经被当地警察部门所证实。

你认为保险人应如何处理本案。

2. 1995年12月，油脂公司从马来西亚进口一套棕榈油生产线设备，从马来西亚巴生港运到中国东莞新沙港。油脂公司向保险公司投保了海洋运输货物一切险，保险金额2 750 416美元，保险单规定采用中国人民保险公司1981年海洋运输货物保险条款。1996年1月2日，船舶抵达新沙港。应油脂公司的申请，广东进出口商品检验局在卸货前登船查勘，证实短少货物三件：脱臭器、脱气器和蒸汽洗涤器。短少的货物装于甲板上。船长出具的海事报告称，船舶于1995年12月23日至1996年1月1日期间遇到九级以上的大风、狂浪、大涌，引起船舶激烈摇晃，大浪淹过舱盖和甲板货物，导致装载在甲板上的部分货物灭失。据货物的订舱单记载，所有货物能无害且合法地装于甲板，船长有权选择装于甲板，风险和费用由货方承担。承运人签发的提单也记载：船东对装载于甲板上的货物所产生的损坏和灭失不承担风险和费用。油脂公司向保险公司索赔未果而后提起诉讼，请求保险公司依照保险合同赔偿其灭失货物的损失497 080美元。

请分析保险公司是否有权拒赔?

思考题

1. 试述平安险、水渍险和一切险的关系。
2. 简述“仓至仓”条款及在实际中的具体应用。
3. 海洋运输货物战争险中关于保险期限的规定与“仓至仓”条款有何不同?
4. 试比较我国海洋运输货物险、陆上运输货物险和航空运输货物险条款。

第六章

伦敦保险协会货物保险条款

本章摘要

伦敦保险协会货物保险条款（ICC 条款）主要包括协会货物保险条款（A）、（B）、（C）、货物战争险条款、货物罢工险条款和恶意损害险条款等。其中 ICC（A）条款的内容构成整个 ICC 条款体系的核心。ICC（A）采取“一切风险+除外责任”方式规定保险人的承保风险，ICC（B）采取列明风险方式规定承保风险，ICC（C）只承保重大意外事故所致的损失。它们的保险期间都是“仓至仓”责任。货物战争险承保战争风险造成的保险标的的直接损失或损害，且仅承保水上风险；货物罢工险承保罢工风险所造成的保险标的的直接损失，承保“仓至仓”责任。恶意损害险条款和偷窃提货不着险条款属于附加险，可以在 ICC（B）或 ICC（C）的基础上加保。此外，伦敦保险协会还就冷冻食品、煤炭等特种或大宗货物规定了适应该种货物保险特别需要的标准保险条款或条件，它们的保险条件是以 ICC（A）和 ICC（C）为基础进行修改和调整的。

关键词

伦敦保险协会货物保险条款　ICC（A）　ICC（B）　ICC（C）

英国伦敦保险协会的“协会货物保险条款”（Institute Cargo Clauses，ICC）最早制定于 1912 年，1982 年该条款进行了修订，之后在伦敦保险市场开始使用。该条款对世界各国运输货物保险条款的制定有着重要的指导意义。该条款主要有 6 套，代表 6 个险种，它们分别是协会货物保险条款（A）[ICC（A）]、协会货物保险条款（B）[ICC（B）]、协会货物保险条款（C）[ICC（C）]、协会货物战争险条款（Institute War Clauses-cargo）、协会货物罢工险条款（Institute Strike Clauses-cargo）、恶意损害险条款（Malicious Damage Clauses）。除 ICC（A）险、ICC（B）险和 ICC（C）险这三个基本险分别取代了 1963 年 ICC 的一切险、水渍险和平安险以外，1982 年 ICC 的战争险和罢工险分别取代了 1963 年 ICC 的战争险和罢工、暴动和民变险。2008 年 11 月 24 日，新版协会货物保险条款颁布，并于 2009 年 1 月 1 日起实施。

第一节　1982 年协会货物保险条款

一、协会货物保险条款（A）

协会货物保险条款（A）［以下简称 ICC（A）］仅供新的海上保险单格式使用，或者说与新的海上保险单格式连用。ICC（A）共有 8 部分 19 个条款，这 8 部分的内容是承保风险、除外责任、保险期间、索赔、保险权益、减少损失、防止迟延、法律和惯例。

（一）承保风险（Risks Covered）

这一部分内容包括 3 个条款，即第 1 条风险条款、第 2 条共同海损条款和第 3 条“双方有责碰撞”条款。

1. 风险条款（Risk Clause）

ICC（A）条款采取“一切风险+除外责任”方式规定保险人的承保风险，承保一切风险造成的保险标的的损失或损害，但是不包括除外责任条款中规定的除外责任。这里的“一切风险造成的损失或损害”不应理解为“任何原因造成的损失或损害”。损失、损害应该是意外发生的，对于那些必然发生的损失、损害，如运输途中的正常损耗，保险人是不负责任的。

2. 共同海损条款（General Average Clause）

这一条款是对英国《1906 年海上保险法》关于共同海损和救助费用的规定的补充，明确了共同海损理算或救助费用确定应该适用的法律。其主要内容是：

（1）如果提单或租船合同规定使用某一共同海损理算规则，如《约克—安特卫普规则》或者《北京理算规则》，根据本条款的规定，货物保险人完全承认共同海损理算结果；如果提单或租船合同中没有关于共同海损理算规则的规定，共同海损理算应该适用船货分离地的法律。

（2）救助费用的确定也是根据运输合同中规定的法律和惯例。如果运输合同中没有明确的规定，那么保险人认可的确定救助费用的准据法是救助行为结束地的法律。

（3）保险人不仅赔偿保险货物本身遭受的共同海损牺牲，还包括保险货物应承担的共同海损分摊或救助费用分摊。当然，根据《约克—安特卫普规则》的规定，救助费用通常是共同海损费用的一部分。

（4）除非另有规定，保险人对于不是为避免承保风险或与此有关的共同海损损失和共同海损分摊不负责任。

3.“双方有责碰撞”条款（Both to Blame Collision Clause）

“双方有责碰撞”条款本是海上货物运输合同中的一个标准条款。ICC（A）中的这一条款就是针对海上运输合同中同名条款的规定而制定的，本条款承保被保险人根据运输合同中的“双方有责碰撞”条款应负的比例责任部分。同时当承运人索赔时，被保险人有义务及时通知保险人，以便保险人能够自负费用以被保险人的名义对承运人的此种索赔进行抗辩。如果能够证明承运人未尽责使船舶适航或者在管理货物上存在过失，承运人就不能免除对本船货损的责任。

（二）除外责任（Exclusion）

ICC（A）的除外责任共有4条，即一般除外责任条款、不适航或不适货除外条款、战争除外条款和罢工除外条款。

1. 一般除外责任条款（General Exclusion Clause）

一般除外责任条款共有7项内容，主要是：

（1）可归因于被保险人的蓄意恶行的损失、损害或费用。

（2）保险标的的自然渗漏、重量或容积的自然损耗或自然磨损。

（3）保险标的的包装或准备不足或不当引起的损失、损害或费用。

（4）保险标的的固有缺陷或者性质引起的损失、损害或费用。

（5）迟延直接造成的损失、损害或费用，即使该迟延是由承保风险引起的（但根据上述共同海损条款支付的费用除外）。

（6）因船舶所有人、经理人、承租人或经营人的破产或财务困难产生的损失、损害或费用。

（7）因使用原子或核裂变和/或聚变或其他类似反应或放射性力量或物质所制造的战争武器产生的损失、损害或费用。

2. 不适航或不适货除外条款（Unseaworthiness and Unfitness Exclusion Clause）

船舶适航是各国货物运输法和关于海上货物运输的国际公约中明确规定的承运人的基本义务之一。在海上保险中，载货船舶要适航和适货是一项默示保证，如果被保险人违反此项保证，可能导致保险人解除合同。这对于无辜的被保险人很不公平，因为在船货分离的今天，很少有货主能够影响甚至控制载货船的适航或适货。所以针对这一情况，本条款第2项规定，在被保险人或其雇佣人员不知情的情况下，保险人放弃载货船不得违反默示适航或适货保证，也就是对于载货船存在不适航或不适货情况下的货损，保险人应予以赔偿。本条款第1项规定，本保险对被保险人或其雇佣人员在货物装船时已知情的船舶或驳船的不适航，及船舶、驳船、运输工具、集装箱或托盘不适于安全运输保险标的所引起的损失、损害或费用不予负责。这条规定对于现代运输方式中，货方自己装箱或者用自己的拖车运送集装箱货物等情况具有特别的意义。

3. 战争除外条款（War Exclusion Clause）

海运货物保险人对以下风险造成的货物损失、损害或费用不承担责任：

（1）战争、内战、革命、造反、叛乱或由此引起的内乱或任何交战方之间的敌对行为。

（2）捕获、扣押、扣留、拘禁或羁押（海盗除外）和此种行为引起的后果或进行此种行为的企图。

（3）被遗弃的水雷、鱼雷、炸弹或其他被遗弃的战争武器。

在ICC（A）中，海盗风险被列为战争除外责任的除外，也就是说，在ICC（A）条件下，保险人对于海盗风险是给予承保的。这与我国海上货物运输保险把海盗行为列入战争险承保责任内是不同的。

4. 罢工除外条款（Strikes Exclusion Clause）

海运货物保险人不承保下列损失、损害或费用：

（1）罢工者、被迫停工工人，或参加工潮、暴动或民变的人员造成的。

（2）罢工、停工、工潮、暴动或民变造成的。

（3）恐怖分子或出于政治动机而行为的人员造成的。

值得注意的是，原来属于水险承保责任的“恐怖分子或出于政治动机而行为的人员”造成的损失、损害或费用，现在属于罢工除外责任，改由罢工险承保了。

（三）保险期间（Duration）

1982 年 ICC 中关于保险人责任起讫即保险期间的规定体现在 3 个条款中，即第 8 条运输条款、第 9 条运输合同终止条款和第 10 条航程变更条款。

1. 运输条款（Transit Clause）

运输条款将“仓至仓”条款和扩展责任条款的内容合并在一起。根据运输条款的规定，保险责任的开始和终止有以下几种情况：

（1）保险责任的开始

本条第 1 款明确规定，保险责任始于货物运离保险单载明地点的仓库或储存处所开始运送之时，并在通常的运送过程中继续有效。所谓“通常的运送过程”指以习惯方式运输，沿着通常的运输路线，合理快速地将货物运抵目的地。如果实际运送过程中发生了非常的事件，保险责任应依英国《1906 年海上保险法》有关绕航或迟延的规定而终止，除非依本保险条款中的其他规定使得保险继续有效（如第 8 条第 3 款的规定）或得以续保（如第 9 条的规定）或可以重新协议（如第 10 条的规定）。

（2）保险责任的终止

第 8 条第 1 款规定了保险责任终止的三种情况，其中任何一种情况发生，都会导致保险责任的终止。这三种情况是：

第一，在载明的目的地或之前交付到收货人的或其他最后仓库或储存处所。

第二，将货物交付到上述仓库或储存处所之外的任何其他仓库或储存处所，该仓库或储存处所被保险人用作正常运送过程以外的储存或进行分配、分派，那么从货物一运到该仓库或储存处所保险责任就终止了。例如，货物被运到海关仓库后储存了一段时间，因为被保险人对货物不是急需，而选择了分批通关提货。这就构成了非正常运送过程中的储存，保险责任从货物运入海关仓库时终止。

第三，被保险货物从最后卸载港全部卸离海轮后 60 天。

第 8 条第 2 款规定，在上述三种情况还没发生时，如果货物在卸离海轮后被转运到非保险单载明的目的地，保险责任从此种转运开始时终止。如果被保险人想改变货物的最终目的地，就必须通知保险人并征得其同意，这样保险人才会继续承担责任。

第 8 条第 3 款规定，如果发生了被保险人无法控制的迟延、绕航等或者船东或承租人根据运输合同所赋予的权利作了任何航海上的变更，保险责任继续有效，并且不受被保险人必须及时通知保险人这一条件的限制。例如，载货船发生了海事，在修理港修理期间，为了便于修理，需要将船上已投保海运货物一切险的货物卸下另外储存。这种情况下，货物保险责任仍然有效，保险人承保“一切风险”，包括货物在岸上储存期间的风险。

2. 运输合同终止条款（Termination of Contract of Carriage Clause）

顾名思义，此条款主要是针对运输合同终止的情况。根据该条规定，如果由于被保险人不能控制的情况，运输合同在载明的目的地以外的港口或地点终止，或在上述第8条项下规定交货前运输即已终止，那么本保险也随之终止，除非被保险人迅速通知保险人并且提出续保的要求，同时加缴保费，保险可以继续有效至：

（1）货物在运输合同终止地被出售或交付。

（2）自货物到达该地点或港口满60天。

（3）货物在上述60天之内被安排续运至原定目的地或事后双方同意的其他地点，保险责任按上述第8条规定的正常情况终止（即依据“仓至仓”条款的规定而终止责任）。

3. 航程变更条款（Change of Voyage Clause）

该条款规定：在保险责任开始以后，如果被保险人要求变更原保险单载明的目的地，在被保险人及时通知保险人并另行确定保险费率和承保条件的情况下，保险责任继续有效。本条规定只适用于保险责任开始后被保险人改变航程的情况。

（四）索赔（Claims）

被保险货物如果发生了承保责任范围内的损失，就涉及索赔和损害赔偿的问题。这一部分内容涉及4个条款，即第11条保险利益条款、第12条续运费用条款、第13条推定全损条款和第14条增加价值条款。

1. 保险利益条款（Insurable Interest Clause）

本条规定：（1）被保险人欲获得本保险的赔偿，必须在保险标的发生损失时对保险标的具有保险利益。（2）根据前款规定，虽然损失发生在保险合同订立之前，除非被保险人已经知道该损失发生而保险人不知情，被保险人仍有权要求保险人对保险期间内发生的损失予以赔偿。

这一条规定重申了英国《1906年海上保险法》第6条关于保险利益的规定。要求在保险标的发生损失时，被保险人必须具有保险利益，才有权利向保险人索赔。

该条第2款的规定继承了英国《1906年海上保险法》中有关“无论灭失与否”条款的规定。根据本款的规定，保险单的效力在某种情况下可以溯及既往，虽然损失是发生在合同订立之前，但是只要损失发生时被保险人对保险标的具有保险利益，那么保险人对损失仍要负责赔偿，除非被保险人在订立合同时知道损失发生的事实而保险人不知道。

2. 续运费用条款（Forwarding Charges Clause）

本条规定：由于发生了承保风险，保险标的被运送到保险单载明的目的地以外的港口或地点，保险人补偿被保险人卸下、储存和续运保险标的至原保险单载明的目的地而发生的合理的、适当的额外费用。

本条体现了英国普通法中的一个重要的原则，即海上货物保险人不仅承保货物的有形实体，还承保所预计航程的完成。为了续运所花费用（如卸下货物、储存货物等费用）以及续运费用，根据本条，在航程终止是因承保风险所致的情况下，保险人予以赔偿。

3. 推定全损条款（Constructive Total Loss Clause）

如果发生了以下两种情况，在被保险人进行了合理委付的情况下，可对保险标的索赔推定全损：

（1）实际全损不可避免。

（2）恢复、整理加上续运保险标的至承保目的地的费用会超过其抵达时的价值。

由于ICC条款适用英国法律和惯例，故被保险人根据本条进行委付时，应遵循英国《1906年海上保险法》第62条关于委付通知的要求，即如果被保险人选择放弃货物向保险人索赔推定全损，他必须向保险人发出委付通知，否则损失只能被当作部分损失来处理。

此外，根据英国《1906年海上保险法》的有关规定，货物构成推定全损除了上述两种情形外，还有第三种情形，即被保险人因承保风险丧失了对保险标的的占有，而且不可能重新获得它，或重新获得它的费用会超过标的重新获得时的价值。在ICC中没有将这种情形列入，这大概是考虑到非战争原因引起这种可能很少见，但是考虑到本条款受英国法律和惯例的调整，保险人还是默示地承保这种风险。

4. 增加价值条款（Increased Value Clause）

本条规定：如果被保险人对本保险项下的承保货物投保了增值保险，则该货物的约定价值将被视为增至本保险与其他全部增值保险的保险金额的总和，而本保险项下的责任将按其保险金额占全部金额的比例而定。索赔时，被保险人必须向保险人提供所有其他保险的保险金额的证明。

如果本保险是增值保险，则必须适用以下条款：货物的约定价值将被视为等于由被保险人为货物办理的承保损失的原始保险和所有增值保险金额的总和，本保险项下的责任按其保险金额占此种保险金额的总和的比例计算。索赔时，被保险人必须向保险人提供所有其他保险的保险金额的证明。

该条款是根据货物贸易的特点，参照船舶保险中的增值条款而制定的。所谓增加价值保险，是指货物的买方估计到所购买的货物在到达目的地时，其完好价值将比原投保的保险金额要高，因而将增值部分进行增保。制定本条款的意义在于使得原始保险人和增加价值保险人成为平等的共同保险人，各保险单的保险价值合并成为一个有效的总保险价值，原始保险人和增值保险人是按照各保险价值在总保险价值中的比例来支付损失赔偿，同时按照此原则享受向第三方的追偿所得。

（五）保险权益（Benefit of Insurance）

这部分只有一个条款，即不得受益条款（Not to Inure Clause）。它规定，本保险的利益承运人或其他受托人不得享受。

该条款是海上运输货物保险中使用了很多年的一个标准条款，其目的是防止承运人或者其他货物保管人，通过在货物运输合同或其他协议中写入一个享受保险权益的条款来摆脱对货损、货差或迟延交付货物的责任，因为这样的条款有损于海上货物保险人的代位追偿权。

（六）减少损失（Minimizing Losses）

1. 被保险人的义务条款（Duty of Assured Clause）

根据本条款的规定，对可取得赔偿的损失，被保险人负有以下两项义务：一是采取合理措施避免或减少承保损失；二是保护保险人的代位追偿权。

本条规定集 S. G 保险单中的“施救条款”（Sue and Labour Clause）和 1963 年 ICC 条款中的“受托人条款”（Bailee Clause）为一体，重申了英国《1906 年海上保险法》第 78 条第 1、3 和 4 款的规定。

关于这一条款的内容需要注意的是：第一，必须履行此两项义务的人不仅包括被保险人，还包括其雇佣人员和代理人；第二，采取的措施必须是为了避免或减少承保损失；第三，保证维护和行使对承运人、受托人或其他第三者追偿的权利；第四，被保险人为了履行上述义务和责任而支出的合理费用，有权得到保险人的赔偿，而且对该费用的赔偿独立于保险人对保险标的的损失的赔偿。

2. 弃权条款（Waiver Clause）

本条规定：被保险人和保险人采取的旨在施救、保护或恢复保险标的的措施，不得视为放弃或接受委付或者在其他方面损害任何一方的权利。

该条也是使用了多年的标准海上运输货物保险条款，其目的在于鼓励施救，以免被保险人对抢救受损货物会影响自身权利而有所顾虑。据此，保险双方中任何一方对受损保险标的进行施救以后，另一方不能因此而认为对方已放弃了保险合同所规定的固有权利，也就是保险人不能把被保险人的施救行为看作是放弃其提出委付的权利，被保险人不能把保险人作出的旨在减少保险标的损失的措施视为已准备接受委付，亦即放弃其以后拒绝接受委付的权利。

（七）避免迟延（Avoidance of Delay）

这部分只有一个条款，即合理速办条款（Reasonable Despatch Clause）。它规定：本保险的条件之一是被保险人在其力所能及的情况下合理迅速地行动。本条款是对英国《1906 年海上保险法》第 48 条的重述，其目的是要求被保险人在其力所能及的范围内，采取合理快速的行动，避免运送迟延。

（八）法律和惯例（Law and Practice）

这一部分就是一个“英国法律和惯例条款”（English Law and Practice Clause），规定本保险适用英国法律和惯例。此条为新增条款，在所有与新的海上保险单格式配套使用的协会保险条款中都有这一条款。

在新的协会货物保险条款的底部，有一个附注（Note），即注意事项。它载明：“被保险人在知悉根据本保险‘续保’（Held Covered）的事件发生时，应立即通知保险人，此处续保权利取决于是否履行上述通知义务。”

二、协会货物保险条款（B）和（C）

协会货物保险条款（B）[以下简称 ICC（B）]和协会货物保险条款（C）[以下简称 ICC（C）]是与 ICC（A）同时颁布的两套限制条件条款。它们分别代替了 1963 年 ICC 条款的 W. A 条款（即负责单独海损条款）和 F. P. A 条款（即单独海损不赔条款）。

但它们与旧条款在内容上有重大区别。

ICC（B）和ICC（C）也包括19个名称和次序与ICC（A）完全相同的条款，其中有3个条款的规定在内容上与ICC（A）有所不同，它们是：第1条风险条款；第4条一般除外责任条款；第6条战争除外条款。其他条款的措辞与ICC（A）相应条款的措辞完全相同，但是由于上述三个条款措辞不同的影响，使得ICC（B）和ICC（C）下述几个条款的法律后果与ICC（A）相应条款有所不同，它们是：第2条共同海损条款；第12条续运费用条款；第13条推定全损条款；第16条被保险人的义务条款。

其他各条，不但措辞完全相同，而且其法律效果也一致。因此本节将只介绍ICC（B）在措辞和法律后果上与ICC（A）不同的条款以及ICC（C）与ICC（B）的区别所在。

（一）协会货物保险条款（B）

1. 承保责任

（1）风险条款

ICC（B）对承保风险的规定是采取“列明风险”方式。ICC（B）的第1条风险条款规定了三类承保风险或损失：

第一，保险人承保可合理归因于下列原因的损失或损害：① 火灾或爆炸；② 船舶或驳船发生搁浅、触礁、沉没或倾覆；③ 陆上运输工具倾覆或出轨；④ 船舶、驳船或运输工具与除水以外的任何外界物体碰撞或接触；⑤ 在避难港卸货；⑥ 地震、火山爆发或雷电。

对于上述六项风险引起的保险货物的损失，被保险人只要能够证明货损可以合理归因于上述列明风险，就完成了举证责任，而不需要严格按照近因原则，证明损失的近因是上述风险。如果保险人拒绝赔偿，他得证明引起上述损失的近因是除外责任。

第二，保险人承保由于下列原因引起的保险标的的损失或损害：① 共同海损牺牲；② 抛货或浪击落海；③ 海水、湖水或河水进入船舶、驳船、船舱、运输工具、集装箱、大型海运箱或储存处所。

第三，保险人承保货物在装卸时落海或跌落造成的整件的全损。

（2）共同海损条款

该条款规定，本保险承保根据运输合同及/或准据法和惯例理算或确定的共同海损和救助费用，其产生是为了避免任何原因造成的损失或与避免任何原因造成的损失有关，但此种原因须不是本保险第4、5、6、7条和其他条文除外的危险。

这一条款的措辞与ICC（A）同名条款相同，但其法律后果却因ICC（B）与ICC（A）的除外责任不完全一致而有所不同。相对而言，此条款在ICC（B）和ICC（C）（作为列明危险的限制条件条款）中更具有实际意义。因为根据英国《1906年海上保险法》的规定，保险人仅对为避免承保风险或与此有关所引起的共同海损损失负责赔偿。而ICC（A）因没有具体规定保险人的承保风险，而是仅规定了除外责任，所以根据共同海损条款规定，只要引起共同海损损失的原因不是ICC（A）第4、5、6、7条规定的除外责任的，保险人就给予赔偿。而ICC（B）不仅列明了除外责任，还列明了承保风险，如果没有本条款的规定，保险人就只能依据英国《1906年海上保险法》的规定仅就为避免列明的几种风险或与之有关的共同海损损失承担责任。而正因为本条款的存在，保险人就对于不是为了避免 ICC（B）第 4、5、6 和 7 条的除外责任而引起的共同海损损失给予赔偿。这两者之间的差异是很大的。

2. 除外责任

ICC（B）的除外责任基本上与 ICC（A）相同，只有两点不同之处：

一是在一般除外责任中，ICC（B）增加了一项，其内容为：对“由于任何个人或数人的不法行为对保险标的或其组成部分的故意损害或蓄意破坏”所造成的损失和费用不负责赔偿。ICC（A）在一般除外责任条款中仅列明对被保险人的蓄意恶行所致损失和费用不负赔偿责任，而未提及被保险人以外的其他人的故意不法行为，也就是说，它对被保险人以外的其他人的故意行为所造成的损失或费用是负责的。而 ICC（B）增加的这一除外责任，明确了保险人对任何形式的故意损害均不负责。据此，下列损失不属于 ICC（B）的承保责任范围：

（1）船长、船员违背船东利益或者违反其职责的恶意行为造成的货损。

（2）纵火或其他故意行为导致船舶沉没造成的货损。

（3）船东为了骗取保险赔款而故意凿船造成的货损。

（4）没有合理理由的抛货。

上述损失、损害在 ICC（A）条件下是承保责任。然而，在 ICC（B）承保条件下，被保险人如要获得此种风险的保障，可以与保险人特别约定就上述损失办理保险，即投保协会恶意损害条款（Institute Malicious Damage Clause）。

二是在战争除外责任中，ICC（B）规定，对“捕获、扣押、扣留、拘禁或羁押和此种行为引起的后果或进行此种行为的企图”所造成的损失或费用不负责赔偿。而 ICC（A）中的同名条款第 2 项规定却加上“海盗除外”几个字，也就是把海盗风险从这一不保责任中排除出去。这恰恰表明采用列明除外责任方式来明确承保范围的 ICC（A）是把海盗风险作为承保风险的。与之相比，采用列明承保风险方式来明确承保范围的 ICC（B）既没有在它的风险条款中列入海盗风险，也没有在它的战争除外条款中加入海盗除外字样，因而可以认为，ICC（B）并不承保海盗风险。

（二）协会货物保险条款（C）

ICC（C）条款也包含 19 个与 ICC（B）或 ICC（A）同名的条款，与 ICC（B）相比，ICC（C）条款的差异仅在于承保责任（第 1 条“风险条款”），而包括除外责任和保险期间等在内的其他内容与 ICC（B）完全相同。

1. 承保范围

ICC（C）的第 1 条承保风险条款列明两类承保风险或损失：

第一，保险标的的损失或损害可合理归因于：（1）火灾或爆炸；（2）船舶或驳船发生搁浅、触礁、沉没或倾覆；（3）陆上运输工具倾覆或出轨；（4）船舶、驳船或运输工具与除水以外的任何外界物体碰撞或接触；（5）在避难港卸货。

第二，因下列原因造成的保险标的的损失或损害：（1）共同海损牺牲；（2）抛弃货物。

2. 除外责任

与 ICC（B）相比，ICC（C）不承保下列几项风险：

（1）地震、火山爆发或雷电。

（2）浪击落海。

（3）海水、湖水或河水进入船舶、驳船、船舱、运输工具、集装箱、大型海运箱或储存处所。

（4）在装卸船舶、驳船过程中从船上落入水中或坠落而造成的整件货物的全损。

在承保责任方面，ICC（A）、ICC（B）和 ICC（C）的区别如表 6.1 所示。

表 6.1　ICC（A）、ICC（B）和 ICC（C）的承保责任比较

伦敦协会货物保险承保风险责任范围	ICC（A）	ICC（B）	ICC（C）
1. 火灾、爆炸造成的损失	√	√	√
2. 船舶、驳船的触礁、搁浅、沉没、倾覆造成的损失	√	√	√
3. 陆上运输工具的倾覆或出轨造成的损失	√	√	√
4. 船舶、驳船等同除水以外的外界物体碰撞接触造成的损失	√	√	√
5. 在避难港卸货的费用和损失	√	√	√
6. 地震、火山爆发或雷电造成的损失	√	√	×
7. 共同海损牺牲的费用和损失	√	√	√
8. 共同海损分摊和救助费用	√	√	√
9. 运输合同订有“船舶互撞责任”条款，由货方偿还船方损失	√	√	√
10. 抛弃货物造成的损失	√	√	√
11. 浪击落海造成的损失	√	√	×
12. 海水、湖水或河水进入船舶、驳船、集装箱等造成的损失	√	√	×
13. 货物在船舶或驳船装卸时落海或跌落造成任何整件全损	√	√	×
14. 被保险人以外的其他人（如船长、船员等）的故意不法行为造成的损失或费用	√	×	×
15. 海盗行为造成的损失	√	×	×
16. 一般外来原因造成的损失	√	×	×

三、协会货物战争险和罢工险条款

（一）协会货物战争险条款

1982 年 1 月 1 日开始使用的“协会货物战争险条款”（Institute War Clauses-cargo），除最后的注意事项外，共有 8 部分 14 个条款，即风险条款、共同海损条款、一般除外责任条款、不适航或不适货除外责任条款、运输条款、航程变更条款、首要条款、可保利益条款、增加价值条款、不受益条款、被保险人的义务条款、弃权条款、合理速办条款、英国法律和惯例条款。其中第 4 条、第 6 条、第 8~14 条与协会货物条款（ICC）的同名条款的措辞完全相同。因此下面主要介绍承保风险、除外责任和保险期间三个部分的具体内容。

1. 承保范围

协会货物战争险的承保范围包括风险条款和共同海损条款两个条款。

（1）风险条款

根据第 1 条风险条款的规定，除了本条款第 3、4 条规定外，本保险对下列原因引起的保险标的的损失或损害负责：

① 战争、内战、革命、叛乱、颠覆，或由此引起的内乱，或由交战力量引起的敌对行为。

② 上述第①款引起的捕获、扣押、拘留、禁止或羁押以及此种行为的后果，或这方面的任何企图。

③ 遗弃的水雷、鱼雷、炸弹或遗弃的其他战争武器。

通过与 ICC（A）战争除外条款的比较，可以发现它们有两点不同：

第一，ICC 战争除外条款中将上述风险造成的保险标的的损失、损害和费用均列为除外责任，而本条规定只承保由于这些承保风险引起的保险标的的损失或损害，而不保这些承保风险引起的保险标的的“费用”，共同海损和救助费用以及施救费用由第 2 条和第 11 条承保，第 3 条第 7 款特别排除了因航程受阻引起的续运费用等。

第二，本条第（2）款承保的捕获和扣押等风险，仅限于第①款所承保的风险引起的情况，而行政行为导致的拘禁货物等风险不在承保范围之内。可见，并不是说 ICC（A）不保的战争风险都在本保险条款的承保范围之内①。

（2）共同海损条款

该条款规定承保由于承保风险引起的共同海损牺牲和救助费用。该条款与协会货物保险条款的规定有细微差别，即该条款仅承保由承保风险引起的共同海损及救助费用，而 ICC（A）条款对于除外责任以外的风险引起的共同海损及救助费用都予以负责。也就是说，战争险的承保范围要窄一些。

2. 除外责任

这一部分包括“一般除外责任条款”和“不适航、不适货除外责任条款”。一般除外责任条款共有 8 款内容。其中前 6 款内容与 ICC 条款的一般除外责任条款的前 6 款规定完全相同，只有第 7 款和第 8 款的内容是新增的。而不适航、不适货除外责任条款的规定与 ICC 条款内容完全相同。因此这里仅介绍一般除外责任条款中的第 7 款和第 8 款的规定。

第 7 款是战争险条款中的一个特有条款。该条款规定，本保险不承保“基于航程或航海上的损失或受阻的任何索赔”，通常被称作“航程挫折条款”。这一规定表明，对于因战争原因导致的航程受阻或遭遇挫折，货物未能运达保险单所载明的目的地而引

① 杨良宜，汪鹏南．英国海上保险条款详论［M］．大连：大连海事大学出版社，1996：415.

起的货物的间接损失，保险人不负赔偿责任。正是由于这个条款，保险人只承保货物本身的损失，而不承保其运输与航程的完成，因而在协会货物战争险条款中没有续运费用条款的规定。

第 8 款规定货物由于敌对性使用原子或热核武器所造成的损失或损害，保险人不负赔偿责任。据此，战争险将核战争武器使用的除外责任限于“敌对性”使用，也就是说，协会货物战争险承保核战争武器的非敌对性使用（如核试验）而造成的保险标的的损失，而 ICC 条款对核战争武器的使用，不管其是否敌对性使用，一概加以排斥。

3. 保险期间

本部分包括运输条款、航程变更条款和首要条款。

（1）运输条款

协会货物战争险对保险责任起讫的规定采用的是“水面负责”原则，而不是“仓至仓”原则。其具体规定如下：

① 在一般情况下，保险责任自货物越过船舷装上起运港的船舶开始，到最后卸载港或地点卸离船舶时为止，或者自船舶到达最后卸货港口或地点当日午夜起算满 15 天为止。二者以先发生者为准。

② 如果货物在中途港卸下，改由其他船只或飞机续运或者在避难港卸货，可在被保险人及时通知保险人并在必要时加付保险费的条件下，保险责任继续有效，直到从船舶抵达该中途港当日午夜起算满 15 天为止。若在这 15 天内，货物重新装上续运船舶或飞机，保险责任重又开始，直至运抵最后卸货港或卸货地卸离船舶或飞机后终止，或者在到达该港或该地后满 15 天为止。

③ 如果货物在装货港装船或在卸货港卸船，是用驳船在装货港码头与载货船之间或者在载货船与卸货港码头之间往来驳运的，保险人对于装在驳船上的驳运货物承担它们有可能因遭遇到漂浮在水面或沉在水下的遗弃水雷、鱼雷而造成的损失的赔偿责任。但除非另有规定，保险责任最长不超过货物从载货船卸到驳船后起算的 60 天①。

（2）航程变更条款

该条款规定，保险责任开始后，被保险人如果变更目的地，只要及时通知保险人并另行商定保险费率和保险条件，保险人可以继续负责。

（3）首要条款

该条款强调了第 3 条第 7 款（航程挫折除外）和第 8 款（核武器敌对性使用除外）和第 5 条（运输条款）的规定具有最优先适用的效力。任何其他规定若与这些条款的规定相抵触，则以上述条款的规定为准。

（二）协会货物罢工险条款

1982 年 1 月 1 日开始使用的“协会货物罢工险条款”（Institute Strike Clauses-cargo），除最后附注外，共有 14 个条款，即风险条款、共同海损条款、一般除外责任条款、不适航或不适货除外责任条款、运输条款、运输合同终止条款、航程变更条款、可保利益条款、增加价值条款、不受益条款、被保险人的义务条款、弃权条款、合理速办条款、

---

① 应世昌．新编海上保险学［M］．上海：同济大学出版社，2006：314-315.

英国法律和惯例条款。与 ICC 条款相比，“协会货物罢工险条款”没有双方有责碰撞条款、战争除外条款、罢工除外条款、续运费用条款和推定全损条款。除第 1 条、第 2 条和第 3 条外，协会货物罢工险条款与 ICC 同名条款规定完全一致。因此下面主要介绍协会货物罢工险的承保责任、除外责任和责任起讫。

1. 承保责任

协会货物罢工险的承保范围包括风险条款和共同海损条款两个条款。根据这两条的规定，罢工险承保的风险主要有：

（1）罢工者，被迫停工工人或参加工潮、暴动或民变的人员造成的保险标的的损失或损害。

（2）恐怖主义者或出于政治目的采取行动的人造成的保险标的的损失或损害。

（3）由于所承保风险所导致的共同海损牺牲、分摊和救助费用。

对于上述（1）和（2）列明的风险，保险人仅承保这些列明风险造成的保险标的的实际毁损灭失，而不负责保险标的的有关“费用”，共同海损和救助费用以及施救费用分别另由本条款第 2 条和第 11 条规定承保。

2. 除外责任

罢工险的除外责任，同样包括 ICC（A）所列出的一般除外责任和不适航或不适货除外责任。但由于罢工险只负责货物因罢工而造成的直接损失，而不负责因罢工引起的间接损失或属于战争险承保范围的风险所引起的损失，所以它在一般除外责任中还增加了以下三项不保事项：

（1）由于罢工、停工、工潮、暴动或民众骚乱造成工人缺勤、缺员或怠工而引起的损失或费用。例如，由于罢工而引起工人缺勤、缺员，致使堆放在码头上的货物因未能及时运入仓库或罩盖上防雨的油布，遂遭雨淋而遭受的损失。对这种间接损失，保险人是不赔的。

（2）由于罢工原因造成航程终止，致使货物未能运到保险单所载明的目的地而引起的间接损失。也就是说，罢工险只承保货物本身的损失，而不承保其运输与航程的完成。保险人不负责续运费用，也不负责因无法运送货物而导致的推定全损。

（3）由于战争、内战、革命、叛乱或由此引起的内乱，或由交战力量引起的敌对行为所造成的损失、损害或费用。据此，罢工险不承保在战争险保单项下承保的风险。

3. 责任起讫

协会货物罢工险的责任起讫与 ICC 条款的规定完全一致，而与战争险的规定不同。简言之，罢工险承保“仓至仓”责任，而战争险的责任起讫是遵循承保“水上风险”的原则。因此，协会货物战争险和罢工险是分开来承保的。

四、协会货物附加险条款

（一）协会恶意损害险条款（Institute Malicious Damage Clauses）

根据协会恶意损害险条款的规定，以被保险人支付附加保险费为条件，保险人同意承保由任何人的不法行为对保险标的或其组成部分的蓄意损害或蓄意毁坏。

协会恶意损害险条款是用于 ICC（B）险和 ICC（C）险的附加条款。因为 ICC（B）、

ICC（C）险的除外责任规定“由于任何个人或数人非法行动故意损坏或故意破坏保险标的或其任何部分”的损失或费用是不保的，如果被保险人想获得这方面的保障，就可以附加此条款。

值得注意的是，ICC（A）险的一般除外责任中仅列出“被保险人的故意行为”，而没有规定其他人的故意行为，这表明ICC（A）险的保险责任包括了除被保险人以外的其他人的故意不法行为所造成的损失或费用，也就是说，对于船长与船员的恶意行为、沉船、纵火或其他任何形式的破坏行为造成货物的损失，保险人仍要负责赔偿。因此，可以说，ICC（A）的承保范围中已包括了协会恶意损害险条款所承保的风险，在投保ICC（A）险的条件下，就不必附加此条款了。

（二）协会偷窃提货不着险条款（Institute Theft, Pilferage and Non-delivery Clause）

以被保险人支付附加保险费为条件，保险人同意承保由偷窃或整件货物提货不着造成的保险标的的损失或损害。可见，本条款承保两类风险：一是偷窃；二是提货不着。

协会偷窃提货不着险条款同协会恶意损害险一样，投保ICC（A）的被保险人无须投保。

（三）协会船级条款（Institute Classification Clause）

协会船级条款曾经过多次修订，最新的条款是2001年1月1日实施的。该条款用于流动保险或预约保险合同，因为这类保险都要求被保险人事后将运输货物的情况和载货船舶的情况通知保险人。为了保证所收取的保险费与预期的风险相适应，保险人有必要对载货船舶规定一个最低标准。协会船级条款就规定了这些基本标准。

协会船级条款所涉及的船舶是钢质或铁质结构的自动力船，并且需获得下列任何一个船级社的全面认证：

（1）劳合社船级社（Lloyd's Register of Shipping，LRS）

（2）美国船级社（American Bureau of Shipping，ABS）

（3）法国船级社（Bureau of Veritas，BV）

（4）德国船级社（Germanischer Lloyd，GL）

（5）韩国船级社（Korean Register of Shipping，KRS）

（6）日本船级社（Nippon Kaiji Kyokai，NKK）

（7）挪威船级社（Norske Veritas，NV）

（8）意大利船级社（Register Italian，RI）

（9）俄罗斯船级登记局（Register of Shipping of The Russia，RSR）

（10）波兰船级登记局（Polish Register of Shipping，PRS）

（11）中国船级社（China Classification Society，CCS）

一般来说，散装货船、多用途货船船龄不得超过10年，其他类型船舶船龄不得超过15年，否则，货物保险费就要相应增加。然而，如果货物是由班轮运输，只有在船龄超过25年时，货物保险费率才会增加。对于集装箱船、滚装船或双壳开口龙门吊机船，且一直在特定范围的港口间从事固定的、有规律的贸易运输，则船龄不得超过30年。但如果货物在港区范围内需要用驳船连接海船和岸上，尽管这些驳船没有达到协会船级条款要求的标准，货物保险也无须加费。

第二节　2009年协会货物保险条款

为了进一步适应国际经济贸易及海运业务的需要，联合货物委员会自2006年2月起着手对1982年协会货物保险条款进行修订。通过在全球范围内进行调研和咨询，该委员会成立了专门工作组拟订了条款草案，历经数稿，汇集多方反馈意见后，最终于2008年11月24日公布了新版协会货物运输保险条款，并定于2009年1月1日起实施。与1982年协会货物保险条款相比，2009年协会货物条款的变化主要体现在四个方面，分别是除外责任条款、运输条款、航程变更条款和保险受益条款。此外，还有文字表述的修改和调整。例如，对于被保险的“货物”，以前是用“Goods”或“Cargo”，而现在统一用“Subject-matter Insured”；对于“保险人”，以前是用“Underwriters”，而现在用“Insurers”；对于被保险人的雇用人员，以前用“仆人”（Servant），现在统一用“雇员”（Employee）；此外还删除了含义不明确的“Liftvan”一词。对于有些表述比较晦涩的条款，现在以更为简明易懂的方式表达，如“双方有责碰撞”条款（Both to Blame Collision Clause）等。通过这些修改和调整，2009年ICC条款在文字结构上变得更加规范、严密，具有更强的时代感，也更加符合当代国际经贸与航运业的实际。

以下以ICC（A）为例说明2009年版条款的发展变化。

一、除外责任条款

（一）第4条除外责任的变化

1. 针对包装不足或不当的除外责任条款

2009年ICC（A）第4.3条规定，保险人不承保由于保险标的的包装或配装不足或不当引起的无法承受运输途中发生的通常事故而产生的损失、损害或费用，此种情况适用于：该包装或配装是由被保险人或其雇员完成的，或该包装或配装是在本保险责任开始前完成的（本条所称的‘包装’，包括集装箱内的积载；本条所称的‘雇员’，不包括独立合同人）。

2009年条款与1982年条款相比，主要有以下三方面的变化：

首先，在适用范围上，1982年条款只是泛泛规定包装不当的除外条款，即使是在被保险人控制之外以及在保险起期后意外受损的风险均被除外。经过修改，2009年条款明确规定该除外责任仅适用于两种情况：一是保险标的的包装或配装是由被保险人或其雇员完成的。二是保险标的的包装或配装是在保险单责任开始前完成的。

其次，关于包装不当的标准，2009年条款明确规定了包装“不足”或“不当”的标准是“无法承受运输途中发生的通常事故”。

最后，2009年条款表明了“独立合同人”（Independent Contractors）不属于被保险人的雇员，如装卸公司、港站公司等独立合同人的行为不属于被保险人的行为，换言之，若独立合同人负责完成的包装因其不足或不当而导致货物受损，保险人不能免责。

2. 针对运输迟延的除外责任条款

2009年ICC（A）第4.5条规定，保险人不承保迟延造成的损失、损害或费用，即使该迟延是由承保风险所引起的（但根据条款中的第 2 条支付的共同海损费用除外）。

关于迟延除外责任，1982 年条款规定，保险人对直接由迟延造成（Proximately Caused by Delay）的保险标的的损失或费用不予赔偿。与之相比，2009 年条款删除了“Proximately”这一表述。即不再要求“迟延”必须为近因，只要发生运输迟延的事实，就属于该条款所规定的除外责任范围，无须再区分该损失或费用是否直接或间接由迟延引起，避免了认定上的争议，有利于简化保险理赔程序。

3. 针对承运人破产或不履行债务的除外责任条款

2009 年 ICC（A）第 4.6 条有两项规定。第 1 项规定，保险人不承保因船舶所有人、经理人、承租人或经营人破产或不履行债务（Insolvency or Financial Default）造成的损失或费用，但仅适用于在保险标的装上船舶之时，被保险人知道或者在通常业务过程中应当知道，此种破产或不履行债务可能阻止该航程正常进行。第 2 项规定，如果保险合同已经转让给第三方，而该第三方是根据一项有约束力的合同已经善意购买或同意购买保险标的，并根据本保单提出索赔，则本除外条款不适用。

为了防止被保险人将承运人应承担的责任转嫁给保险人，1982 年条款明确将此种风险导致的保险标的的损失和费用排除在承保责任范围之外，规定，凡“因船舶所有人、经理人、租船人或经营人破产或不履行债务导致的损失损害或费用”，保险人均不予赔偿。随着国际航运市场的发展，这一条款日益显出其不合理之处。只是规定承运人发生破产或不履行债务的保险人就不予赔偿对被保险人而言显失公平。为此，2009 年条款对保险人的这种除外责任进行了限制，即只有当被保险人在保险标的装船时知道或在通常业务中应该知道，该航次可能发生承运人破产等情形而导致航程被取消的情况下，保险人才能对所产生的损失或费用不承担赔偿责任。至于何为“被保险人知道或应该知道”，一般认为应采用客观标准，即作出一个谨慎的国际商业人士的一般性判断即可。[①]

此外，该款还增加了对善意第三人的保护。根据该款第 2 项的规定，本除外责任不适用于保险合同已经被转让给第三方，且该第三方是根据一项有约束力的合同已经善意购买或同意购买保险标的的情形。在 CIF 或 CFR 条件下，通常由卖方租船或订舱，卖方完成装船义务后取得包括预付运费提单的装运单据。此后卖方将全套装运单据通过银行流转到买方，以此换取货款。卖方在装船时可能已经知道船东或承运人出现经营状况恶化，航程可能中断，但对于已取得货款的卖方来说对此有可能漠不关心。依 1982 年条款的规定，此种情况下的买方就可能无法获得保险保障。由于船舶并非由买方租入或订舱，因此，买方对船舶的经营情况并不知情，此时要求买方承担这一风险显然是不公平的。2009 年条款填补了这一缺陷，增加了上述保护无辜的买方的规定，即在 CIF 和 CFR（买方委托卖方投保）条件的国际货物买卖合同下，若提单和保险单已转让给了买方且买方接受保险标的时，因船方经营不善而破产或因其无力偿还债务等导致买方因此遭受的损失和费用，保险人不能免责。

4. 针对核武器或装置的除外责任条款

2009 年 ICC（A）第 4.7 条规定，保险人不承保因使用任何原子或核子裂变和

① 杨良宜．海上货物保险［M］．北京：法律出版社，2010：302.

（或）聚变或其他类似反应或放射性力量或物质的武器或装置直接或间接导致的损失、损害或费用。

此条除外责任针对的是核武器或装置的风险。鉴于核武器或装置的极大破坏力和深远的影响，2009 年条款扩大了 1982 年条款关于此条除外责任的适用范围。这具体表现在以下两个方面：

（1）扩大了承载物的范围，将原来的“战争武器”修改为“武器或装置”，这样，除外的情况既包括核武器，也包括核设施。

（2）对于使用原子或核裂变等的武器或装置与保险标的损失之间的关系，以“直接或间接导致或引起”的表述取代了 1982 年条款中的“引起”一词，这样，只要是因使用原子或核裂变等的武器或装置导致保险标的损失或费用的，不论其是直接导致还是间接引起的，保险人都不承担赔偿责任。

（二）第 5 条除外责任的变化

2009 年 ICC（A）第 5 条是关于船舶或驳船不适航和集装箱不适货的除外情形的规定。此条的主要变化表现在以下三个方面：

1. 2009 年条款对不适航和不适货的除外责任作了更细化的规定

2009 年条款第 5.1 条规定，保险人不承保因下列原因所引起的灭失、损害或费用：（1）船舶或驳船不适航或不适货对保险标的的安全运输，如果被保险人在保险标的装载其上时已经知道此种不适航或不适货；（2）集装箱或运输工具不适合对保险标的的安全运输，如果装入或装上集装箱或运输工具是在本保险合同生效之前或者是由被保险人或其雇员实施的，而且他们在装载时已经知道这种不适合。

2. 2009 年条款增加了对善意第三人的保护

根据其第 5.2 条的规定，如果保险合同已经转让给第三方，而该第三方是根据一个有约束力的合同已经善意购买或同意购买保险标的，在他根据本保险合同提出索赔时，上述第 1 项规定的除外责任不适用。这表明，第 5.1 条第 1 项关于船舶或驳船不适航或不适货的除外责任不影响善意的第三人受让保险合同，也就是说，无辜的提单持有人，同时也是保单持有人不受此款除外的影响。

3. 2009 年条款第 5.3 条是关于保险人放弃船舶适航或适货的默示保证的规定

1982 年条款规定，保险人放弃船舶适航或适货的默示保证，其前提条件是被保险人或其雇员对此种不适航或不适货不知情。而 2009 年条款规定的保险人的弃权是无条件的，没有任何例外。

（三）第 7 条除外责任的变化

2009 年 ICC（A）第 7 条是关于罢工与恐怖主义除外责任的规定。根据该条的规定，保险人不承保下列损失、损害或费用：（1）因罢工者、被迫停工工人或参加工潮、暴动或民变人员所造成的；（2）因罢工、停工、工潮、暴动或民变所引起的；（3）因恐怖主义行为所造成的，恐怖主义行为是指任何代表某个组织或与某个组织有关联的人的行为，而该组织从事的活动旨在以武力或暴力推翻或影响某一政府，不管该政府是否合法成立；（4）任何人出于政治、意识形态或宗教动机实施的行为所造成的。

近年来，恐怖主义已成为威胁国际物流业的重大风险，2009 年条款将 1982 年条款的第（3）项规定一分为二，即第（3）和（4）项，分别从恐怖主义行为和行为人动机的角度作出规定。其中，第（3）项删除了原来的“Terrorist”（恐怖主义者）的表述，代之以“Any Act of Terrorism”（恐怖主义行为）的表述，并对“恐怖主义行为”作出了界定；第（4）项则在原先的政治动机之外，还将任何出于意识形态和宗教动机的人的行为造成的保险标的的损失或费用也纳入除外责任范围。值得注意的是，与此条除外责任相对应，在2009年协会罢工险（货物）条款中也对其承保风险作了相应的调整，即将原先的罢工险的承保责任扩大到如上所述的“恐怖主义行为造成的保险标的的损失或费用”以及“任何人出于政治、意识形态或宗教动机实施行为造成的保险标的的损失或费用”。如果被保险人需要转移此种风险，可以按此条款投保或加保。

总的来说，2009年ICC（A）条款对1982年ICC（A）条款第4条和第5条的修改，考虑到当时国际经贸及国际航运的实际情况，对保险人引用这些除外责任条款免责作出了一些条件限制，体现了对善意的买受人和保单受让人的保护；对第7条的修改考虑到近年来恐怖主义活动的发展状况及特点，对恐怖主义行为有了新的界定，新增出于政治、意识形态或宗教动机的行为人致损的除外情形，经过这一修改，该条款的措词更为清晰，有助于减少争端。

二、运输条款

2009年ICC（A）第8条运输条款规定的是保险责任的开始、持续和终止。除第3款规定与1982年的规定相同外，另外2款的规定有较大的修改。

（一）保险责任的开始

2009年ICC（A）第8条第1款规定，“本保险责任自保险标的为了立即装入或装上运输车辆或其他运输工具以便开始运输之目的，在（保险合同载明地点的）仓库或储存处所内首次移动时生效，在正常运输过程中持续有效，直至下述情形下终止……”这与1982年条款有明显区别。1982年条款中规定保险责任自“货物运离保单载明地点的仓库或储存处所开始运输”时生效，即保险责任从货物为了开始运输而离开仓库时开始，也就是通常所说的“仓至仓”。而根据2009年条款，承保风险从货物在保险合同载明的起运地仓库或储存处所“首次移动”的时候就开始了，不过这里的“移动”是有条件的，即必须是为了立即进行装载（Immediate Loading）以便开始运输的目的。

（二）保险责任的终止

2009年ICC（A）第8条第1款规定了保险责任终止的四种情形，以最先发生者为先。这四种情形分别是：

（1）在保险合同载明的目的地的最后仓库或储存处所，从运输车辆或其他运输工具完成卸货。

（2）在保险合同载明的目的地或之前的任何其他仓库或储存处所，从运输车辆或其他运输工具完成卸货，上述任何其他仓库或储存处所是由被保险人或者其雇员决定用作在正常运输过程之外的储存货物，或分配分派货物。

（3）被保险人或其雇员决定将运输车辆或其他运输工具或集装箱用作在正常运输

过程之外的储存货物。

（4）自保险标的在最后卸货港卸离海轮满 60 天为止。

第（1）和（2）项规定的保险责任的终止情形与 1982 年条款大致相同，主要区别有两个：一是 1982 年条款规定要“交付到”，而 2009 年条款则要求从运输工具上“完成卸货”；二是在第（2）项中将决定的作出者明确规定必须是“被保险人或被保险人的雇员”，以前条款中只规定“被保险人”而没有规定“雇员”，现在将被保险人的雇员也包括在内。

第（3）项规定是 2009 年条款中新增加的一种保险责任终止情形。根据这一规定，当货物仍然装在运输工具或集装箱内，但被保险人或其雇员决定不继续正常的运输而是将货物储存在运输工具或集装箱内，此种情况下，保险责任终止。这一规定是为了防止被保险人或其雇员在非正常运输过程中的临时仓储。

第（4）项规定与 1982 年条款相同，没有作出修改。

此外，2009 年 ICC 第 8 条第 2 款还规定，如果保险标的在最后卸货港卸离海轮后，但在保险责任终止前，需被转运至非保险单载明的目的地时，该保险在依然受上述第（1）至（4）项有关终止规定所制约的条件下，终止于保险标的为开始转运至此其他目的地而首次移动之时。此款规定适用于货物在保险合同载明的目的地卸货后立即转运的情况。与 1982 年条款相比，此款规定更加明确。因为 1982 年条款只规定“保险责任终止于开始这种转运之时”，而新条款则规定“为开始这种转运……而首次移动之时”。这样的规定更加符合有关转运的保险的实际情况。

由此可见，2009 年 ICC 第 8 条运输条款的规定对 1982 年条款进行了较大的修改，不仅用语更为明确，而且结合国际货物运输的实际情况，将保险责任的起止期各向前向后进行了延伸，扩展了保险人的承保期间，这对于被保险人来说更为有利，也更符合货运险全程的理解。

三、航程变更条款

2009 年 ICC（A）第 10 条是关于航程变更的规定，共 2 款。其第 1 款规定，如果在本保险责任开始后，被保险人变更了目的地，他必须将此情况迅速通知保险人，以便双方重新商定保险费率和条件。对于在达成协议之前发生的损失也可以获得赔付，但仅限于能够以合理的商业市场费率在合理的市场条件下获得续保的情形。第 2 款规定，如果保险标的开始本保险合同所预期的运输（与第 8.1 条相一致），但是在被保险人或其雇员不知情的情况下该船舶驶向了另一目的地，则本保险责任仍然被视为自开始此种运输时生效。

本条第 1 款适用于保险责任开始后，被保险人改变航程的情况。根据 1982 年 ICC 第 10 条规定，在航程变更的情况下，“按有待重新商定的保险费率和条件续保，但以迅速通知了保险人为前提”。相比之下，2009 年 ICC 的上述规定删除了“续保”（Held Covered）一词，用更加明白易懂的措辞来规定，使得续保的法律地位更加清晰。根据其规定，在保险责任开始后，被保险人改变了目的地，他应该尽快通知保险人要求继续承保，并与其协商是否要增加保险费或修改保险条件。在此期间，如果发生保险事故造成货损，虽然此时双方尚未达成续保协议，但该损失还是能够获得赔偿，只要续保能够以合理的市场费率和条件实现。

本条第 2 款是 2009 年条款中新增的。该新增条款是用来针对“鬼船”的情况。根据英国《1906 年海上保险法》第 44 条的规定，如果保险单载明了目的地，但船舶并非驶向该目的地而是驶向其他目的地，则风险不开始。但是，这一规定没有考虑到船舶驶往另一目的地，被保险人本人或其雇员对此是否知情，如果被保险人或其雇员不知情，而是船方有预谋（如鬼船），那么按规定，承保的风险从来没有开始或生效，这就会给无辜的被保险人带来风险。因此，2009 条款就针对此种情况，对无辜的被保险人提供一些保障，即只要被保险人或其雇员在事前不知道船舶一启航就打算开往另一目的地，则不受上述法律规定的影响，还是视承保的风险已经开始或生效。① 可见，该条款加大了对善意被保险人利益保护的力度。

第三节　协会特种货物保险条款

对于冷冻食品、煤炭、散装油和亚麻等特种货物的海上货物运输保险，伦敦保险人协会与各类贸易协会，在 ICC（A）、ICC（B）或 ICC（C）条款的基础上，达成适应该种货物特别需要的标准保险条款或条件。本节选择介绍其中几种协会特种货物保险条款。

一、协会冷冻食品（冻肉除外）保险条款（Institute Frozen Food Clause-excluding Frozen Meat）

冷冻食品有严格的冷藏温度要求，运输工具和储存库房均须配备适当的制冷设备。影响冷冻食品品质的主要是途中温度的变化、保险责任开始时货物本身的品质和运送的时间，其保险条款与 ICC（A）、ICC（B）和 ICC（C）（1/1/82）相比，主要表现为承保风险、除外责任和保险责任期间不同。在冷冻食品中，冻肉（不包括一般冷藏肉类）要求很低的冷藏温度，其保险条款不同于一般冷冻食品保险条款。

协会冷冻食品（冻肉除外）保险条款有 A 条款和 C 条款两套②。

（一）协会冷冻食品（冻肉除外）保险 A 条款（1/1/86）

1. 承保责任

冷冻食品遭受损失或损害的最主要的原因一般就是温度变化，但保险人只承保可归因于下列原因引起的冷冻食品的损失或损害：

（1）制冷机器故障造成其停止运行不少于连续 24 小时。

（2）火灾或爆炸。

（3）船舶或驳船搁浅、触礁、沉没或倾覆。

（4）陆上运输工具倾覆或出轨。

---

① 杨良宜．海上货物保险［M］．北京：法律出版社，2010：416-417.

② 杨良宜，汪鹏南．英国海上保险条款详论［M］．大连：大连海事大学出版社，1996：356.

（5）船舶、驳船或运输工具与水以外的物体碰撞或接触。

（6）在避难港卸货。

2. 一般除外条款

（1）ICC（A）险的一般除外责任。

（2）由于被保险人或其雇员没有采取合理的预防措施保证保险标的保存在冷冻或在需要时适当隔离和冷藏的处所所引起的损失、损害和费用。

（3）任何于本保险终止 30 天后才提出的索赔。

3. 责任起讫

本保险责任始于货物在保险单载明的地点的冷冻间或冷库装上运输工具开始运送之时，在通常运送过程中连续，当下述三种情况任何一种发生时保险责任终止：

（1）在本保险载明的目的地交到冷库或储存处所。

（2）在本保险载明的目的地或之前交到其他冷库或储存处所，其由被保险人用作非正常运送过程中的储存或分配、分派。

（3）被保险货物在最后卸货港全部卸离海轮后满 5 天。

如果在最后卸货港卸离海轮后，但在本保险终止之前，货物被发送到非本保险承保的目的地，本保险在依然受前述规定所制约的同时，保险责任截止于开始向此种其他目的地运送之时。

在被保险人不能控制的迟延、任何绕航、强制卸货、重装或转载期间，以及船东或承租人行使根据运输合同赋予的自由权产生的任何航海上变更期间，本保险继续有效，保险责任的终止受前述规定的限制。

如由于被保险人无法控制的情况，致使运输合同在非保险单载明的目的地港口或处所终止，在被保险人立即通知保险人并提出续保要求，并在必要时加缴保险费的条件下，保险人可继续将责任负责至货物在该港口或处所出售或交货或者被保险货物抵达该港口或处所后满 30 天为止，以先发生者为准。如货物在此 30 天之内继续运往保险单所载明的目的地或其他目的地时，保险责任的终止按上述正常运送过程中保险责任终止的规定办理。

4. 特别注意事项

在 1986 年 1 月 1 日协会重新发布本条款时，声明本保险不承保拒收风险，即进口国政府或其职权部门拒收、禁止或滞留货物所造成的损失、损害或费用，但并不排除本保险承保的风险引起的、发生在此种禁运、拒收、禁止或滞留之前的保险标的的损失或损害。

（二）协会冷冻食品（冻肉除外）保险 C 条款

本条款是限制条件条款，其承保责任与 ICC（C）险规定的责任完全相同。

协会冷冻食品（冻肉除外）保险 C 条款的除外责任是：

（1）ICC（C）[或 ICC（B）] 的一般除外责任。

（2）由于被保险人或其雇员没有采取合理的预防措施保证保险标的保存在冷冻或在需要时适当隔离和冷藏的处所所引起的损失、损害和费用。

（3）任何于本保险终止 30 天后才提出的索赔。

这项普通除外条款的后两款同上述“协会冷冻食品（冻肉除外）保险 A 条款（1/1/86）”的最后两款相同。需要注意以下两点：

第一，因保险标的固有缺陷或性质所引起的损失、损害和费用，是保险人的除外责任。虽然条款中没有像冷冻食品（A）条款那样声明由承保的温度变化造成的损失、损害和费用不属于该除外责任，但并不是说失去冷藏所引起货物腐烂都不赔。如果被保险人能够证明损失的近因是承保风险，保险人仍然负责赔偿。例如，船舶发生碰撞，船舱中的制冷机完全停止工作，失去动力的船舶没法到达避难港，船上货物因失去冷藏已经腐烂。货物此种损失的近因是承保风险“碰撞”，保险人对货物腐烂予以赔偿。

第二，“任何人的不法行为对保险标的或其组成部分的蓄意损害或毁坏”，是冷冻食品保险 C 条款增加的除外责任，需额外投保。这一条属于 ICC（C）的除外责任，但冷冻食品保险 A 条款中没有这项除外责任。

二、大宗散货保险条款和贸易保险条款

伦敦保险人协会对于几种大宗的散货如煤、油、黄麻、天然橡胶和木材制定了特殊的协会海上运输保险条款。这些条款都是在 ICC（B）和 ICC（C）的基础上作了一些必要的调整，属于“限制条件”条款。协会还与某些商品的贸易协会就这些商品的运输，在 ICC（A）、ICC（B）和 ICC（C）的基础上达成特殊的保险条款，成为协会贸易保险条款。下面分别以“协会煤炭保险条款”和“协会商品贸易保险条款”为例加以介绍①。

（一）协会煤炭保险条款（Institute Coal Clause）（1/10/82）

本条款共有 19 个与 ICC 同名的条款。有些条款的内容作了修改。

1. 承保责任

（1）保险标的的损失或损害，若可合理归因于：

① 火灾、爆炸或发热，即使是由保险标的自燃、固有缺陷或性质造成的。

② 船舶或驳船搁浅、触礁、沉没或倾覆。

③ 船舶、驳船或运输工具与除水以外的任何外部物体碰撞或接触。

④ 在避难港卸货。

⑤ 地震、火山爆发或雷电。

（2）由下列原因引起的保险标的的损失或损害：

① 共同海损牺牲。

② 抛弃或浪击落水。

③ 海水、湖水或河水进入船舶、驳船、船舱、运输工具、集装箱、大型海运箱或储存处所。

需要注意的是，本保险所承保的风险是在 ICC（B）的基础上增加了一项重要内容，即“火灾、爆炸或发热，即使是由保险标的自燃、固有缺陷或性质造成的”保险标

① 曾立新．海上保险学［M］．北京：对外经济贸易大学出版社，2001：327-330.

的的损失、损害或费用。这一规定改变了英国《1906 年海上保险法》关于海上保险不负责“保险标的内在缺陷或特性”的规定，大大扩展了保险人的责任，避免了诸多争议和难度较大的责任界限划分问题，因而对被保险人和保险人都是有利的。按本条款投保，比在 ICC（B）条款的基础上加保 HSSC（Hear, Sweat and Spontaneous Combustion）对被保险人更有利。

2. 一般除外条款

与 ICC（B）的一般除外责任相比，协会煤炭保险条款的除外责任中没有“包装不足”一项，因为散装煤没有此必要。另外也没有“固有缺陷”这一除外责任，因为这一项已经属于保险责任了。其他除外责任均与 ICC（B）相同。

3. 保险责任起讫

协会煤炭保险责任是“舷至舷”，即保险责任始于保险标的在载明的港口或地点装上海船开始运送之时，并在通常运送过程中继续，并终止于保险标的在载明的目的地越过海船船舷卸离之时。保险人所承保的陆上风险，仅限于保险货物在中途港强制卸下时所发生者。大宗散货如果在装船过程中发生了承保风险，保险人仅对已经装上船的货损负责，而对还没有装上船的货物的损失是不负责的。同样道理适用于货物卸货过程中。

在被保险人不能控制的迟延、任何绕航、强制卸货、重装或转载期间，以及船东或承租人行使根据运输合同赋予的自由权产生的任何航海上的变更期间，保险继续有效。

在发生运输合同终止的情况下，保险人的承保责任延至被保险货物到达航程终止港口或地点满 15 天，而不是 ICC 条款所规定的 60 天。其他规定则与 ICC 条款中运输合同终止条款的规定相同。

（二）协会商品贸易保险条款（Institute Commodity Trades Clauses）（A）、（B）和（C）（5/9/83）

这是伦敦保险人协会（ILU）与商品协会联合会（Federation of Commodity Association）达成的特殊协议，就可可、咖啡、棉花、非散装油脂和油、兽皮、金属、油籽、精制糖和茶叶运输所制定的特殊的（A）、（B）、（C）条款。与 ICC 的（A）、（B）、（C）相比，只是在下述两点上有所不同，其他皆没有变化：

（1）因船舶所有人、经理人、承租人或经营人的破产或财务困难产生的损失、损害或费用，在 ICC 条款中是除外责任。但是在商品贸易条款中，只有在保险标的装上船舶时，被保险人知道或在通常的业务过程中应该知道此种破产或财务困难可能阻止该航程的正常履行时，保险人才不予承保。但是如果保险单被转让，对善意的保险单受让人这一规定不适用。这一条款被称为“破产条款”（Insolvency Clause），是 ICC 条款所没有的。

（2）在“不适航或不适货”除外责任方面的不同规定。主要有：① 如果在保险责任开始前，被保险人或其雇员将货物装上除船舶或驳船以外其他运输工具如集装箱、大型海运箱或陆上运输工具，保险人对因其不适合安全装运货物而造成的保险标的的损失、损害或费用，不负赔偿责任，尽管被保险人对此不适航或不适货不知情。② 如果保险单已经被有效转让，善意的保险单受让人不受此规定的限制。③ 保险人放弃关于载货船舶适航和适货的默示保证，并不以被保险人对此不适航或不适货不知情为条件。

上述破产条款的内容和不适航或不适货除外责任的变化在很多其他的散装货物保险条款中也频频出现。

案例分析

1. 某进口商以FOB条件进口一批货物，9月10日接到出口商的装船通知，遂向保险公司投保了海运货物保险，保险条件为ICC（A）。不料第二天又接到船公司的通知，告知货物在9月9日装船后由于船舱意外着火导致货物重大损失，建议进口商向保险公司索赔。而保险公司以货物发生损失时被保险人尚未投保为由拒绝赔偿。

请根据ICC（A）条款分析保险公司的拒赔是否合理？

2. 某批进出口货物由"友好号"货轮载运驶往上海，途经印度洋某港口添加淡水时，被该港口一批手执棍棒的居民占领，要求联合国立即派遣维和部队平息当地激烈的种族冲突，否则将无限期扣押该货轮和货物。投保了ICC（A）和战争险、罢工险的货主以货轮被阻留、承保航程中断为由向保险公司索赔。

请根据协会货物战争险和罢工险条款分析该案例中保险公司的责任。

思考题

1. 如何理解1982年ICC（A）的承保责任范围？

2. 请解释1982年协会货物保险条款中"不适航或不适货"除外责任的含义及制定该条款的意义。

3. 1982年ICC（A）、ICC（B）与ICC（C）在承保责任上有何区别？

4. 试比较1982年ICC（A）与我国海运一切险在承保责任上的主要区别。

5. 试比较2009年ICC（A）与1982年ICC（A）条款的区别。

第七章

海上运输货物保险实务

本章摘要

在海上运输货物保险中，应由贸易合同中的哪一方投保，取决于贸易合同中所采用的价格条件。若是CIF价格，则由出口方办理投保事宜；若是CFR价格或FOB价格则由进口方负责投保。投保时，投保人需分析运输货物的种类、性质、特点、包装、运输路线、运输工具、运输季节等因素综合确定投保险别。为了避免繁琐手续和避免漏保，越来越多的企业采用预约保险方式。海上运输货物保险一般采用定值保险方式，在CIF价格基础上加上一定成数确定保险金额。运输工具、运输区间、货物性质、包装形态、承保条件等是影响海上运输货物保险费率的主要因素，在实际中，保险费率通常分为一般货物费率和指明货物加费费率、战争险费率和其他加费规定几大类。当货物运抵目的港或目的地，发现有残损时，收货人及其代表应该立即申请检验，但对于整件短少和损失很小的货物，可以免予检验。在确定货损原因时，需遵循近因原则。海上运输货物保险的赔偿金额确定可以分为全损、分损、有关费用、共同海损等几种情况。

关键词

贸易术语　预约保险　货物检验　赔款计算

第一节　国际贸易术语与保险

一、国际贸易术语

在国际贸易的长期实践中，为了节省时间，简化合同文字，逐渐产生了采用某种专门的用语来明确买卖双方各自的权利与义务的作法。这种用来表示交易双方所承担的责任、费用与风险的专门用语，称为贸易术语（Trade Terms）。目前，国际上有三个影响较大的贸易术语惯例规则，分别是：《1932年华沙—牛津规则》（Warsaw Oxford Rules 1932）、《1941年美国对外贸易定义修订本》（Revised American Foreign Trade Definition 1941）和《国际贸易术语解释通则》（International Rules for The International Trade

Terms)。其中，《国际贸易术语解释通则》是国际商会为国际贸易有关当事人，就关于货物买卖合同中所使用的贸易术语所作的统一解释，影响最广。该通则对内陆交货、装运港船上交货、成本加运费与保险费交货等贸易术语作了详细的解释，规定了买卖双方在交货方面的权利与义务。该通则在国际上已经得到广泛的承认与采用，是国际货物买卖中最重要的贸易惯例，现以《2010年国际贸易术语解释通则》为例加以说明。

在《2010年国际贸易术语解释通则》中，根据买卖双方承担义务的不同，将11种贸易术语划分为两类：第一类为适用于任何单一运输方式或多种运输方式的术语：EXW（EX works）工厂交货；FCA（Free Carrier）货交承运人；CPT（Carriage Paid To）运费付至；CIP（Carriage and lnsurance Paid to）运费、保险费付至；DAT（Delivered At Terminal）运输终端交货；DAP（Delivered At Place）目的地交货；DDP（Delivered Duty Paid）完税后交货。第二类为适用于海运和内河水运的术语：FAS（Free Along Side）船边交货；FOB（Free On Board）船上交货；CFR（Cost and Freight）成本加运费；CIF（Cost, Insurance and Freight）成本、保险加运费。

二、以卖方为中心的出口贸易与保险

（一）CIF合同

CIF是指成本、保险费加运费。该术语是指卖方必须在合同规定的日期或期间内在装运港将货物交至运往指定目的港的船上，负责货物越过船舷为止的一切费用和货物灭失或损坏的风险，负责租船订舱，支付从装运港到目的港的正常运费，并负责办理货物保险，支付保费。由此可以看出，在以这一贸易术语签订的合同中，卖方的基本义务是负责按通常的条件租船定舱，支付到目的港的运费，并在规定的装运港和装运期内将货物装上船，装船后及时通知买方。负责办理从装运港到目的港的海运货物保险，支付保险费。投保的保险公司一般应由卖方选择，但卖方应与具有良好信誉的保险人订立保险合同，在实务中，往往由买方要求指定保险人或双方协商确定。在投保的险别上，根据《2010年国际贸易术语解释通则》，无相反的明示协议，卖方只需根据《伦敦保险协会货物运输保险条款》或其他类似的条款中的最低的保险险别投保，保险期限从货物在装运港规定的装运日期或期限届满之日起，至货物到指定的目的港并从承运人处收领货物为止。当买方要求且能够提供卖方所需的信息时，卖方应在原有的险别基础上，加保任何附加险别，但加保部分的保险费由买方负担。最低保险金额应包括合同规定的价款另加10%，并应采用合同中规定的币种。在实际业务中，为了明确责任，我国外贸企业在与国外客户进行货物交易采用CIF术语时，一般都应在合同中具体规定保险金额、保险险别和适用的保险条款。

在CIF合同中，货物越过船舷之后的风险概由买方承担，货物装船前的风险由卖方承担，因此卖方将装船以前的风险与装船以后买方的风险合在一起，通过一张保险单转嫁给保险人，而在装船以后，通常是以合同背书的方式将保险合同转让给买方。

（二）FOB合同与CFR合同

FOB是指装运港船上交货。在FOB合同中，卖方承担的基本义务是在合同规定的装运港和规定的期限内，将货物装上买方指定的船只，并及时通知买方。货物在装船时越过船舷，风险即由卖方转至买方。买方要负责租船订舱，支付运费，并将船期、船名及时通知卖方。货物在装运港装船时越过船舷后的其他责任、费用也都由买方负责，包括获取进口许可证或其他证件，以及办理货物入境的手续和费用。如果买方指定了船只，而未能及时将船名、装货泊位及装船日期通知卖方，或买方指定的船只未按时到达，或未能承载货物，或在规定期限终了前截止装货，买方要承担由此产生的一切风险和损失。在 FOB 合同中，货物装上船以前的风险，包括装船时货物跌落码头或海中所造成的损失，均由卖方承担，因此卖方对于在货物装船前的风险通常另行投保；而货物装上船以后，包括在起航前或在运输过程中发生的损坏或灭失，由买方承担，因此买方须就装船以后的风险自己投保。

CFR 是成本加运费，即当货物在装运港越过船舷时，卖方即完成交货。卖方须支付将货物运至指定目的港所必需的费用和运费，但交货后货物灭失或损坏的风险，以及由于交货后发生的事件而引起的任何额外费用，自卖方转移至买方。在 CFR 合同中，由于保险费不包含在货物价格中，因此其保险关系与 FOB 合同相同。但卖方应在装船后及时向买方发出装船通知，以便买方及时投保。如果货物在运输途中发生损失，而卖方未及时发出装船通知导致买方漏保，那么卖方不能以风险在货物越过船舷已转移为由免除责任。

（三）FAS 合同

FAS 是装运港船边交货，卖方在合同规定的时间和装运港口，将符合合同的货物交到买方指定的装运港码头的船边，并承担货物交至装运港船边的一切费用和风险，因此交货以前的风险由卖方承担并办理保险，交货以后的风险由买方负担，办理保险。

三、以买方为中心的进口贸易与保险

（一）FOB 合同与 CFR 合同

在 FOB 合同中，买方要负责租船订舱，支付运费，并给予卖方关于船名、装船地点和要求交货时间的充分通知。卖方将货物装船后，一切风险由买方负责，由买方进行投保。CFR 合同与 FOB 合同在保险关系上相同。在 CFR 合同与 FOB 合同中，由于装船前与装船后的风险分别由卖方和买方各自负责，因此，在实际中，会出现卖方委托买方在其投保的保险中包含由卖方负担的装船之前的风险，或买方委托卖方办理装船以后的保险的情况。但双方为对方垫付的保险费，均通过发票金额或其他方式进行结算。

（二）FAS 合同

在 FAS 合同中，买方负责订立自指定装运港运输货物的合同并支付运费，将船名、装货地点、要求装货时间及时通知卖方，并承担受领货物后的一切风险，因此由买方自己办理接货的保险，而且其保险责任起始于货物交至船边，由买方承担风险时。

（三）EXW 合同

EXW 即工厂交货价，是指卖方在其所在地将备妥的货物交付买方时，即履行了交货义务。买方承担自卖方的所在地将货物运至预期目的地的全部费用和风险。此类合同要求买方办理货物从卖方所在地开始运输以后直至最后目的地的保险。

（四）FCA 合同

FCA 即货交承运人，买方要签订自指定地点承运货物的运输合同，支付货物运至目的地的运费，并将承运人名称及有关情况及时通知卖方。当卖方在合同规定的时间和指定地点把货物交给买方指定的承运人照管并且负责办理出口清关手续之后，就算完成了交货义务。货物被最初的承运人所接收并在其管理之下的那一时刻起，风险就由卖方转移给了买方，买方负责投保从此时起的货物保险。

第二节　海上运输货物保险的投保与承保

一、投保

（一）险别的确定

在海上运输货物保险中，应由贸易合同中的哪一方投保，取决于贸易合同中所采用的价格条件。若是 CIF 价格，则由出口方办理投保事宜；若是 CFR 价格或 FOB 价格则由进口方负责投保。由于国际贸易中涉及的货物种类繁多，性质各异，风险程度差别甚大，因此，投保人必须分析运输货物的种类、性质、特点、包装、运输路线、运输工具、运输季节等因素，综合确定投保险别，以达到既节省保费，又能够得到充分保障的目的（见表 7.1）。

表 7.1　　商品面临的主要风险及适宜的险别

商品大类	商品细类	主要风险	适宜的险别
粮油食品	粮谷	短量、水湿霉烂、仓汗发热、运输途耗	一切险并设定免赔率，或者在水渍险基础上加保短量险、受潮受热险
	油脂	容器破裂、渗漏、途耗、玷污杂质	一切险，或者在水渍险基础上加保短量险和玷污险
	食品	挤碎、变质、锈损、受污渍、凹瘪、偷窃	一切险或者在水渍险基础上加保包装破裂险、碰损险、锈损险和偷窃提货不着险
	冻品类	变质、腐败	运输冷藏货物保险
	活牲畜、家禽、活鱼等	死亡	活牲畜、活家禽运输保险
	饮料	金属罐易碰撞凹瘪，玻璃瓶易破碎	一切险或在平安险、水渍险的基础上加保碰损破碎险

续表

商品大类	商品细类	主要风险	适宜的险别
轻工产品	玻璃制品	破碎	一切险或在平安险、水渍险的基础上加保碰损破碎险
	陶、瓷制品	破碎，包装不同而风险不同	一切险或在平安险、水渍险的基础上加保碰损破碎险
	家电、相机、手提电脑、手机	碰损、偷窃	一切险或在平安险、水渍险的基础上加保碰损破碎险、受潮受热险、偷窃提货不着险
	仪表、仪器	震动、受损、受潮	一切险或在水渍险基础上加保碰损破碎险和偷窃提货不着险
	杂货	偷窃、受潮	水渍险基础上加保淡水雨淋险和偷窃提货不着险
	纸张、纸浆	油污、玷污、水湿、霉烂、破包短少、短重	一切险或在水渍险的基础上加保淡水雨淋险、短量险、混杂玷污险
土畜产品	麻类	受潮受热、变质、自燃	平安险或水渍险的基础上加保受潮受热险
	毛绒类	玷污	平安险或水渍险的基础上加保混杂玷污险
	皮张	玷污、受潮受热致变质、偷窃	平安险或水渍险的基础上加保混杂玷污险、受潮受热险、偷窃提货不着险
	盐渍肠衣、兽皮	变质	平安险或水渍险的基础上加保渗漏险
	茶叶	偷窃、串味	一切险或平安险或水渍险的基础上加保串味险、偷窃提货不着险
工艺品	首饰	偷窃	平安险或水渍险的基础上加保偷窃提货不着险
	珐琅、景泰蓝	脱瓷、凹瘪、弯曲变形	平安险或水渍险的基础上加保碰损破碎险
	雕刻品	破碎、碰损、偷窃	平安险或水渍险的基础上加保碰损破碎险、偷窃提货不着险
	漆器	碰损	平安险或水渍险的基础上加保碰损破碎险
	工艺陶瓷	破碎	平安险或水渍险的基础上加保碰损破碎险

续表

商品大类	商品细类	主要风险	适宜的险别
五金类	金属条、板、块、管	短卸、锈损	平安险基础上加保偷窃提货不着险
	铸铁制品	破碎	平安险基础上加保碰损破碎险
	小五金	风险较小	水渍险
	镀锌、镀锡、冷轧钢板、钢卷板	短量、锈损、碰损	平安险或水渍险基础上加保偷窃提货不着险、锈损险
矿产品	矿石、矿砂	破包漏损、短量	一切险或水渍险基础上加保短量险、包装破裂险
	建筑材料	破碎	平安险基础上加保碰损破碎险
化工类	液体类	渗漏、玷污	平安险基础上加保渗漏险、混杂玷污险
	粉粒状化工产品	外漏、短少	平安险基础上加保包装破裂险
机械类	各类机床	碰损、控制部分失灵	一切险或在水渍险基础上加保碰损破碎险
	通用电力机械	碰损、擦伤	一切险或在水渍险基础上加保碰损破碎险
	车辆类	碰损、凹瘪、擦伤、遭窃	水渍险基础上加保碰损破碎险、偷窃提货不着险、舱面险
纺织纤维	纤维匹头	玷污、钩损、偷窃、短少、雨淋	一切险
	抽纱制品		一切险
	服装		一切险或在水渍险基础上加保玷污险、淡水雨淋险
成套设备	新设备		一切险
	旧设备	难以区分途残或原残	水渍险

一般而言，货物损失从性质上可以分为内在损失和外来损失两种。货物的内在损失是指由货物自身的固有缺陷所致的，这种由内在因素造成的损失，保险人一般不予承保。但很多货物，如鱼粉、煤炭、谷物等，容易自燃、生虫，在投保人有特别需要的情况下，可与保险公司特别协商，通过附加条款或特别费率的形式予以承保。再如，对于必然性的损失，如自然渗漏、自然损耗等，保险人绝不承保，具体作法是在承保时附加

一定的免赔率，以剔除这种与保险性质背道而驰的损失。货物的外来损失是指由内在原因以外的因素导致的损失，这种外来损失多在保险人的承保范围之内，但也需视不同条款而定。

（二）投保单的内容与注意事项

1. 投保单的内容

海上运输货物保险合同是诺成合同，保险当事人双方意思表示一致，合同即告成立。在实际业务中，投保人通常需要填制一张投保单，经保险人签字盖章后，保险合同成立；但对于经常有大量业务的投保人，为了简化手续，也可以采用以发货清单的方式代替投保单。保险人出立保险单时以投保人填具的内容为准，因此，对于投保单中的内容必须如实填写。

（1）投保人名称

投保人是与保险人签订保险合同，并按合同规定支付保险费的法人或自然人。投保人可能是进口商，为自己的利益投保，也可能是出口商，为即将出售的货物投保，然后将保险利益转让给进口商。

（2）标记

应该与提单上所载的标记符号相一致，尤其要与刷在货物外包装上的实际标记符号一样，以免发生损失时引起检验、核赔、确定责任的混乱。

（3）货物名称、包装、数量

货物名称必须写得具体翔实，以使保险人了解所承保的货物的风险性质和程度，如棉布、玻璃器皿等，而不能笼统地写纺织品、百货、杂货等。同时，必须如实写明货物的包装形状（袋装、桶装、箱装等）与数量（个数、重量、容积等），以帮助保险人决定是否承保及如何承保。若是集装箱运输，则必须写明每一集装箱中货物的数量，而不能笼统地写集装箱 10 个。

（4）保险价值和保险金额

在采用定值保险方式之下，在投保单中应明确载明货物的保险价值，以便确定保险金额及在损失发生时确定赔偿金额。保险价值可以按照货物的 CIF 价格加上一定的成数确定，一般为一成，也可以与保险人协商加二成或三成。保险金额按照保险价值确定，二者最好一致，避免出现不足额保险或超额保险的情况。

（5）保险条件

投保人必须根据货物的性质及进口商的要求，决定采用何种保险条件，如平安险、水渍险或一切险，或者采用伦敦保险协会的货物运输保险条款（A）、（B）、（C）。若存在某些特殊风险或运输期间，也应详细写明。对于以信用证结算的货物，保险条件必须与信用证中指定的保险条件完全正确一致。如果信用证上有特殊的要求时，投保人必须与保险人协商，以确定保险条件并与信用证上的要求一致。

（6）运输区间与运输方法

在投保单中必须载明装货港（地）、卸货港（地）、转运港（地）、船名、开航日期、采用的运输工具等。如用轮船运输，则应写明船名；若是火车运输或航空运输，仅写火车、空运即可；如是联运，应写明联运方式及中转地等详细情况，如海陆联运、陆空联运等；若运输方式不确定，则可以用“任何运输工具”（By Any Conveyance）表示。

（7）提单或运单号码

写上提单或运单号码以备保险公司核对。

（8）赔款支付地点

大的保险公司在世界各地都有自己的理赔代理人。在保单上，通常指定货物的最后卸载港或最后目的地作为支付赔款地点，若有特别要求，则需在投保单上申明。

（9）投保日期

投保日期应在船舶开航或运输工具开行之前。

（10）署名或签章

2. 填写投保单的注意事项

投保单是投保人向保险人申请订立保险合同的依据，也是保险人签发保险单的凭证。因此填写投保单时应注意如下事项：

（1）内容必须真实

投保单中的内容关系到保险人的承保决定和承保条件，因此投保人须如实填写，不得有隐瞒或错误申报，否则，将影响保险人对所承担风险的判断，根据法律，保险人有权解除合同或拒绝赔偿。

（2）投保的险别、币制与其他条件须和信用证上所列保险条件的要求相一致

若两者存有差异，将可能导致卖方银行拒绝接受保险单或者买方银行拒绝支付货款。

（3）投保的险别和条件须与售货合同上所列的保险条件相一致

如果售货合同中规定必须投保一切险，而投保人为节省保险费，仅投保了平安险；或者合同中载明保险金额应在CIF价格的基础上加两成，而投保人在确定保险金额时仅加一成投保，这些都构成了卖方违反售货合同，将引起买方的拒收或索赔。

（4）注意保险期间与实际收货地的一致性

由于买卖合同中的CIF价格条件是送到目的港的，而实际上收货人的最后仓库常常在内陆的某一地点；因此，若将保险期间确定为卸货港，则货物从港口提货后到内陆运输这一段的损失将无法得到保障。此外，有时货物损失只有到达目的地后才能发现，若只保到港口则在确定责任时会发生困难。因此，为了避免保障上的空白及责任确定上的困难，应保到内陆目的地。

二、承保

（一）承保方式

1. 逐笔保险

逐笔保险是进出口货物运输保险中的一种保险方式。当货物出口时，由保险当事人双方逐一就每笔标的商定承保项目、保险金额、保险期间、保险费率、运输工具名称等保险条件。此种方式因手续繁琐，仅适用于零星货物的进出口业务。

2. 流动保险

流动保险是最早产生的长期保险方法。由于货物需要分批运输交付，因此，由投保人和保险人对于约定期限内运输的货物商订总的保险条件，并记载于保险合同中，如货物名称、承保险别、航行区域、保险总金额、保险期间等一般性条件，而将载运货物的船名、货物具体数量、金额、卸货地等细节留待以后每次出运货物时由被保险人以起运通知书的形式向保险人申报，保险人据此签发保险凭证，以便被保险人办理交货和议付货款。流动保单内载有保险金额，每批出运的货物经被保险人申报金额后，保险人要将其从保险总金额内扣除，直到保险总金额被扣尽为止，保险合同的效力也告终止。

流动保单由于不必逐笔与保险人商定保险条件，手续简便，因而适用于那些在一定期限内有品种相同的货物陆续出运的贸易。但近年来，流动保险的使用越来越少。

3. 预约保险

预约保险是由保险人和投保人商定总的保险范围及保险条件，并在预约保险合同内载明货物种类、航行区域、保险费率及保费结算办法等。凡属于预约保险合同内的货物一经起运，合同自动生效，自动承保。但被保险人应将出运货物的情况，如装运货物船名、航线、货物价值、保险金额等及时通知保险人，由保险人签发保险单证，并据此情况定期结算保险费。倘若被保险人申报有遗漏或起运通知延迟，即使货物已经发生损失，仍可补报并补交保费，保险人仍须按规定负责赔偿。如果被保险人申报时，货物已经安全运抵目的地，被保险人仍须如数交纳保险费。

预约保险适用于经常有大量货物出运的企业，特别对于以 FOB 或 CFR 价格条件成交的进口货物尤为适合。在海上运输货物保险中，越来越多的进出口货物采用预约保险方式。

预约货物保险合同的内容通常包括：

（1）被保险人（或投保人）及其地址（The Assured and Its Address）

（2）保险标的及其类别（Subject Matter）

（3）全年/合同预计额（Est. Turnover for One Year / One Contract）

（4）保险价值的确定方式（Basis of Valuation）

（5）保险期间（Period of The Insurance）

（6）运输路线（Route）

（7）运输方式或运输工具（Conveyance）

（8）包装条件（Package）

（9）每一航次/车次/班次的运输限额（Limit Per Route）

（10）保险条件（Conditions of Insurance）

（11）预计全年/合同的保险费（Est. Premium For One Year or One Contract）

（12）最低保费（Minimum Premium）

（13）保费结算（Payment of Premium）

（14）投保手续（Application Procedure）

（15）保证条款（Warranty Clause）

（16）协议的终止和变更（Cancellation Clause）

（17）理赔处理（Claims Settlement）

（18）司法管辖权（Jurisdiction）

（19）争议解决（Disputes Resolution）

（20）备注（Remarks）

（二）保险金额的确定

海上运输货物保险一般为定值保险，其保险金额与保险价值相等。货物价格确定以后，投保人应当以货价为基础确定保险价值和保险金额。

对于货主而言，除了商品的成本外，还需支付运费和保险费，因此，应以 CIF 价格作为货物的保险金额。但如果货物发生损失，则货主将无法获得已经支付的各种经营杂费和预期利润，因此，各国保险法和国际贸易惯例一般都规定进出口货物运输保险的保险金额可以在 CIF 货价的基础上适当加成。按照《跟单信用证统一惯例》第 34 条的规定，货物的保险金额最低为 CIF 或 CIP 金额加成 10%，即 CIF 或 CIP 价格的 110%。当然，被保险人与保险人在约定保险金额时，可以根据不同的货物、不同的地区、进出口价格与当地市价之间不同差价以及不同的经营费用和预期利润水平，约定不同的加成比率。一般情况下，加成比率不能超过 30%。

海上运输货物保险的保险金额计算方法为：

$$保险金额=CIF\times(1+投保加成率)$$

例如：一批货物，其 CIF 价格为 10 万美元，投保人向保险人投保一切险，与保险人约定加成 10%，则该批货物的保险金额为：

$$10\times(1+10\%)=11 万（美元）$$

如果对外报价为 CFR 价格，而对方要求改报 CIF 价格，或者在 CFR 合同项下，货物卖方代买方办理保险，均不能直接以 CFR 价格为基础加保险费计算，而应先将 CFR 价格转化为 CIF 价格，然后再加成计算保险金额。

例如：出口一批货物，原报价为 CFR 价格，总金额为 50 000 美元，投保的险别为一切险，一切险的费率为 0.5%，加成 10%，则改报 CIF 价格为：

$$\begin{aligned}CIF &= \frac{CFR}{1-(1+加成率)\times保险费率}\\ &= \frac{50\ 000}{1-(1+10\%)\times 0.5\%}\\ &= 50\ 276.52（美元）\end{aligned}$$

如果货物最后以 CFR 价格成交，且买方要求卖方按 CIF 价格条件加成 10% 代办投保，则：

$$\begin{aligned}保险金额 &= \frac{CFR}{1-(1+加成率)\times保险费率}\times(1+加成率)\\ &= \frac{50\ 000}{1-(1+10\%)\times 0.5\%}\times(1+10\%)\\ &= 55\ 304.17（美元）\end{aligned}$$

值得注意的是：在我国实际的对外贸易中，有一种使用费率常数表将 CFR 价格换算成 CIF 价格的计算方法。该表可以简化 CFR 价格改报 CIF 价格的计算步骤，节省时间，减少错误。《费率常数表》通常附印在保险公司的《出口货物保险费率表》之后，包括费率常数表一和费率常数表二。表一是供外贸企业为外商不加成投保时换算用，表中常数用于按实足发票金额计算；表二是供外贸企业为外商加成投保时换算用，表中常数用于按发票金额加 10% 计算。

《费率常数表》分为左右两栏，左栏为费率栏，栏内是各档保险费率；右栏是常数栏，栏内是计算各档费率 CIF 价的常数。换算时，首先根据货物运往的目的地、投保险别等在保险公司的《出口货物保险费率表》中查出规定的保险费率，按照该费率在常数表的费率栏内找到与该数字相同的费率档，与该费率档相平行的常数档中的常数乘上这批出口货物的 CFR 价格，即可得到其 CIF 价格。即：

CIF = CFR×费率常数

例如：某公司出口一批千斤顶到美国西海岸，CFR 价格为 10 000 美元，按实足发票金额改作 CIF 价格。先找出去美国的保险费率为 0.50%，在常数表一中查出与 0.50 相对应的常数为 1.005 025，则：

10 000×1.005 025 = 10 050.25（美元）
CFR　　常数　　CIF

若该批千斤顶按发票金额加 10% 改报 CIF 价格，则根据其保险费率 0.50%，在常数表二中查出与 0.50 相对应的常数为 1.005 530，则：

10 000×1.005 530 = 10 055.30（美元）
CFR　　常数　　CIF

（三）保险费率

1. 影响保险费率确定的因素

在海上运输货物保险中，投保人是以货物的保险金额为基础，按一定的保险费率计算应缴付的保险费。在实际业务中，保险人制定的保险费率并不是绝对的计算标准，随着保险市场供求关系和市场竞争的变化，实际费率也在经常发生变化。至于根据投保人或被保险人的具体情况、货物数量、金额大小给予不同的折扣则更是习惯作法。特别是大宗进出口货物保险时，投保人或被保险人可以与保险人以费率表为基础进行协商，确定每笔业务的费率水平。但总体来说，影响海上运输货物保险费率的因素主要有以下几个：

（1）运输工具。承载货物的运输工具直接影响着货物的安全，因为货物的损失一般都是首先由于运输工具受到损害之后影响到货物。在确定保险费率时要考虑船东、船旗、船龄、船型、班轮或租船、内陆运输等情况。尤其是船龄，是保险人确定费率必须考虑的一个因素，一般认为船龄超过 15 年的为老船，需要加费承保。同样，对于吨位较小的船舶，如 500 吨或 1 000 吨以下的船舶要另行加费。

（2）货物性质与包装形态。货物的特性千差万别，其受损的机会也不同。如易碎、易漏、易燃、易腐货物的危险程度要高于一般货物，因此在费率上也应高于一般货物。

货物的包装也是影响货物损失的一个重要因素，因此，保险人十分注意货物是以何种材料、何种方式包装的，是否适合运输需要，易损、易碎货物是否具有防碎性包装。若采用集装箱运输，是否根据货物的包装、性质及运输区间选择相应的集装箱等。

（3）运输区间。运输路线是什么、发货地、收货地及经由地的政治、社会局势、自然条件如何、采取何种运输方式，如远洋或近洋、直运或转船或联运、内陆运输路线长短、路况、港口设施、暂存仓储等对货物风险的大小均有直接影响。

（4）承保条件。承保条件直接影响保险费率的高低，包括保险险别、每航次限额大小、免赔额（率）高低、保证条件等都影响着保险费率的确定。

2. 保险费率的类别

海上运输货物保险的保险费率通常分为一般货物费率，指明货物加费费率，战争、罢工险费率和其他加费规定几大类。

（1）一般货物费率。适用于所有投保险别且未被列入指明货物加费费率表中的货物。凡投保平安险、水渍险和一切险的所有海运货物，均须依照一般货物费率的所列标准，按照保险货物运往的不同目的地计收保险费。这是投保人或被保险人必须缴付的基本保险费率标准。如果要加保一般附加险，必须在平安险或水渍险的基础上加保。同一险别，不同国家和港口的费率均有所不同。下面是某保险公司海洋运输货物保险、陆上运输货物保险、航空运输货物保险和邮包保险的一般货物出口费率（见表7.2、表7.3、表7.4和表7.5）。

表7.2　　海运出口一般货物费率

洲别	目的地	平安险	水渍险	一切险
亚洲	中国港澳台地区、日本、韩国	0.08	0.12	0.25
	约旦、黎巴嫩、巴林、阿拉伯、联合酋长国、菲律宾	0.15	0.20	1.00
	尼泊尔、阿富汗、也门			1.50
	泰国、新加坡等其他国家			0.60
欧洲、美国、加拿大、大洋洲		0.15	0.20	0.50
中、南美洲		0.15	0.25	1.50
阿尔巴尼亚、罗马尼亚、南斯拉夫、波兰、保加利亚、匈牙利、捷克、斯洛伐克、独联体国家		0.15	0.25	1.50
非洲	埃塞俄比亚、坦桑尼亚、赞比亚、毛里求斯、布隆迪、象牙海岸、贝宁、刚果、安哥达、佛得角群岛、卢旺达	0.20	0.30	2.50
	加拿利群岛、毛里塔尼亚、冈比亚、塞内加尔、尼日利亚、利比里亚、几内亚、乌干达			3.50
	其他			1.00

表 7.3　　陆运出口一般货物费率

目的地	陆运险	陆运一切险	备注
中国港、澳地区	0.05	0.20	自广东起运
	0.07	0.30	自其他省（市）起运
其他世界各地	0.12	0.45	包括大陆桥运输

表 7.4　　空运出口一般货物费率

目的地	空运险	空运一切险
中国港澳台地区、日本、韩国	0.07	0.25
其他世界各地	0.12	0.35

表 7.5　　邮包出口一般货物费率

目的地	邮包险	邮包一切险
中国港澳台地区、日本、韩国	0.10	0.25
其他世界各地	0.15	0.40

（2）指明货物加费费率。这是针对某些易损货物加收保险费的一种附加费率。按货物大类划分，可分为粮油食品、土畜产品、轻工类产品、五金矿产、工艺品类、机械设备类、化工品类和危险品类，共八大类。由于这些商品在运输过程中因外来风险，极易遭受短量、破碎和腐烂等损失，损失率较高，因此在承保时需特别对待，保险人将其单独列出，并称之为指明货物。保险人在承保此类商品或与此同类的商品的一切险时，不论使用何种运输工具，也不论在哪个省市区发货，均应在一般货物费率的基础上再按该加费费率的规定加收保险费。如从上海运往孟买的肠衣投保一切险，一般货物费率规定到孟买的费率为 1%，指明货物加费土畜类坛装食品为 2%，则保险费率为 1% +2% = 3%。

（3）战争、罢工险费率。如果货物投保战争险、罢工险，不论采用何种运输方式，货物的类别是什么，均按一个费率计收保险费。如果两种险别一起加保，则只按战争险费率计费，罢工险不再另加保险费；如单保罢工险，则按战争险费率计收保险费。一般情况下，战争险、罢工险费率较低，但保险人有权根据不同时间、不同地区的战争、罢工和国际形势的变化调整费率。

（4）其他加费规定。在上述费率中不能加以解决的问题，在此项中加以补充。主要是根据货物的特性、航程、风险等具体的情况而另行规定的。主要有：一般附加险加费、特别附加险加费、内陆运输加费、延长保险期限加费、转运加费、降低免赔率加费、贵重商品加费等。

因此，在确定所投保的货物适用什么费率时，应将上述四种费率均考虑进去。若属于指明货物，且加保战争险，同时又有内陆运输，则：

总保险费率 = 一般货物费率 + 指明货物费率 + 战争险费率 + 内陆运输加费费率

第三节　海上运输货物保险的检验

一、检验的申请

当货物运抵目的港或目的地发现有残损时，收货人及其代表应该立即申请检验，以确定货物损失的原因、性质、范围和程度，在可能的情况下采取抢救措施，防止损失的进一步扩大。这是被保险人申请索赔的第一步。

（一）出口货物的检验

出口货物到达目的地后，若发现有损失，收货人应立即向保险单上载明的检验、理赔代理人申请检验。若收货人未向该载明代理人申请检验，而是另行申请其他检验人检验，则保险人需要区别情况进行处理。如果是因为收货人不了解有关货物损失检验的规定，且损失金额较小的，则保险人常常会予以接受。但如果涉及的损失金额很大，牵涉到责任归属的，则需要由保险公司的理赔检验代理人进行复检，以确定该项货物损失的原因及金额。有些收货人经常向非保单指定的理赔检验代理人申请检验，则保险人可以视情况拒绝承担赔偿责任。

（二）进口货物的检验

进口货物到达目的地或目的港后发现有残损，收货人应立即通知保险人和有关各方进行联合检验，以分清责任，确定损失数额。具体情况如下：

若保单中规定保险责任在目的港终止，收货人提货后，发现货物有损失，则收货人应首先取得有关责任方的鉴证和记录，并通知保险人会同有关方在港口就地在收货人首次验收的仓库进行联合检验。

若保单中规定保险责任在货物到达内地收货人的仓库时终止，但收货人在港口提货时即发现了严重残损，则应立即通知保险公司并会同有关部门进行联合检验，将检验情况通知内地有关保险公司。但如果仅是货物外表有损坏，估计内部货物损失不大，或此时不适宜开箱检验，则应办妥异地检验手续。

若保险责任在内地终止，且货物到达目的地才发现有残损的，同样应立即通知当地保险公司到现场检验。

二、免予检验的情况

货物损失后要求收货人申请检验的目的是确定责任归属和损失数额，为保险人的理赔奠定基础，但在实际中，有一些情况下，即使货物有损失，也可以免予检验。

（一）整件短少的货物

如果货物在目的港卸货后，收货人发现整件短少，应立即向船方、装卸公司或港务局等有关方取得短缺证明或计数单等证明。只要收货人取得了这些短少证明，则不必再申请对货物进行检验，可以直接向保险公司索赔。保险公司一般是先予赔付，然后向有关责任方进行追偿。

（二）损失金额很小的货物

对于损失金额很小的货物，由于申请检验所花费的费用可能高于损失本身，对此，保险公司常常规定可以不进行检验。这种小额损失免予检验的规定，有的在保险单上载明，如规定“对于估损金额在 MYM 或其他等值货币以下的损失，根据被保险人提供的货损情况的书面说明和照片，而无须提供检验报告便可予以赔付”。有的则由保险人授权其检验、理赔代理人掌握。在国外，代理人一般出具不检验损失报告，以资证明。

三、检验内容

货物到达目的港后，若收货人发现有损失，应首先取得有关责任方的货损证明记录，并向其索赔，同时立即申请保险公司检验。货物运输保险检验的重点是：

（一）检查货物的包装

货物包装情况如何是判断货物损失原因的重要根据，因此对于包装必须仔细检查。核对包装唛头、商品名称、目的港等与合同中的规定是否相符，了解卸货时外包装是否完好，是否有重新整理的现象，仔细检查货物所用的包装种类与质量是否符合通常的运输习惯，货物损失的原因是否是因改变了包装的种类或由于包装材料的缺陷所致。这些对判断损失是否在运输中发生，是否因外来原因所引起至关重要。

（二）检查舱口

船舶到达目的港之后，应立即检查船舶的舱口是否有损伤，舱盖是否从起航时起就处于封闭状态，检查船舱内的情况，是否有海水进入了货舱。舱口检查对于散装货物非常重要，通过检查可以查清货物受损原因，明确货损责任。

（三）检查货物损失的性质和原因

这也是货物检验的最重要目的之一。检验人员在检查过程中，必须认真观察并充分掌握证据。要以实事求是的态度，结合货物的特性、装卸、配载、仓储、运输、内外包装及损失情况进行深入分析，得出有说服力的结论。

（四）确定货物的损失程度

确定货物损失的原因之后，还必须对货物损失的情况进行认真分析，分析受损货物的重量、数量、短缺、残损程度，同时配合有关部门作出正确的估算和鉴定。

四、检验期限与检验费用

被保险人发现货物损失后，应按照保险单规定立即向保险公司或其代理人申请检验，以确定损失是否在保险期限内发生，迅速采取防止损失扩大的措施。一般而言，对于偷窃损失，应在发现损失后 10 天内申请检验，以免因时间的拖延而使现场情况发生变化。对于破碎、钩损、污染等损失，需根据具体情况适当掌握。对于海水损失，一般应视作运输途中发生的，但对于因延迟申请检验而扩大的损失部分，应酌情予以扣减。

对于检验费用，一般是由被保险人或收货人先行支付。如果经保险人审核，该项货物损失确实属于保险责任范围之内的，则该检验费用就由保险人在赔偿货物损失之外再行赔偿。但如果该项货物损失不属于保险责任范围之内，则检验费用原则上由被保险人自负。

第四节　海上运输货物保险的理赔

一、理赔原则

理赔即处理赔案，是在保险标的发生保险事故后，保险人对被保险人所发生的保险合同范围内的经济损失履行经济补偿义务，对被保险人提出的索赔进行处理的行为。从法律角度来讲，理赔是履行保险合同的过程，是法律行为；从保险经济角度看，理赔是保险经营的最后环节，同时也是实现保险经济关系的过程，属于经济范畴。

理赔的发生直接由索赔引起。索赔和理赔是一个问题的两个方面，它们直接体现了保险合同当事人的具体权利和义务，实现着保险的基本职能。保险人要保证其保险经营的正常运行和健康发展，在理赔中应该体现以下几项基本要求：

（一）重约守信

保险人与被保险人之间的权利与义务关系是通过保险合同来实现的。保险合同条款是保险人履行义务、承担赔偿责任的依据，对合同双方当事人都具有法律约束力。保险合同中的各项条款，保险人都应该严格遵守，恪守信用，既不要夸大保险责任范围，也不要惜赔。

（二）实事求是

虽然保险条款对保险责任、责任免除、赔偿责任等作了原则性规定，但是在实际赔案处理过程中，各种案件形形色色，案发原因也错综复杂。在一些情况下，根据合同条款很难作出是否属于保险责任的明确答案，这时既要按条款办事，又要考虑实际情况，要有一定的灵活性。实事求是对不同案件的具体情况进行具体分析，灵活处理赔案。在一些特殊情况下，对于被保险人的索赔，保险人还可以通融赔付，即按合同规定本不该由保险人赔付的经济损失，保险人在综合考虑各种因素的前提下，仍然给予一定的补偿。这种通融赔付不是无原则的，而是对保险损失补偿原则的灵活运用。在考虑使用通融赔付时，必须注意要有利于保险业务的稳定和发展，有利于维持保险人的信誉和在市场中的地位，同时要适时适度。

（三）主动、迅速、准确、合法

任何拖延赔案处理的行为都会影响保险人在被保险人和投保人心目中的声誉，从而抑制以后的投保行为。因此，理赔人员对于出险案件要积极主动受理，不推诿；办理赔案要快，不拖延时间。“准确”和“合法”就是要求理赔人员对损失案件勘察、定责定损及赔偿计算等，力求准确无误，不发生错赔和滥赔现象，同时分清责任，严格按照保险合同的约定和保险法规及有关条款处理赔案。

二、理赔单证与理赔程序

（一）理赔单证

货物发生损失后，被保险人向保险人索赔时须提供必要的单证，以便于保险人确定责任归属和赔偿金额及向负有责任的第三方行使代位追偿权。

一般而言，需要的理赔单证包括：（1）出险索赔通知书正本（被保险人须说明出险原因、时间、地点、索赔金额、施救经过等内容）；（2）保险单正本；（3）提单；（4）商业发票；（5）装箱单；（6）贸易合同；（7）检验证书正本；（8）装货港检验证书及重量证明；（9）被保险人在有效期内向有关责任方提出索赔的面函。

在货损、货差为船方责任的情况下，需同时提供：（1）理货单、残损单或溢短单；（2）租船合同；（3）视案情需要的其他单证。

在货损、货差属于第三方责任，如内陆公路运输人、空运承运人、内河沿海承运人、港区等的情况下，被保险人需同时提供：（1）运单正本；（2）联检报告正本；（3）有关责任方的货损、货差证明（如港区的货运记录、普通记录、内陆运输方出具的货损证明、空运承运人的货运记录等）；（4）视案情需要的其他单证。

（二）理赔程序

1. 受理赔案

当被保险人知悉货物受损后，应立即向保险公司发出损失通知，以便保险公司在接到损失通知后能马上采取相应的措施，如检验损失、提出施救意见、防止损失扩大、核实损失原因、确定保险人责任等。此处的“立即”是指毫不迟延、及时地通知保险公司，当然也需根据货物损失当时当地的具体情形而定。

保险人在接受损失通知后应立即受理，迅速做好登记工作，如被保险人名称、地址、保险单号码、出险时间、地点、自述的原因和自述的损害情况。同时查抄案底，根据被保险人的申请（书面申请、电话申请、口头申请），查抄留存公司的保险底单，核对被保险人的申请与保险底案，对核对无误的索赔申请立案编号登记。

2. 损失确定

（1）审核检验报告。货物发生损失后，被保险人需向保险公司或其代理人申请检验，这是损失后必须采取的措施，否则保险公司将无法审定保险责任。通常情况下，出口货物损失后，由保险公司的理赔、检验代理人进行检验，而进口货物则由保险人和收货人联合进行检验。货物经损失检验后应填制检验报告，检验报告内容通常包括：申请检验人、收货人、检验日期、检验地点、航行情况、转船情况、船舶到达卸载港和卸货完毕日期、转运内陆情况、提货日期、包装情况、承运人签证、海事情况、清洁收据、检验成员、追偿情况、舱面装载、货损情况、原因、损失情况和损失程度。对于检验报告中的上述内容，保险公司必须严格进行审核，以便核定责任，确定赔偿数额。值得注意的是，如果检验报告中对货物损失原因未作出肯定性结论，仅是以暗示的字句加以提示，如“货物短少的原因无法查明”、“货物损坏可能在装运前已经存在”等，则应进一步要求收货人提供海关、港务局、理货人等第三者出具的损失证明，以确定责任。

（2）确定损失原因。造成货物损失的原因有时是多方面的。如在海上货物运输中，出现货物腐烂现象，由此造成损失，需具体分析导致损失的原因是什么，是由于恶劣气候导致海水浸泡而成，还是在装船前由货物本身的湿度过高造成的。如果是属于保险人承保的保险责任，保险人应承担赔偿责任；但如果不属于保险人承保的保险责任，则保险人就不应当承担赔偿责任。可见，确定事故原因是理赔工作的一个重要环节。

在确定损失原因时必须遵循近因原则。近因并不一定是一项结果的直接原因，而是一项结果的主要的或有效的原因。按照这一原则，如果有两个以上造成损失的原因，并且各原因之间的因果链未中断，那么，最先发生并造成一连串事故的原因即可被认为是损失的近因。但是在实际中，当导致损失的原因不止一个时，需要根据情况分别加以掌握：

① 单一原因造成的损失。这是一种较常见而又较单纯的方式。造成损失的风险只有一种，如这一种风险在承保范围内，则由保险人承担赔偿责任，反之则不赔偿。例如，货物在运输途中遭受雨淋而受损，如被保险人在水渍险的基础上加保了淡水雨淋险，保险人应负赔偿责任。如果被保险人仅投保了水渍险，则保险人不负赔偿责任。

② 多个原因同时发生。货物损失是因为一个以上并同时发生的原因所致，而且这些原因对保险标的的损失均有直接的、实质性的影响。这样，多种原因全部属于导致损失的主要原因。如果这多种原因全部属于承保范围，保险人应全部负责。但是如果在多种原因中，有些是在承保范围之内，有些则属于除外责任，那么，保险公司的责任就是根据损失是否可以划分来决定。损失可以划分开的，保险人将承担所保风险导致的损失部分；若不能划分开的，则保险公司可以不承担责任。

③ 多数原因连续发生。如果损失的发生是两个或两个以上的原因所致，并且各原因之间的因果链未中断，其最先发生并造成一连串事故的原因，即为近因。此种情形下，保险人的责任通常依据以下几种情况来确定：第一，前因及后果均在承保范围内，保险人应负全部损失的赔偿责任。第二，前因不在保险责任范围内，但后因在保险责任范围内，而后因是前因导致的必然结果，则保险人不负赔偿责任。例如，花生含水量过高，在运输途中发生霉变，投保人虽然投保了一切险，霉变属于保险责任，但近因是花生含水过高，不在保险责任范围以内，因此，保险人不承担赔付责任。第三，前因在保险责任范围内，后因不在保险责任范围内，但后因是前因导致的必然结果，则保险人应负全部损失的赔偿责任。例如，一批食品投保了水渍险，在运输途中遭受了海水浸湿。食品的外包装受潮后导致食品发生霉变损失，霉变是海水打湿外包装，水汽侵入所造成的结果，因此，保险人应负赔偿责任。第四，若前因及后因均为除外风险，保险人一概不负赔偿责任。

④ 多数原因间断发生。如果造成损失的原因有两个或两个以上，但前因与后因不相关联，即后来发生的损失是由另一新出现而又独立的原因引起的，不是前因的直接或自然的结果，那么，保险人的责任视以下两种情况而定：如果新出现而又完全独立的原因为承保风险，即使它发生在除外风险之后，其由承保风险所导致的损失，保险人应负赔偿责任；如果新出现而又完全独立的原因为除外风险，那么，即使它发生在承保风险后，其由除外风险所导致的损失，保险人也不负赔偿责任。

（3）常见的货损原因。在运输过程中，导致货物发生损失的原因很多，主要有：水损，短少损失，碰损、破碎损失，火损，钩损损失，玷污损失和锈损损失等。

① 水损。货物在运输途中经常遇到的水损损失可以分为海水损、淡水损和舱汗损三种。海水损通常是因为船舶在航行中发生意外事故而使海水入仓所致，对于此种情况，船长在航海日志或海事报告中应加以记载，保险人可以向船方索取上述资料作为证明。但有时货物水损并非海水入舱引起的，则需要根据具体情况加以分析：货物因含有咸分空气的侵袭而致水损，在化验时也呈阳性，但没有明显的水渍痕迹，因此不属于保

险责任。再如货物在驳船驳运时遭受水渍损失，由于驳船上并无海事日志，也不签具海事报告，因此只能根据情况具体判断，如无充分证据则无法拒赔。淡水损失是指在装卸或驳运时遭受雨淋、河水激溅或船上水管、水柜折断、破裂漏水所引起的货物水渍损失，若货物投保了一切险，则可以由保险人承担赔偿责任。舱汗损失一般是由于舱内通风不畅、水汽凝结发生汗水造成货物水损。若是由于航行途中遭遇风浪因而关闭船上的通风设备所致，则此种损失可以由保险人负责，但若是由于船方未恪尽职责或配载不当、隔热不良所致，则不属于保险责任。

② 短少损失。造成货物短少的原因很多，包括偷窃、自然损耗、原装短少、包装破裂等，实际中，需根据具体情况加以分析。若货物外包装破碎或有重订、重缝等开启过包装的痕迹，且内部货物零乱或被翻动或留有被掏空物的空隙位置或空隙被相同重量、体积的砖瓦、木块、废棉纱等充填，则可认定是偷窃所致的损失。若货物包装内外并无上述被人偷窃的痕迹，且到货毛重与单证记载相符，但实际重量与发票或装箱单不一致，则可认定为原装短少，该损失属于发货人责任。有时货物由于自身的性质自然蒸发或液体货物被容器吸收一些或油类货物留存仓底而造成短少，此种损失不属于保险责任范围之内。包装破裂造成的货物短少是否属于保险责任范围，应视具体情况而定，如果是由于发生海难造成包装破裂而致货物短少，则属于保险责任。

③ 碰损、破碎损失。造成货物碰损、破碎损失的原因主要有包装不良、配载不当、装卸不慎、海难等所致。货物包装是否符合行业习惯及运输航线的风险要求至关重要，如果包装材料不合要求或包装内部的衬垫不善则易造成货物损失，这种损失若属于发货人责任引起的，保险公司是不负责任的。在运输货物时，承运人须按习惯并考虑货物性质配载，若承运人配载不当、捆扎不牢，则应属承运人责任。在装卸时，如果操作粗鲁或未按操作规程作业造成的货物碰损、破碎损失，通常保险公司并不负责。船舶在航行中遭遇恶劣气候或意外事故致使舱内货物互撞或震动而碰损、破碎，则可以由保险人在三种基本险别中承担责任。

④ 火损。造成货物火损的原因很多，一般情况下可以由保险人承担责任。但是如果火灾是由于承运人的故意行为所致或承运船舶不适航或承运人未尽到适当管货责任所致，则保险人可以拒赔或者在履行赔偿责任后向承运人追偿。若是因为货物本身特性引发火灾，则保险人不予负责。

⑤ 钩损损失。这是指在装卸过程中由于使用手钩、吊钩操作而造成的货物损失，用布、麻、化学纤维袋盛装、捆装的货物易发生钩损损失。

⑥ 玷污损失。造成货物玷污损失的原因是货物在码头、甲板、仓库或船舱内与其他物质接触，如泥土、油类物品等，这种损失有时是由于承运人配载不当造成的。

⑦ 锈损损失。造成货物锈损的原因可能是货物本身的性质，也可能是包装不良，在进行责任审核时需特别注意。

3. 责任审定

受损货物经过检验及损失原因核定之后，即进入是否属于保险责任的审定阶段。在这一阶段，保险人需根据保险合同约定的内容条件一一审核。

（1）已遭受损失的货物是否属于保险货物。若保险合同并未承保被保险人的全部货物，则应认真审定该受损货物是否为所保货物。

（2）损失是否在保险期限内发生。货物运输保险的保险期限通常按照“仓至仓”条款办理，即一般而言货物自起运地仓库开始运输时保险责任即行开始，直到货物抵达收货人目的地的仓库为止。但是需注意货物损失时被保险人是否具有保险利益。若卖方投保，则保险责任自货物从发货人仓库运离仓库时开始；若买方投保，则保险责任是从货物越过船舷时开始。被保险人对货物是否具有保险利益，需视其是否承担风险，货物越过船舷，则买方承担风险，对货物具有保险利益；若货物未越过船舷，则卖方承担风险，拥有对货物的保险利益。

（3）损失是否属于保险责任范围之内。根据保险合同中双方约定的保险条件加以审查，如在审定是否属于水渍险责任时，一般要知晓船舶是否遭遇过海事，但有时船舶虽未遭遇海事，但货物也有水损损失，需根据具体案情分析判断。在审定是否属于一切险责任时，需排除必然性损失、因国家政策或行政措施所致的损失等。

4. 确定赔偿数额

在保险人是否承担赔偿责任被确定下来之后，需要进一步调查分析，确定具体的赔偿数额。海上运输货物保险的赔款计算可分为全部损失、部分损失、施救费用、共同海损（略）等几种情况。

（1）全部损失。货物的全部损失有实际全损和推定全损两种情况，如保险货物被火烧毁，或者被海盗劫走为实际全损；如果货物被他人占有且不太可能收回，则为推定全损，被保险人若欲按全部损失索赔，则需向保险人提出委付请求。

值得注意的是，上述实际全损与推定全损并非指船舶上所载的全部货物的灭失或推定其全部灭失，而是指货物中可以分割的某一部分发生全损。目前在海运货物保险业务中，保险人对于全损掌握的界限通常如下：第一，一张保单上所承保货物的全部损失；第二，同一张保单上载有两种或两种以上货物且分别列明保险金额时，其中某保险金额项下货物发生全部损失；第三，装卸货物或转船时，整件货物的全部损失；第四，使用驳船驳运货物时，同一驳船上所载货物的全部损失；第五，一张保单下包括多张提单的货物，其中一张或几张提单货物的全部损失。

全部损失时，保险人应按货物的全部保险金额赔偿，若有残值扣除之。如货物 200 箱，保险金额、保险价值均为 40 万元，因遭遇火灾而被焚，保险公司按照保险金额赔付 40 万元。若有残值，由于残值通常作价折归被保险人，因此保险人在扣除残值后赔偿给被保险人。

此外，值得注意的是：

在货物尚未全部装运的情况下，其全损的赔偿金额是已经装运部分的保险金额，而不是全部保险金额。

发生全损时，若构成保险金额的部分费用（如运费）尚未支出，以至因为全损而无需支出时，确定赔偿金额时应从保险金额中扣减无需支出的费用。

（2）部分损失。因货物运输保险一般为定值保险，所以其部分损失的赔偿按照损失程度计算，即货物的保险金额与损失程度之积计算。

① 质量损失。货物在运输过程中常会因为保险危险而使其质量受到影响。当货物

发生质量损失后，则先由当事人商定损失率，保险人按照保险金额乘以损失率计算赔偿。但如果双方未就损失率达成一致意见，通常的作法是将已损坏的货物拍卖，计算赔偿金额的方法如下：

$$赔偿金额=保险金额\times损失程度$$

$$货物的损失程度=\frac{当时当地的完好价值-损坏价值}{当时当地的完好价值}$$

上述货物的完好价值和损坏价值一般均以货物运抵目的地检验时的市价为准，若受损货物在中途处理不再运往目的地，则以处理地的市价为准。

例如：一批服装的保险条件为一切险，保险价值、保险金额均为 80 万元，在运输过程中遭遇恶劣气候而致水渍损失，目的地完好价值为 100 万元，受损后的价值为 50 万元，则保险公司的赔偿金额应为：

$$80\times\frac{100-50}{100}=40\ （万元）$$

② 数量损失。在货物运抵目的地时发现数量短少的情况下，其赔偿金额就是短少部分的保险金额。计算公式如下：

$$赔偿金额=保险金额\times\frac{已损货物的重量或件数}{承保货物的总重量或总件数}$$

例如，粮食 100 包，每包 400 斤，保额为 10 万元，承保一切险，在运输途中短缺 14 000 斤，赔款应为：

$$10\times\frac{1.4}{4.0}=3.5\ （万元）$$

③ 扣除免赔率的计算方法。在国际保险市场上，一般都对水渍险规定一个免赔率，如果货物损失达不到规定的免赔率，保险人将不负赔偿责任。在我国，保险公司在承保易于破碎、短量、渗漏等货物时，通常根据其性质规定有免赔率。例如，散装货物为 0.5%，油类货物为 0.5%，易碎品为 1%，其他货物免赔额为 5 000 元或损失金额的 10%（以高者为准）。通过规定免赔率或免赔额，可以减少一些小额损失的索赔，并达到促使货主加强对货物安全的注意，控制货物损失的目的。也有的货主通过加缴保险费的方式要求保险单上不规定免赔率，通常在保险单上注明“不计百分比”，即只要货物发生损失，无论数额多少，一律由保险公司赔偿。

在规定有免赔率的货物发生保险责任范围内的损失时，计算赔款时应首先计算出免赔重量（或金额），然后用损失重量（或金额）扣减免赔重量（或金额），得出保险公司负责的赔偿重量（或金额）。但在确定免赔重量（或金额）时，应根据保险单中约定的条件计算，如果保险单中规定免赔率为保险金额的 1%，则应按照保险金额计算免赔重量；而如果保险单中规定免赔率为损失重量的 1%，则应按照损失重量计算免赔重量。

$$赔偿金额=保险金额\times\frac{赔偿重量}{保险重量}$$

其中：赔偿重量=损失重量-免赔重量

例如：出口谷物 1 000 袋，每袋净重 100 公斤，其中 200 袋发生残损，短重 2 000 公斤，保险单中约定免赔率为损失的 0.5%，保险金额为 5 万美元，则：

$$\text{免赔重量}=200\times100\times0.5\%=100\ (\text{公斤})$$

$$\text{赔偿重量}=2\ 000-100=1\ 900\ (\text{公斤})$$

$$\text{赔偿金额}=50\ 000\times\frac{1\ 900}{100\ 000}=950\ (\text{美元})$$

（3）施救费用。货物发生保险责任范围内的事故时，被保险人有合理施救，防止或减少损失的义务，被保险人不能因为保险事故在保险人的承保责任范围内而听任损失的扩大，而应该像未投保货物保险的谨慎的货主那样合理施救。我国货物运输保险条款规定："对遭受承保责任范围内危险的货物，被保险人和保险人都可迅速采取合理的抢救措施防止或减少货物的损失，被保险人采取此项措施，不应视为放弃委付的表示，本公司采取此项措施，也不得视为接受委付的表示。"

施救费用条款相当于一个补充性合同，对支出的合理的施救费用，被保险人可获得在另外一个保险金额内的赔偿；如果被保险人没有履行合理施救的义务，由此引起损失或损失扩大的部分，保险人有权拒绝赔偿。保险人对于施救费用的赔偿不能超过该批被救货物的保险金额。如果货物的保险金额低于保险价值，保险人只按此比例赔偿施救费用。

案例分析

1. 1 000 袋可可豆，每袋净重 64 公斤，皮重每袋 1 公斤，保险条件为一切险，保险单中约定的保险价值与保险金额均为每袋 260 元。途中因遭遇恶劣气候而使 500 袋可可豆受损，到达目的地发现，其中 100 袋抵达时总重量为 4 800 公斤；另外 400 袋也受到损失，经检验人估算：100 袋受损 3%，300 袋受损 5%，检验费 1 000 元。其余 500 袋完好无损，抵达目的地时总重量为 32 000 公斤。

请计算保险人的赔偿金额。

2. 1991 年 7 月 31 日，保险公司承保了粮油公司出口的 336 袋花生仁，保额 16 021 美元，保险条件为"中国人民保险公司 1981 年 1 月 1 日海洋运输货物保险条款一切险，包括虫蛀（未加 RISK 字样），但潜在缺陷除外"。9 月 9 日，"华康河"轮自天津新港抵法国马赛。检验发现：花生仁已被严重虫蛀，麻袋内外均有虫卵、活虫及死虫，收货人拒收该批货物。从保险公司代理人提供的检验报告等单证看，问题非常严重。导致此批货损的虫子成活期为 2 个月，而从天津新港到法国马赛，航程只有 40 天左右，因而可以推定：发现死虫说明装船前就已存在活虫和虫卵，或熏蒸无效导致虫子在航行途中生长、死亡。在代理人提供的单证中，有一份马赛当地化验室的分析报告，该报告通过对导致此批货损的虫子的生长过程分析，得出结论：模拟条件下，化验室培养的虫子已生长了二至三代，说明在货物装船前确实已经存在活虫及虫卵。经仔细审阅保险代理人所提供的照片，业务人员发现虫蛀是由麻袋内部向外扩散发展，与外来原因所致虫蛀由外至内的特征不相符。此批货物的运输方式为“集装箱堆场至集装箱堆场”，未与其他货物混装，没有外来原因致损的证据。保险人最后拒赔。

从本案中，你可以得到何种启示?

思考题

1. 在海洋运输货物保险中，应如何确定投保险别?
2. 试比较逐笔保险、流动保险与预约保险。
3. 在海洋运输货物保险中，如何确定货物的保险金额?
4. 简述损失检验的作用及可以免予检验的情形。
5. 简述海洋运输货物保险中全损及分损时的赔偿金额计算。

第八章

海上货物运输合同与海上保险

本章摘要

海上货物运输合同是承运人与托运人之间就海上货运有关权利与义务达成的协议，也是海运货物保险人向承运人进行追偿的主要依据。班轮运输主要以提单为承托双方权利、义务的依据。提单是运输合同的证明、是承运人接管货物的收据和保证据以交货的凭证。提单条款除依货运合同规定外还须遵守各国的强制性法律规范。目前，国际上关于提单以及调整海上货物运输的公约主要有四个，即《海牙规则》《维斯比规则》《汉堡规则》《鹿特丹规则》。这些公约对承运人的基本责任、责任原则、免责事项、责任期间和责任限额等作出了明确的规定。从海上货物运输法的发展来看，建立一种全球统一的使海运各方当事人的权利与义务更加趋于平衡的现代法律制度，符合当代国际贸易和航运发展的需要。关于承运人责任制度的立法变革使船货双方原有的风险分担和利益平衡关系发生了变化，而这种变化将影响到海上保险市场，使货物保险人、船舶保险人和船东保赔协会面临着责任和利益的重新分配。

关键词

提单　海牙规则　适航义务　不完全的过失责任制

第一节　海上货物运输合同概述

一、海上货物运输合同的概念及种类

海上货物运输合同是指承运人与托运人订立的由承运人负责将托运人交运的货物经海路由一港运至另一港，并收取运费的合同。合同的当事人为承运人和托运人，承运人包括与托运人订立运输合同的船舶所有人或承租人。此外，随着近年来航运业的变化，承运人的范围也有所扩大，如无船承运人也常以承运人的身份出现。托运人指将货物交给承运人运送、并按约定付给运费的人。海上货物运输合同的标的是货物，按惯例，货物可以是承运人根据运输合同承运的任何种类的制品、商品和物件，包括不是由承运人

或不是以承运人名义提供的包装以及任何设备和集装箱。

海上货物运输合同根据所采取的形式不同，可以分为租船运输合同和班轮运输合同。前者合同的形式是租船合同，而后者是以班轮提单作为口头或书面订立的运输合同的证据，所以又被称为“提单下的海上货物运输合同”。两种合同适用的法律不同，对班轮运输合同一般各国制定有强制性的法律规范，承运人在掌管货物和运输过程中应承担的责任除依合同本身的规定外，还须遵守这些强制性规范，而多数国家的海上货物运输法在制定时又都是依据有关海上货物运输公约，而租船合同一般没有强制性的法律规范，而是依一般合同法的原则进行调整。

二、提单

（一）提单的概念与作用

提单（Bill of Lading，B/L）是指由船长、船公司或其代理人签发的、用以证明海运合同的订立和货物已经接收或装船，以及保证将货物运至特定目的地并交给收货人的单证。提单中所载明的向记名人交付货物，或者按指示人的指示交付货物，或者向提单持有人交付货物的条款，构成承运人据以交付货物的保证。

一般认为，从法律上看，提单具有如下作用：

（1）提单是承运人与托运人之间订立的海上货物运输合同的证明。这表明，提单是确定承运人和托运人权利与义务的依据。但是，就承运人和托运人之间的关系而言，提单只是海上货物运输合同的证明，而不是合同本身。这是因为，在提单签发以前，在托运人向班轮公司洽订舱位时，双方就船名、船期、航线、费率及其他货运条件等达成一致，合同即告成立，提单的签发只不过是承运人履行合同的一个环节。

（2）提单是承运人接管货物或将货物装船的收据。承运人、船长或者承运人的代理人向托运人签发提单，表明承运人已收到提单上记载的货物或者已将该货物装于提单上载明的船舶。在提单的正面记载有许多收据性的文字，如货物的标志、包装、数量、重量及货物的表面状况等，表明承运人已按所列内容收到托运货物，如运输合同在开航前解除或于中途终止合同，托运人可依提单的记载领回货物；在完成运输任务后，应按提单所列内容向提单持有人交货。

（3）提单是承运人保证据以交付货物的凭证。承运人在目的地应当凭借提单将货物交付给提单所指定的、有权收货的人。如果承运人签发了不可转让的提单，那么只要承运人把货物交给提单上列明的收货人，其义务即告解除。如果承运人签发的是可转让或指示提单，则承运人只有把货物交付给提单持有人后才能解除其义务。在可转让提单的运作中，为了更有效地保护其自身权益，防止破产的买方未付款占有货物，卖方会坚持要求收到货款后才交付提单。由于可转让提单所代表的就是货物，因此凭提单垫付货款的银行或有商业关系的银行只要占有提单，就可将货物作为担保。如果承运人交付了货物但没有收回并注销其签发的指示提单，那么即使承运人把货物交给了有权合法占有的人，承运人仍应对这种不当交付之前或之后善意有偿取得该提单的任何人负有责任①。正是由于提单具有物权凭证的作用，谁持有提单，谁就有权要求承运人交付货

① G. 吉尔摩，C.L. 布莱克．海商法．吴焕宁，等，译．北京：中国大百科全书出版社，2000：128.

物，承运人的责任就是把提单项下货物交给提单持有人，如果承运人或其代理人把货物交给一个并没持有提单的人，即实践中所说的无单放货，他就得自行承担风险，如果此人非真正的权利人（收货人），他就应对持有提单并根据提单有权提货的人因此造成的损失，负赔偿责任。

（二）提单的种类

1. 按货物是否已装船区分

（1）已装船提单（Shipped B/L, On Board B/L），是指在货物装上指定船舶后签发的提单。这种提单正面载有装货船舶名称，有的还注明装船日期，表明货物已在该日期装上该船。由于已装船提单对收货人按时收货有保证，因此在国际货物买卖合同和信用证中一般都规定，卖方须提供已装船提单。

（2）收货待运提单（Received for Shipment B/L），是指承运人、船长或者承运人的代理人在接收货物后、装船之前签发的提单。船方有时由于船期的原因，会在船方指定的仓库预收货物，然后由船方依仓库收据签发备运提单，表明货物已由船方保管，并准备装到即将到港的某船上。这种提单由于无装船日期和船名，不能为收货人按时收货提供充分的保障，所以在国际货物买卖中买方和银行一般不接受这种提单。但在集装箱货物运输中，尤其是承运人在内陆站接收货物时，这种提单的应用较为普遍。在货物装船后，托运人凭收货待运提单向承运人换取已装船提单，或者，提单签发人在原提单上加注“已装船”字样，并载明装船日期和船名，使之成为已装船提单。

2. 按提单上有无不良批注区分

（1）清洁提单（Clean B/L），是指没有任何明确指出货物外表状况不良批注的提单，表明承运人在接收货物时，货物的外表状况良好。所谓外表状况，一般是指承运人凭目力或者通常的方法所能观察到的货物状况。外表状况良好，并不排除货物内在质量存在缺陷。在签发清洁提单的情况下，如交货时货物有损失，就说明货物是在承运人接收货物后受损的，承运人须承担赔偿责任。在国际贸易中，一般都明确规定卖方提供的已装船提单必须是清洁提单，银行办理结汇时一般也要求提交清洁提单。

（2）不清洁提单（Unclean B/L, Foul B/L），是指具有明确指出货物外表状况不良批注的提单。实践中，在接收托运人提供的货物时，如货物或其包装明显具有缺陷，即通常所说的外表状况不良，大副在签发大副收据（Mate's Receipt）时对此作出记载，即批注，如“内装货物外露”“包破”“表面污渍”“锈蚀”等。承运人、船长或承运人的代理人根据大副收据签发提单时，将这种批注转移到提单上，提单便成为不清洁提单。承运人在目的港交货时，对于货物的损害，只要不超出批注的范围，即不负赔偿责任。

3. 按提单上收货人的记载区分

（1）记名提单（Straight B/L），是指提单正面收货人一栏内载明特定的人或公司的提单。承运人在目的港应向该特定的人或者公司交付货物。记名提单除可从托运人转移至其上载明的收货人外，一般不能用以流通转让。在国际贸易中，记名提单很少使用，通常只在运输金银珠宝等贵重物品以及援助物品、展览品等时才使用。

（2）不记名提单（Bearer B/L），是指在提单收货人栏内不具体填写收货人的名称，只注明“持有人”（Bearer）或“货交持有人”（To Bearer）字样的提单。提单持有人仅凭提单提货，承运人也只凭提单交货。这种提单无须背书而通过交付即可转让，具有很强的流通性，但容易遗失或者被盗而给货物买卖双方带来风险，因此实践中极少采用。

（3）指示提单（Order B/L），是指在提单收货人栏内载明凭指示交付货物的提单。在收货人栏内填写“凭指示”（To Order）字样的提单叫不记名指示提单；在收货人一栏内填写“凭 X X 指示”（To Order of X X）字样的提单叫记名指示提单。记名指示依指示的发出人不同又可分为托运人指示、收货人指示和银行指示三种。不论是哪一种形式，指示人通常是以背书的方式确定收货人。其背书方式有两种：第一，记名背书。这种背书应在提单背面写明被背书人名称，同时还应由背书人签字，承运人应将货物交给被背书人或者按其进一步指示交付货物。第二，空白背书。这种背书不写明被背书人的名称，只需背书人签名。指示提单经空白背书后就成为不记名提单，承运人应将货物交给出示提单并请求提货的人。指示提单经指示人背书后发生转让，实现提单的流通，在当代国际货物买卖中得到普遍应用。如指示人不作任何背书，则意味着指示人保留凭提单提取货物的权利，有权提货的人是指示人本人。

除了上述分类外，根据运输方式可将提单分为直达提单、转船提单和联运提单；根据提单背面是否有条款可将提单分为全式提单和简式提单；根据提单与货物批次的关系可将提单分为并装提单和分提单等。

（三）提单的内容

提单分正、反两面，提单正面是提单记载的事项及一些声明性的条款，背面为关于双方当事人权利和义务的实质性条款。中国远洋运输公司的“中远提单”（COSCO B/L）格式参考有关国际惯例制成，其内容基本上符合国际航运习惯，下面就以“中远提单”为例说明提单的内容。

提单的正面记载事项主要有：托运人、收货人、通知方、船舶名称、装货港和卸货港、货物的名称、标志、包装或件数、重量或体积、运费及其支付方式、提单签发份数、日期及签发人。提单背面的主要条款包括：管辖权条款、法律适用或首要条款、承运人责任和免责条款、责任期间条款、赔偿责任限额条款、装卸货和交货条款、共同海损和新杰森条款、“双方有责碰撞”条款等①。

目前，调整海上货物运输合同的国际公约主要有四个：《海牙规则》《维斯比规则》《汉堡规则》《鹿特丹规则》。我国没有参加其中任何一个，但是这些公约的规定在我国的国内立法和司法实践中产生了重要的影响。

第二节　海牙规则

一、《海牙规则》的制定背景

在海上货物运输的早期，海上货运被认为是承运人与货主共同进行的冒险活动，各

① 张丽英．海商法学［M］．北京：高等教育出版社，2006：120-127.

国航运立法对承运人的责任规定得非常严格。英国作为当时海上航运最发达的国家，其普通法对世界航运影响很大，根据普通法的一般原则，承运人对货物损害负有绝对责任，除非他能证明货物的损害不是因其过失所致，而是由下列四项免责事项之一造成的：天灾、公敌、托运人的过失和货物的潜在缺陷。这种严厉的无过错责任制度使人认为，当时的承运人所起的作用就是货物保险人的作用。[①] 这虽然使货主和托运人的利益得到较为充分的保障，但不利于航运事业的发展。因此，各国法律一般并不禁止当事人通过合同中明示的规定来改变这种责任。进入 19 世纪，随着货损和赔款的大幅度增加，逐渐处于垄断地位的承运人为了维护其自身的利益，纷纷利用合同自由原则在提单中加进各种免责条款，包括承运人有过失也可免责的条款。尤其是在班轮运输中，班轮公司利用其合同自由摆脱严格的公共承运人责任，而将货物运输的所有风险都转移于货方，几乎到了除依运输合同收取运费的权利外，对任何海上运输风险造成的货损概不负责的地步。这无疑对货主的利益很不公平，提单的信用也有随之下降的趋势，这种局面影响了航运业的发展。因此，限制在海运合同中随意加入免责条款的呼声日涨，这也引起了各国，特别是货主利益较突出的国家的立法机关的注意。

1893 年，代表货主利益的美国率先通过了《关于船舶航行、提单以及与财产运输有关的某些义务、职责和权利的法案》，即《哈特法》（The Harter Act）。该法旨在限制承运人的合同自由，明确规定承运人必须承担使船舶适航并妥善管理货物的义务，如提单中加注有减轻或免除这种义务的条款均为非法，并归于无效。作为补偿，除承认承运人享有普通法下原有四项免责事项外，还规定了承运人对因驾驶或管理船舶上的过失也可免责，并可享受责任限制的权利。《哈特法》是规范海上货物运输中货损风险分担的第一部法律，尤其是将过失分为航海过失和管货过失这种创新规定，对后来各国航运立法和国际航运条约产生了重大影响。继《哈特法》通过后，不少国家纷纷仿效，制定各国的国内立法，如澳大利亚 1904 年《海上运输法》、新西兰 1908 年《航运与海员法》、加拿大 1910 年《水上货运法》均与《哈特法》的基本精神相一致[②]。随着航运业国内立法的发展，货方、船方和保险人均感到有必要缔结统一的国际航运协议，以保证航运业的公平竞争。在有关各方力量的推动下，1921 年由国际法协会、国际海事委员会等组织牵头，国际社会开始酝酿一部海上货物运输公约。1923 年，各国起草了《统一提单的若干法律规则的国际公约》，因其在荷兰海牙起草，故通称《海牙规则》（The Hague Rules）。1924 年 8 月，英国、美国、德国等 14 个重要海运国家签署了该公约。它于 1931 年 6 月 2 日正式生效。目前已有 80 多个国家和地区采用该公约。该公约作为国际航运业影响重大的公约之一，为国际海上货物运输制定了统一的法律规定。其立法指导思想与美国《哈特法》一致，即海上货物运输合同中的合同自由原则必须在一定范围内加以限制，为此，它明确规定了承运人的最低限度义务、最高免责和责任限制。

① 屈广清．海商法学［M］．北京：中国民主法制出版社，2005：101.

② 张丽英．海商法学［M］．北京：高等教育出版社，2006：128.

二、《海牙规则》的主要内容

《海牙规则》共16条，其主要内容如下：

（一）承运人最低限度的义务

《海牙规则》规定了承运人的两项最低限度的义务。它们分别是恪尽职守使船舶适航的义务和妥善谨慎地管理货物的义务。

1. 恪尽职守使船舶适航

《海牙规则》第3条第1款规定："承运人有义务在开航前和开航时恪尽职守，以便：（1）使船舶适航；（2）适当地配备船员、装备船舶和配备供应物品；（3）使货舱、冷藏舱和该船其他载货处所适宜而安全地收受、载运和保管货物。"

根据规定，承运人应在船舶开航前和开航时恪尽职守使船舶适航。所谓"适航"，通常是指船舶各个方面都要能满足预定航程中一般可以预见的安全妥善的要求。一般认为，适航的内容主要包括三个方面：（1）对船舶而言，船舶应当坚固、水密、各种航行设备处于良好状态，即"适船"。（2）对船员而言，船长、船员应该数量充足，取得适当资格证书，并有必需的技能，即"适员"。（3）对载货处所而言，船舱应该清洁安全，适于装载特定的货物，即"适货"①。冷藏舱冷度不足、通风设备失灵、舱盖板的橡皮圈老化或未能将货舱打扫干净等都属于不适航。适货的问题对于冷藏船来说特别重要，因此，船东互保协会对冷藏舱船舶加入协会的，要求船东保证在每次装运前都要由船级社对制冷、通风等设备进行检验。这样，若中途发生故障，起码就有了一个表面证据，证明船东已恪尽职守使船舶适航②。

《海牙规则》并不要求船舶在任何时间均处于适航状态，只要求在"开航前和开航时"应适航。因为海上风险较大，船舶在航程中会由于各种意外事故而变得不适航，如要求承运人保证船舶在整个航程中都应具有适航性不合理。"开航前和开航时"不是两个时点，而是一个期间，指从船舶装货时起至开航时为止，在这一期间如未能尽责使船舶适航而造成货损，就必须承担责任。

对于"恪尽职守"（Due Diligence），《海牙规则》没有一个确切的定义，一些判例将其解释为"合理的注意"，至于承运人要怎么做才算"合理的注意"，则属于事实问题，须由法官依个案确定。另一方面，承运人自身是不能使船舶适航的，他必须通过其受雇人、代理人来做到这一点。根据英美判例，"恪尽职守"包括本人、代理人、受雇人和其他人员（如验船师）的恪尽职守，承运人本人仅仅雇用了信誉良好的受雇人不足以说明其已做到"恪尽职守"。

2. 妥善谨慎地管理货物

《海牙规则》第3条第2款规定："承运人应妥善而谨慎地装载、操作、积载、运输、保管、照料和卸下所运货物。"

承运人接收了托运人交付的货物之后，货物就处于承运人的管理之下，他应从此时

① 屈广清．海商法学［M］．北京：中国民主法制出版社，2005：83.

② 曾立新．海上保险学［M］．北京：对外经济贸易大学出版社，2001：275-276.

起，并在货物运输期间管理好货物，对货物的安全负责。根据规定，在从装货到卸货的各环节中，承运人都要妥善而谨慎地行事，如果由于他的疏忽或过失致使货物受到损坏，承运人应负赔偿责任。

（1）妥善而谨慎地装载。这是指承运人要对装船工作负责。在装船时，承运人如果使用船吊装船，吊钩钩住货物，便算是开始了装船工作；承运人如果使用岸上吊杆或起重机装船，则以货物越过船舷为装船开始。承运人管理货物的责任开始于货物装上船，装船之前发生的货损，承运人不负责任。此外，承运人应按照装货港的习惯作法和货物的特性，使用相应的装运工具谨慎操作，不使货物损坏。

（2）妥善而谨慎地收受和积载。这是指承运人收受货物并将之搬运进舱后，应根据货舱容积和货物性质，合理安排堆放和装载的位置。科学而合理的积载关系到船舶的稳定性和适航性，关系到货物运送的安全和装卸速度的快慢。对货物积载时要注意隔垫的使用，防止货物在船舱内互相碰撞；要注意通风，避免货物发生霉烂情况；要注意将易串味的货物（如茶叶和皮革）分舱装载；要注意将重货、远途货堆放舱底，轻货、近途货堆放上层，以免重货压轻货和翻舱时造成货损。还应考虑总体安全，避免重心偏移，使船舶丧失稳定性。因积载不当发生的货损，承运人必须负责。

（3）妥善而谨慎地运送。将货物安全运抵目的港是承运人的义务。为了履行这一义务，对未事先通知承运人而装船的危险货物，或在装船时虽已通知，但在运输途中该项货物如危及船、货的安全时，船长可以采取使之无害或随时将其卸岸销毁等措施。另外，承运人应使用装货港装货船舶将货物直接运到目的港，除非另有约定外，不得擅自转船。再者，除非有海上救助人命和财产等正当理由，承运人不得无故绕航，也不得拖延开航时间。

（4）妥善而谨慎地保管和照料。承运人在运输途中应当恪尽职责保管及照料货物。例如遇到雨季运货，应防止雨水淋湿货物，对有些货物应注意通风或防窃等，都是承运人保管和照料货物的责任。

（5）妥善而谨慎地卸货。承运人因卸货不当而造成货物损失，应承担赔偿责任。船舶到达目的港后，承运人应指导和监督装卸工人开舱并按卸载图卸货。卸货时必须谨慎行事，因为承运人对货物的责任要到货物卸下船后才告终止，但如果托运人自行安排卸货时发生货物损失，承运人就不负赔偿责任。

上述两项义务是强制性的，根据《海牙规则》第3条第8款的规定，运输合同中的任何条款、约定或协议，凡是解除承运人对由于疏忽、过失或未履行上述责任与义务而引起货物的或与货物有关的灭失或损害的赔偿责任，或者以本规则规定以外的方式减轻这种责任的，均应作废并无效。也就是说，《海牙规则》规定承运人应承担的责任与义务是最低限度的责任和义务，不允许承运人利用自己的谈判地位随意免除或减轻这些责任。如果承运人在提单上列明减轻或排除此种责任的条款，这些条款应当无效。此外，该款还规定，有利于承运人的保险利益或类似条款，应视为解除承运人责任的条款，因而也是无效的。

（二）承运人的责任期间

承运人的责任期间是指承运人对货物应负责任的期间。由于承运人在此期间内不能免责的原因致使货物发生灭失或损坏的，承运人应负赔偿责任。根据《海牙规则》第1条第5款的规定，承运人对所运货物的责任期间，是从货物装上船时起至卸下船时止的这段期间，这段期间应包括装船过程和卸船过程，但不包括装船前和卸船后的时间。按照《海牙规则》第7条的规定，承运人可以同托运人就这种货物于装船前或卸船后其所承担的责任，订立任何协议。因此，对于货物在承运人从装货港接受至装船期间，以及从卸货港卸船至交付期间，承运人对货物灭失或损坏是否应当负责以及应负何种责任，根据承运双方达成的协议自行确定，不受《海牙规则》的约束。

（三）承运人的免责

"权利与豁免"条款是《海牙规则》中最重要的条款之一，它明文规定赋予承运人一些权利和责任豁免。这主要体现在其第4条规定的17项免责事项中。其中除了列明一些普通法所承认的责任豁免以外，还采用了美国《哈特法》规定的"航行或管理船舶方面的疏忽或过失"这一免责事项。但需要注意的是，承运人仍需负担适航义务，只有在满足这一大前提下，才有权援引可以免责的事项。另外，承运人如要享受免责，则需负担举证责任。

依《海牙规则》第4条第2款的规定，对由于下列原因引起或造成的货物的灭失或损害，承运人不负责任：

（1）船长、船员、引水员或承运人的雇用人员在驾驶船舶或管理船舶方面的行为、疏忽或过失。

（2）火灾，但由于承运人的实际过失或私谋所引起的除外。

（3）海上或其他可航水域的灾难、危险和意外事故。

（4）天灾。

（5）战争行为。

（6）公敌行为。

（7）君主、当权者或人民的扣留或管制，或依法扣押。

（8）检疫限制。

（9）托运人或货主、其代理人或代表的行为或不行为。

（10）不论由于任何原因所引起的局部或全面罢工、关厂、停工或劳动受到限制。

（11）暴动和民众骚乱。

（12）救助或企图救助海上人命或财产。

（13）由于货物的固有缺点、性质或缺陷引起的体积或重量亏损，或任何其他灭失或损坏。

（14）包装不善。

（15）标志不清或不当。

（16）虽恪尽职守仍不能发现的潜在缺陷。

（17）非由于承运人的实际过失或私谋，或者承运人的代理人，或雇用人员的过失或疏忽所引起的其他任何原因；但是要求引用这条免责利益的人应负责举证，证明有关的灭失或损坏既非由于承运人的实际过失或私谋，亦非承运人的代理人或雇用人员的过失或疏忽所造成。

从上述免责事项的分析可见，《海牙规则》关于承运人的责任基础实行的是不完全过错责任制。也就是说，原则上，承运人对在其责任期间发生的原因造成货物的灭失或损坏是否负责，应依其本人、代理人或受雇人有无过错而定，但如货物的灭失或损坏是船长、船员或其他受雇人的驾驶船舶或管理船舶的过失所致，或者由于他们的过失造成的火灾所致，承运人可以免责。

（四）承运人的责任限制

承运人的责任限制，也称单位责任限制，是指承运人的赔偿责任限制，即对承运人不能免责的原因造成货物的灭失或损坏，通过规定单位最高赔偿额的方式，将其赔偿责任限制在一定数额的限度内。

《海牙规则》第4条第5款规定：承运人在任何情况下，对货物或与货物有关的灭失或损害，每件或每单位超过100英镑或与其等值的其他货币的部分，都不负责；但托运人于装货前已声明该项货物的性质和价值并已在提单中注明者不在此限。据此，承运人对货物灭失或损坏的赔偿责任限额为每件或每单位100英镑或与其等值的其他货币。这一规定实际上是对承运人赔偿责任的部分免除，体现了对承运人利益的保护。如果托运人于装货前已声明该项货物的性质和价值并已在提单中注明，则不适用上述限额，而以货物的实际申报价值为准。此外，承运人与托运人双方还可以通过协议规定一个更高的赔偿限额，在这种情况下，承运人的赔偿限额就是以双方另行协定的限额为准，这主要出现于贵重物品或价值较高的货物的运输情形中。此时，货物的运费通常也随之提高。

（五）索赔通知与诉讼时效

根据《海牙规则》第3条第6款的规定，如果货物在卸货港移交给收货人时，货物存在明显灭失或损坏的，收货人应在此之前或当时，将货物灭失或损坏的一般情况用书面通知承运人或其代理人；损坏不明显的，则应在交付货物之日起的3日内提交，否则，这种移交应作为承运人已按照提单规定交付货物的初步证据。但是如果在移交货物时双方已就货物的灭失或损坏进行联合检验或检查，收货人就无须再提交书面通知。

关于诉讼时效，《海牙规则》第3条第6款规定，货方对承运人或船舶提起货物灭失或损坏索赔的诉讼时效为1年，自货物交付之日起算，或当货物全部灭失时自货物应交付时起算。

（六）《海牙规则》的适用范围

《海牙规则》第10条规定："本公约的各项规定，适用于在任何缔约国所签发的一切提单。"第5条规定："本公约的各项规定不适用于租船合同，但如果提单是在船舶出租情况下签发的，则应符合本公约的规定。"据此，根据租船合同或在船舶出租情况下签发的提单，当提单用来调整承运人与非承租人的第三者发货人或收货人的关系时，《海牙规则》仍然适用。

第三节　维斯比规则

一、《维斯比规则》的制定背景

《海牙规则》建立了船货之间风险分担的强制性国际体制，作为不同利益集团之间艰难妥协的产物，它在一定程度上实现了海上货运法的统一，但是由于参与制定该公约的主要是代表船方利益的航运国家，因此其中有关承运人可享受的免责条款和赔偿限额的规定明显偏袒船方的利益。20世纪60年代以后，随着第三世界国家日益参与到国际事务中，它们代表货方利益和海运不发达国家的利益，因此强烈要求修改《海牙规则》，以便使承运人与货方的利益达到平衡。另一方面，随着现代海运技术的发展，特别是集装箱等成组运输工具的使用，《海牙规则》中的一些规定已经不能适应实践的需要。因此，海运发达国家也希望在尽量保留《海牙规则》关于船货双方风险划分的基本框架的前提下对其作一些细节性的修改以免整个体系崩溃。于是，在国际海事委员会的积极推动下，国际社会于1968年通过了《关于修改统一提单的若干法律规定的国际公约的议定书》，简称《维斯比规则》（The Visby Rules）。其内容主要是对《海牙规则》进行补充和局部修改，因此必须和《海牙规则》一起使用，故又称为《海牙—维斯比规则》。该规则于1977年生效，在80多个《海牙规则》缔约国中有20多个国家参加。我国虽未参加，但在制定《海商法》时，将其作为一个重要的参考依据。

二、《维斯比规则》的主要内容

《维斯比规则》主要是对《海牙规则》的第3、4、9、10条进行补充和修改，主要涉及提单的证据效力、承运人的责任限制、承运人的受雇人或代理人责任限制、诉讼时效的补充和适用范围的扩大等内容。

（一）关于提单的证据效力

《海牙规则》第3条第4款规定，提单记载的内容为该提单所载货物的初步证据。这意味着，承运人仍然可以提出反证否定提单记载的真实性。这不利于保护善意受让提单的第三方收货人的利益。因此，《维斯比规则》第1条对此补充规定：“但是，当该提单已被转让至善意行事的第三者时，与此相反的证据便不予接受。”就是说，当提单从托运人手里转让至善意第三方收货人手中时，提单便成为受让人收到其上所载货物的最终证据。这一补充规定有利于提高受让人对提单的信任度，从而增强提单的流通性。

（二）关于承运人的责任限制

《维斯比规则》采用了双重责任限额制。根据其第2条的规定，承运人对货物灭失或损坏的责任限制为每件或每货运单位1万金法郎，或按货物毛重计算，为每公斤30金法郎，两者以较高者为准。这里的“金法郎”是指一个含有纯度为千分之九百的65.5毫克的黄金。这是为了避免像《海牙规则》那样采用某一国货币而引起货币贬值的问题。在该规则产生时，1万金法郎相当于431英镑。

由于金法郎是以黄金作为定值标准，受黄金价格自由涨落的影响，承运人的责任限制金额可能随之涨落而无法稳定，为此，1979年12月在布鲁塞尔召开的外交会议上通过了修订《维斯比规则》的议定书，将金法郎改为特别提款权（Special Drawing Rights，SDR），特别提款权是由国际货币基金组织（International Monetary Fund，IMF）于1969年创设的，作为国际储备的计算单位，具有价值相对稳定的优点。按15金法郎等于1SDR计算，这样，承运人的责任限制金额为每个或每单位666.67SDR，或按货物毛重每公斤2SDR计算，两者中以较高者为准。但国内法规定不能使用特别提款权的缔约国，仍可使用金法郎。

为了适应使用集装箱等成组运输工具运输的发展，《维斯比规则》第 2 条明确规定，当货物是以集装箱、货盘或类似的运输工具集装时，提单中载明装在此种运输工具中货物的件数或单位数的，则承运人的责任限额依此件数或单位数确定。否则，此种运输工具视为一件或一个单位，而不论其内实际装有货物的件数或单位数。

该条还规定，如经证明，货物的灭失或损坏是由承运人故意或者明知可能造成损失而轻率地作为或不作为造成时，则无论是承运人或船舶，都无权享有上述责任限制的利益。

（三）关于承运人的受雇人或代理人的责任限制

承运人的受雇人或代理人并非运输合同的当事人，当由于其过失造成货物灭失或损坏而需要承担赔偿责任时，能否享受责任限制的保护，对此《海牙规则》并无明确的规定。对此，《维斯比规则》第 3 条规定：《海牙规则》所规定的抗辩和责任限制，应适用于就运输合同所包含的货物灭失或损害对承运人提起的任何诉讼，而不论该诉讼是以合同为依据提起的，还是以侵权行为为依据提起的；如果此种诉讼是对承运人的受雇人或代理人（该受雇人或代理人并非独立合同人）提起的，该受雇人或代理人有权援引承运人依《海牙规则》可援引的各项抗辩和责任限制。

（四）关于诉讼时效的补充

对于《海牙规则》第 3 条第 6 款规定的 1 年的诉讼时效，《维斯比规则》进一步规定，该诉讼时效期间可以经双方当事人协议延长；即使在 1 年期限届满后，只要在受案法院所在地法律允许期间内，仍可以向第三方提起追偿诉讼。但允许的时间自提起此种诉讼的人已经解决了对其本人的索赔或从起诉传票送达他本人之日起计算，不得少于 3 个月。

（五）关于适用范围的扩大

《海牙规则》仅适用于在缔约国签发的提单。《维斯比规则》第 5 条将其适用范围进一步扩大，规定下列任一情况下，均可适用该公约：（1）在某一缔约国签发的提单；（2）货物从某一缔约国港口起运；（3）规定受《海牙规则》约束或者赋予该规则以法律效力的国内法约束的提单。

第四节 汉堡规则

一、《汉堡规则》的制定背景

《维斯比规则》对《海牙规则》只作了局部修改，这些修改适应了航运业发展的某些要求，并使承运人与货方的利益达到了某种程度的平衡，但它并未从根本上改变其基本结构，特别是仍然保持着《海牙规则》在航行过失免责等问题方面的体系。因此以发展中国家为主的一些国家仍然坚持对《海牙规则》进行全面彻底的修改。随着第二次世界大战后非殖民化运动的兴起，新成立的新兴国家经济增长迅速，它们在国际事务中的作用日益增强，它们强烈要求改革旧的国际经济秩序，建立新的国际经济秩序。而《海牙规则》被认为是旧的国际经济秩序在海运中的一个代表，其存在是对发展中国家航运和贸易发展的障碍，因此，发展中国家在积极建立国际经济新秩序时，自然把《海牙规则》的修正作为一个大的目标。它们希望完全抛弃《海牙规则》，在公正考虑发展中国家和发达国家双方利益的基础上，制定一个新的海上货物运输公约。1978 年，在联合国主持下通过了《联合国海上货物运输合同公约》，简称《汉堡规则》（The Hamburg Rules）。该公约在取得 20 个国家批准后于 1992 年 11 月 2 日生效。

总的来看，《汉堡规则》对《海牙规则》进行了实质性修改，主要特点是扩大了承运人的义务和责任，重新订立承运人的赔偿责任基础，并废除了承运人的免责事项，进一步提高承运人的责任限额，延长了诉讼时效，因此它代表了广大货主的利益。我国没有参加《汉堡规则》，但《海商法》中也吸收了它的某些内容。

二、《汉堡规则》的主要内容

《汉堡规则》共 34 条，其主要内容是：

（一）承运人的责任基础

在承运人的责任基础上，《汉堡规则》对承运人实行完全的过失责任制。其第 5 条第 1 款规定，承运人对由于货物的灭失、损坏以及延迟交付所造成的损失，应负赔偿责任，除非承运人能够证明其本人及其受雇人和代理人已为避免事故的发生及其后果采取了一切所能合理要求的措施。

如前所述，《海牙规则》关于承运人的责任基础，也是实行过失责任，但它实行的是一种不完全的过失责任制，因为有关于承运人航行过失免责的规定。《汉堡规则》取消了承运人对航行过失的免责，因而是完全的过失责任制。而且，《汉堡规则》删除了《海牙规则》中的免责条款，采用的是推定过失责任制，即在货损发生后，先推定承运人有过失，如承运人主张自己无过失，则必须负举证责任，证明自己、其受雇人员或代理人员对于货损没有过失，才能免除损害赔偿责任。但是对于火灾造成的货物损失，《汉堡规则》规定应由索赔人举证。即在下列两种情况下承运人负赔偿责任：一是索赔人证明，火灾是由于承运人、其雇佣人或代理人的过失或疏忽所造成的；二是索赔人证明，由于承运人、其雇佣人或代理人在扑灭火灾中犯有过失或疏忽致使货物灭失、损坏或延迟交付。而在实践中索赔人往往由于无法举证而使承运人仍能免责。

（二）延迟交货的责任

所谓延迟交货，是指货物未在明确约定的时间内，或者在无约定的情况下未在按照具体情况对一个勤勉的承运人所能合理要求的时间内，在海上运输合同规定的卸货港交付。

《海牙规则》没有规定延迟交货的责任。实践中，承运人为了避免货方向其索赔因延迟交货引起的损失，常常在提单中加入延迟交货的免责条款，因此货方很少就延迟交货向承运人索赔。《汉堡规则》第 5 条不仅明确承运人应对延迟交货负责，还规定，如果承运人未能在上述时间届满后连续 60 天内交付货物，则有权对货物提出索赔的人，可视为货物已经灭失。

（三）承运人的责任期间

《汉堡规则》第 4 条规定，承运人对货物的责任期间包括货物在装货港、运输途中和卸货港处于承运人掌握管理之下的期间。在下述期间，货物应视为是在承运人的掌管之下：

（1）自承运人按下述方式接管货物时起：① 从托运人或代表其行事的人（代理人）；② 从须将货物交其发运的当局或其他第三方接管时起。根据有些装货港所适用的法律或规章，承运人必须从港务局或海关接受货物，此时，承运人的责任从该机关接受货物时开始。

（2）直至其按下列方式交付货物时止：① 将货物交付给收货人；② 如果收货人不提货，则按合同或卸货港的法律或商业习惯将货物置于收货人支配之下；③ 根据卸货港法律或规章，将货物交付给所须交付的当局或其他第三方。

（四）承运人的赔偿责任限额

《汉堡规则》第 6 条规定，承运人对于货物的灭失或损坏的赔偿责任限额为货物每件或每一货运单位 835SDR，或按毛重计算，每公斤 2.5SDR，二者中以较高者为准。对非国际货币基金组织的成员，且国内法不允许适用特别提款权的国家，承运人的赔偿责任限额为每件或每一货运单位 12 500 金法郎，或者按毛重计算，每公斤 37.5 金法郎，二者中以较高者为准。这一限额比《维斯比规则》规定的限额提高了 25%。

《汉堡规则》保留了《维斯比规则》关于货物以集装箱、货盘或类似的装运工具集装时件数的确定方法；并进一步规定，这种装运工具本身灭失或损坏，且该装运工具非为承运人所有或由其提供的，则应视为一个单独的装运单位。

承运人对延迟交付的赔偿责任，以相当于该项延迟交付货物应付运费的 2.5 倍金额为限，但不超过海上运输合同中规定的应付运费总额。货物既有延迟交付，又有灭失或损坏的，则承运人的赔偿责任以货物全部灭失时应承担的责任为限。

《汉堡规则》第 8 条关于承运人丧失赔偿责任限制权利的规定，与《海牙—维斯比规则》的规定相同。

（五）关于保函的效力

《汉堡规则》第 17 条规定，托运人在货物外表状况不良时为换取清洁提单而向承运人提供的保函，在托运人和承运人之间有效。但当提单转让至包括收货人在内的第三人时，此保函无效。承运人或代其行事的人接受托运人的保函，构成对信赖提单所载货物情况的第三者的欺诈的，则保函在托运人与承运人之间亦属无效。同时，承运人应对第三者因此所受的任何损失负赔偿责任，并不得援引上述责任限制。

（六）索赔通知和诉讼时效

依《汉堡规则》第 19 条的规定，收货人应在收货后的第一个工作日内将写明货物灭失或损坏的一般性质的索赔通知书送交承运人；如果损坏不明显，则应在收货后 15 日内提交书面通知。如果收货时当事各方已经对货物的状况进行了联合检查或检验，就无需对检验查明的灭失或损坏再提交书面通知。对于因延迟交付所造成的损失，索赔通知书应在收货后的 60 日内提交。

《汉堡规则》规定的诉讼时效为 2 年，自承运人或实际承运人交付货物或交付部分货物之日起算，而在未交付货物时，则自应交付货物的最后一日起算。被索赔人可在上述时效期间内的任何时候，向索赔人提出延长时效的书面声明，而且可通过再次声明进一步延长。此外，承运人向收货人赔付后在向第三方追偿时，即使上述时效已届满，仍可在诉讼所在国法律许可的时间内提起诉讼，但所许可的时间，自起诉人已解决对其索赔的案件，或者已接到向其本人送达的起诉状之日起计算，不少于 90 日。

（七）管辖权

《海牙规则》没有关于管辖权的规定，一般是依各航运公司在提单中订明有关的条款办理。这实际上将管辖法律的选择权单方面授予了承运人，因而对托运人、收货人有失公平。为了弥补这一欠缺，《汉堡规则》第 21 条对管辖权作了规定，依此规定原告得在下列地点之一提起诉讼：（1）被告的主要营业所，或者无主要营业所时，其通常住所；（2）合同订立地，而合同是通过被告在该地的营业所、分支或代理机构订立的；（3）装货港或卸货港；（4）海上运输合同中规定的其他地点。

（八）《汉堡规则》的适用范围

依《汉堡规则》第 2 条的规定，该公约适用于两个不同国家之间的海上运输合同，并且合同中规定的装货港或卸货港位于某一缔约国之内，或备选的卸货港之一为实际卸货港并位于某一缔约国之内；或者，提单或作为海上运输契约证明的其他单证在某一缔约国内签发；或者，提单或其他单证规定海上运输合同受本公约或者使其生效的任何国内法的约束。

和《海牙规则》一样，《汉堡规则》不适用于租船合同。但如果提单是根据租船合同签发的，并对承运人和非属承租人的提单持有人之间的关系加以调整，则应适用公约的规定。

第五节　海上货物运输法的发展及对海上保险的影响

一、海上货物运输法的最新发展

（一）关于《鹿特丹规则》的制定背景

尽管《汉堡规则》代表了国际社会重新平衡船货双方利益的立法趋势，但因其参加国有限，且主要为发展中国家，其统一国际海运立法的期望非但没有实现，反而在已有的《海牙规则》《维斯比规则》之外，又增加了一个并行的国际公约。再加上包括我国在内的未参加这三个公约的国家制定的国内法也不尽相同，更进一步加剧了国际海运法律的不统一。而这种法律的不统一状况，很不利于国际贸易和国际航运的发展，因此，世界各国都有统一国际海上货物运输法律的强烈愿望。另一方面，随着现代科技的进步和航运的发展，海上货物运输形式发生了很大的变化。过去海上运输和陆上运输是分段进行的，集装箱运输兴起后，多式联运发展很快，门到门运输越来越普遍，这也是整个货物运输的发展趋势。而迄今为止尚没有一个生效的调整国际多式联运的国际公约。正因为如此，以促进国际贸易法的协调和统一为己任的联合国国际贸易法委员会（以下简称“贸法会”）决定着手制定新的“运输法公约”。1996 年，贸法会委托国际海事委员会以及其他组织收集有关海上货物运输领域现行惯例和法律方面的资料，为建立统一立法做准备。1998 年 5 月，国际海事委员会成立了运输法问题国际工作组，启动了起草运输法公约草案的工作，并于 2001 年 12 月向贸法会秘书处提交了《运输法最终框架文件》草案。2001 年 12 月，贸法会成立运输法工作组，该工作组从 2002 年开始有关规则的制定工作，历经 7 年，终于完成了公约的制定工作。2008 年 12 月 11 日，联合国第 63 届大会第 67 次会议审议通过了贸法会提交的《联合国全程或部分海上国际货物运输合同公约》，因该公约在荷兰鹿特丹举行签署仪式，故又称为《鹿特丹规则》(The Rotterdam Rules)。该公约已经有 20 个国家签署，根据规定，公约将在第 20 个国家批准接受 1 年后生效。我国政府代表团参与了公约的全部讨论起草工作，但目前尚未签署该公约。

总的来说，《鹿特丹规则》确立了管辖托运人、承运人和发货人在含有国际海上运程的门到门运输合同下所享权利和所承担义务的统一现代法律制度。它借鉴了先前各项与国际海上货运有关的公约并成为其现代替代文书，特别是先前的《海牙规则》《维斯比规则》《汉堡规则》。它提供了一个法律框架，其中考虑到了自先前那些公约通过以来在海运中发生的许多技术和商业发展情况，包括集装箱化运输的增长、对单一运输合同下门到门运输的需要以及电子商务的发展。它为托运人和承运人提供了一种有约束力且平衡的普遍性制度，以支持可能涉及其他运输方式的海运合同的运作。特别值得注意的是，该公约为了促进统一，避免与其他运输公约发生冲突，要求参加国必须同时退出已参加的《海牙规则》《维斯比规则》《汉堡规则》，并且规定，货物装前卸后有关货物的灭失、损坏或迟延交付优先适用公路、铁路、航空、内河等国际公约的相关规定，从而最大限度地避免与其他国际公约相冲突。这些都将有利于国际贸易和航运的发展。

（二）《鹿特丹规则》的主要内容

《鹿特丹规则》共 18 章 96 条。下面主要就其关于承运人责任制度部分作一介绍。

1. 承运人的义务

《鹿特丹规则》第 4 章专门就承运人的义务作出了规定。据其规定，承运人须承担以下一般义务和特定义务：

（1）货物的运输和交付义务。即承运人应根据本公约，按照运输合同的条款将货物运至目的地并交给收货人。

（2）妥善而谨慎地管理货物的义务。即承运人应妥善而谨慎地接收、装载、操作、积载、运输、保管、照料、卸载并交付货物。

（3）恪尽职守使船舶适航义务。根据《鹿特丹规则》第 14 条的规定，承运人必须在开航前、开航当时和海上航程中恪尽职守：① 使船舶处于且保持适航状态；② 妥善配备船员、装备船舶和补给供应品，且在整个航程中保持此种配备、装备和补给；③ 使货舱、船舶所有其他载货处所和由承运人提供的载货集装箱适于且能安全接收、运输和保管货物，且保持此种状态。

2. 承运人的责任期间

《鹿特丹规则》第 12 条规定，承运人对货物的责任期间为自承运人或履约方为运输而接收货物时开始，至货物交付时终止。如收货地的法律或条例要求将货物交给某当局或其他第三方，承运人可以从该当局或该其他第三方提取货物的，承运人的责任期自承运人从该当局或从该其他第三方提取货物时开始；交货地的法律或条例要求将货物交给某当局或其他第三方，收货人可以从该当局或该其他第三方提取货物的，承运人的责任期至承运人将货物交给该当局或该其他第三方时终止。这一规定通常被理解为承运人"门到门"的责任期间。

此外，为确定承运人的责任期，各当事人可以约定接收和交付货物的时间和地点，但运输合同条款作下述规定的即为无效：（1）接收货物的时间是在根据运输合同开始最初装货之后；（2）交付货物的时间是在根据运输合同完成最后卸货之前。

3. 承运人的赔偿责任

《鹿特丹规则》第5章就承运人对货物的灭失、损坏或迟延所负的赔偿责任作出了规定。总的来说，该公约加重了承运人的责任，并对承运人的责任制度进行了重新构建。其内容主要有：

（1）承运人的赔偿责任基础

根据《鹿特丹规则》第17条的有关规定，如果索赔人证明，货物灭失、损坏或迟延交付，或造成、促成了灭失、损坏或迟延交付的事件或情形是在承运人责任期内发生的，承运人应对货物灭失、损坏和迟延交付负赔偿责任。如果承运人证明，灭失、损坏或迟延交付的原因或原因之一不能归责于其本人的过失或应由他负责的其他任何人的过失，即可免除其上述全部或部分赔偿责任。这表明，关于承运人的赔偿责任，原则上实行完全过失责任制。

值得注意的是，《鹿特丹规则》对船货双方的举证责任和顺序作了较为具体的规定，这是以前立法所没有的。根据其规定，索赔人证明货损发生在承运人责任期内，承运人即须承担赔偿责任；承运人若想免责，必须负责举证，证明自己没有过失，举证不能将承担赔偿责任；但在规定的免责范围内，则由索赔方负责举证，证明承运人有过失，举证不能，便推定承运人无过失，可援引免责条款，免除赔偿责任。

关于承运人的适航义务，索赔方完成初步举证后，承运人承担已尽"谨慎处理"使船舶适航，或者货物灭失或损害与不适航不存在因果关系的举证责任。

这一责任基础，在一定程度上平衡了公约有关条款对承运人责任的加重，缓解了《汉堡规则》苛刻的"推定过失"责任制，并且增加了公约的可操作性。

（2）承运人对其他人的赔偿责任

根据《鹿特丹规则》第18条规定，下列人的作为或不作为违反本公约对承运人规定的义务，承运人应负赔偿责任：① 任何履约方；② 船长或船员；③ 承运人的受雇人或履约方的受雇人；④ 履行或承诺履行运输合同规定的承运人义务的其他任何人，以该人按照承运人的要求，或在承运人的监督或控制下直接或间接作为为限。

（3）海运履约方的赔偿责任

《鹿特丹规则》第19条规定海运履约方在一定条件下须承担承运人的义务和赔偿责任，且有权享有承运人所享有的抗辩和赔偿责任限制。这些条件包括：海运履约方在一缔约国为运输而接收了货物或在一缔约国交付了货物，或在一缔约国某一港口履行了与货物有关的各种活动；并且造成灭失、损坏或迟延交付的事件发生在：货物到达船舶装货港至货物离开船舶卸货港的期间内、货物在海运履约方掌管期间或海运履约方参与履行运输合同所载列任何活动的其他任何时间内。

(4) 连带赔偿责任

对于货物灭失、损坏或迟延交付，承运人和一个或数个海运履约方均负有赔偿责任的，其赔偿责任为连带责任，但仅限于本公约所规定的限额。并且，除非有丧失赔偿责任限制权的情形，上述所有人的累计赔偿责任不得超过本公约所规定的赔偿责任总限额。

(5) 迟延交付

根据《鹿特丹规则》第 21 条的规定，未在约定时间内在运输合同约定的目的地交付货物，为迟延交付。据此，只有在运输合同中约定交货时间和目的地，而承运人未能在这一约定时间和目的地交付货物时，承运人才承担迟延交付责任。

4. 承运人的免责

根据第 17 条第 3 款的规定，承运人在证明自己没有过失的前提下，如证明下列一种或数种事件或情形造成、促成了货物的灭失、损坏或迟延交付，也可免除全部或部分赔偿责任。这些免责事由包括：

(1) 天灾。

(2) 海上或其他通航水域的风险、危险和事故。

(3) 战争、敌对行动、武装冲突、海盗、恐怖活动、暴乱和内乱。

(4) 检疫限制，政府、公共当局、统治者或民众的干涉或造成的障碍，包括非由承运人或第 18 条述及的任何人所造成的滞留、扣留或扣押。

(5) 罢工、关厂、停工或劳动受限。

(6) 船上发生火灾。

(7) 虽恪尽职守仍无法发现的潜在缺陷。

(8) 托运人、单证托运人、控制方或托运人或单证托运人对其作为承担责任的其他任何人的作为或不作为。

(9) 依约定由托运人、单证托运人或收货人装载、操作、积载或卸载货物的，除非承运人或履约方代表托运人、单证托运人或收货人实施此项活动。

(10) 由于货物固有缺陷、品质或瑕疵而造成的数量或重量损耗或其他任何灭失或损坏。

(11) 非由承运人或代其行事的人所作的包装不良或标志欠缺、不清。

(12) 海上救助或试图救助人命。

(13) 海上救助或试图救助财产的合理措施。

(14) 避免或试图避免对环境造成危害的合理措施。

(15) 承运人根据第 15 条和第 16 条所赋权利的作为。即对于可能形成危险的货物，可以拒绝接收或装载，且可以采取包括卸货、销毁或使之不能致害等其他合理措施；以及为了共同安全或为了保全同一航程中人命或其他财产，使之免遭危险而合理作出的牺牲。

5. 承运人的赔偿责任限额

《鹿特丹规则》第 59 条规定，承运人的赔偿责任限额为每件或每个其他货运单位 875SDR，或按货物毛重计算，每公斤 3SDR，以两者中较高限额为准，但货物价值已由托运人申报且在合同事项中载明的，或承运人与托运人已另行约定高于本条所规定的赔偿责任限额的，不在此列。

对于货物载于集装箱、货盘或拼装货物的类似装运器具内，或载于车辆内运输的，合同事项中载列的载于此种装运器具内或车辆内的货物件数或货运单位数，视为货物件数或货运单位数。未载列的，载于此种装运器具内或车辆内的货物视为一个货运单位。

对迟延造成货物灭失或损坏的赔偿责任限额，是相当于迟交货物应付运费 2.5 倍的数额。但承运人的赔付总额，不得超过所涉货物全损时确定的赔偿责任限额。

6. 索赔通知与诉讼时效

《鹿特丹规则》第 23 条规定，索赔通知应在交货前或交货时以书面形式提交；若损害不明显，则应在交货后 7 个工作日内提交此书面通知。未提交通知的，不影响对货物灭失或损坏索赔的权利，也不影响上述举证责任分担。若双方进行联合检验，无须就检验所查明的损害提交通知。对于迟延造成损失的通知，应在交货后 21 日内提交。否则，无须就迟延支付任何赔偿金。

《鹿特丹规则》规定的诉讼时效为两年，自承运人交付货物之日起算，未交付货物或只交付了部分货物的，自本应交付货物最后之日起算。根据规定，即使时效期满，一方当事人仍然可以提出索赔作为抗辩，或以此抵消对方当事人提出的索赔。被索赔人可以在时效期内的任何时间，通过向索赔人以书面形式声明延长该时效期，并且可以经再次声明或多次声明将时效期进一步延长。

被认定负有责任的人，可以在上述时效期满后提起追偿诉讼，提起该追偿诉讼的时效期以下列较晚者为准：（1）提起程序的管辖地准据法所允许的时效期内；（2）自追偿诉讼提起人解决原索赔之日起，或自收到向其本人送达的起诉文书之日（以较早者为准）起 90 日内。

7.《鹿特丹规则》的适用范围

《鹿特丹规则》的适用范围突破传统的单一运输方式，采用的是“海运+”模式。根据其第 5 条的规定，该公约适用于收货地和交货地位于不同国家且海上运输装货港和同一海上运输卸货港位于不同国家的运输合同，条件是运输合同约定以下地点之一位于某一缔约国：（1）收货地；（2）装货港；（3）交货地；（4）卸货港。

但该公约不适用于班轮运输中的下列合同：（1）租船合同；（2）使用船舶或其中任何舱位的其他合同。

该公约不适用于非班轮运输中的运输合同，但下列情形除外：（1）当事人之间不存在使用船舶或其中任何舱位的租船合同或其他合同；（2）运输单证或电子运输记录已签发。

二、海上货物运输法的发展对海上保险的影响

海上货物运输法的一个重要内容就是关于海上货物运输责任制度，其产生和发展过

程就是船方和货方为各自的利益进行斗争的过程。货物在运输途中发生灭失或损坏，最终将在货方（包括卖方、托运人、收货人等）、货物保险人、承运人、承运人的责任保险人之间分摊。因此，在国际海上货物运输领域确立什么样的责任制度，对海上保险相关各方均具有直接的影响。

（一）海上货物运输法的发展对海上保险的一般影响

在海上货物运输法的发展过程中，承运人的责任制度一直是核心问题，而承运人的过失免责，尤其是航海过失免责的存废问题更是争议的焦点。这实质上是船方和货方的风险分担和利益平衡问题，继而转化为货物保险人和保赔协会之间的风险分担和利益平衡问题。

航海过失免责是因航运业发展初期技术水平落后，海上航行风险过大，对投资航运业予以特殊鼓励和保护的背景下产生的一种法律制度。从船舶所有人对船舶的实际控制看，由于当时通信手段比较落后，船舶所有人很难控制船舶，甚至对船舶上发生的事一无所知，因此设置这一免责制度，免除承运人对于驾驶或管理船舶过失所致货损的赔偿责任，这无疑有利于保护船东利益，而不利于货方。作为赔偿货方损失的一方，货物保险人也要承受这种不利后果，因为对于承运人过失免责的事项，货物保险人不得不自己承担赔偿责任，而不能向承运人进行追偿。

随着科技的进步，现代科技在航海上的广泛应用大大增强了船舶抵御海上风险的能力，立法上给予船舶所有人特殊保护和免责的经济基础已经不复存在；而且，随着科技的进步，船舶与岸上的通信十分便捷，船舶所有人可以有效控制船舶，这也使航海过失免责条款失去了继续存在的基础。再者，随着货物运输的集装箱化和专门化，件杂货的运输逐渐减少，运输的程序简单化，货物的周转加快，货损、货差明显减少，船方所承担的责任和风险大大降低，现有的承运人责任归责原则使得船方和货方的利益和风险失去了平衡。因此，在《汉堡规则》《鹿特丹规则》中，航海过失免责被取消。这在一定程度上体现了货方的利益要求，对货物保险人而言也比较有利。

另一方面，取消承运人的航海过失免责，意味着承运人将自己承担航海过失的风险和责任。这必然会导致船东责任的增加。此外，在最新的《鹿特丹规则》所建立的责任制度下，承运人适航义务的范围进一步扩大，而且，该公约不仅规定承运人对货物的灭失、损坏或迟延应负赔偿责任，还规定了海运履约方的赔偿责任，并且在一定条件下承运人与海运履约方负连带赔偿责任。同时该公约关于赔偿责任限额的规定也大大高于原先公约的规定。这些都大大增加了承运人的责任。这些规定势必对船东产生重大影响，可能导致船舶责任保险需求的增加。但相应地，船东责任的增加势必导致其保险人责任的增加。在既已建立起来的船东责任保险（保赔保险）制度的前提下，这势必引起船东责任保险费率的提高，船东将要支付巨额保费，而整个国际船东保赔保险市场也将承担更大的责任。

（二）海上货物运输法的发展对货物保险人的影响

有关海上货物运输的国际公约明确了承运人对其所承运货物应当承担的责任以及可免责的事项。对这些承运人可享受免责的事项，除了少数的几项以外，作为托运人的货主固然可以通过投保海上货物运输保险将它们转嫁给保险人承担，但即使根据国际公约规定属于承运人责任的货损，绝大部分同样可以在海上货物运输保险人那儿得到赔偿。因为承运人和保险人对货损责任的交叉和重叠，在进行保险理赔时必须认真分析货损原因，仔细划清责任归属，如果属于承保责任范围内的货损是因承运人的责任而引起的，保险人应在被保险人拥有对承运人的货损索赔请求权的前提下，先根据保险合同的规定予以赔付，而后取得代位求偿权，依据运输合同和有关法律以及公约的规定向承运人进行追偿。因此，了解和掌握有关国际公约的内容，明确海上承运人对所承运货物的责任，不仅涉及维护托运人合法权益的问题，也关系到保险人做好理赔工作，通过追偿来维护自身利益的问题。

1. 保险人承担的货损责任范围

概括而言，海运货物保险人对承运人所承运货物发生的损失负赔偿责任的大致有以下几种情况：

（1）由于承运人提供的船舶不适航或没有管理好货物所引起的货损。

（2）由于承运人的过失造成，按照有关公约的规定却又予以免责的货损。

（3）由于承运人以外的其他第三责任人的原因造成的货损。

（4）由于不是承运人和其他第三者负责的自然灾害和意外事故所引起的货损。

对于上述第（1）和第（3）种原因所引起的货损，保险人向被保险人赔偿货损后取得代位追偿权，向承运人或第三责任人进行追偿，这种追偿以合同法或侵权法为依据，以损害事实为基础，最大限度地维护了保险人及被保险人的利益。而对于上述第（2）种和第（4）种原因引起的货损，则由保险人自己负责赔偿，不存在代位追偿的问题。对于因托运人或货主的行为或过失、由于货物本身的性质或缺陷，以及非保险承保风险造成的货物损失，保险人概不负责，承运人也不负赔偿责任，而只能由作为被保险人的货主自己承担。

2. 承运人与保险人的责任交叉

如上所述，目前国际上关于海上货物运输的公约主要有四个，其中有三个已经生效，另一个尚未正式生效，除此之外各国有关货物运输的法律制度也不尽相同，因此，总的来说，关于承运人应负的货损责任与可享有的免责，各国的法律规定仍存在很大的分歧，加上承运人与保险人对货损责任的交叉与重叠现象，因此在实践中要将承运人的责任和免责明白区分开来也并不容易。在有些情况下，承运人可能利用这一点，把明明应属于他们所负责的货损说成是保险责任范围内的事，以此推卸自己应承担的赔偿责任。针对此种情况，应当注意区分承运人与保险人在货损上的责任，以阻止某些承运人逃避责任的企图。

利用承运人与保险人在货损上的责任交叉来混淆货损责任归属的情况，主要表现在以下几个方面①：

（1）管理货物过失与管理船舶过失的混淆

根据《维斯比规则》的规定，承运人应妥善而谨慎地管理货物，这是承运人的一项基本义务，同时，对于因管理船舶上的过失而造成的货损，承运人可免责。据此可

① 应世昌．新编海上保险学［M］．上海：同济大学出版社，2006：239-241.

知，对于“管货”过失，承运人应当负责；对于“管船”过失，则承运人可免责，而把赔偿责任交由保险人承担。

（2）管理货物过失与海难的混淆

承运人对因管理货物过失导致的货损应当承担赔偿责任，但对货物因遭遇海难而受损则可享受免责。例如，运送谷物的船舶在航行途中遭遇恶劣气候，船长未及时下令关闭通风设备，与此同时，通风设备却又被狂风巨浪打坏，进入货舱的海水淋湿了谷物。谷物受损究竟应归咎于承运人的管货过失，还是海难所致的结果呢？如果确定造成货损的是前一种原因，这就属于管货过失，承运人应承担责任；如果确定是后一种原因造成损坏，承运人就可以以海难致损为由免责而由保险人负责。

（3）船舶结构不适航与潜在缺陷的混淆

使船舶适航是承运人的一项基本义务。如果船舶在结构和性能上存在明显缺陷，承运人必须对因船舶不适航而造成货物的损失承担赔偿责任。然而，如果这种结构上的缺陷不明显，也就是说，即使是具有熟练的技术加上合理谨慎的注意也难以发现的缺陷，承运货物因船舶潜在缺陷而发生的损失，承运人便可以享受免责。因此，对于货物因载运船舶的结构缺陷而发生的损失，究竟是由承运人还是由保险人负责赔偿，取决于这一缺陷明显与否。在实践中，承运人有时会利用确定缺陷性质的困难，把船舶结构不适航所致货损说成是潜在缺陷造成的，以达到让保险人承担赔偿责任的目的。

除上述情况外，在由于灾害事故或外来风险所造成的货损中，有不少货损承运人可以以属于免责范围为由拒绝对货主赔偿。根据海上货物运输公约的规定，这些免责事项的成立需要通过举证来加以证明。负有举证责任的一方如果举证不能，就要承担相应的不利后果。如《鹿特丹规则》中就明确规定，承运人若想免责，必须负责举证，证明自己没有过失，否则就要承担赔偿责任；但对于规定的免责事项，由索赔方负责举证，证明承运人有过失，举证不能的，承运人便可援引免责条款，免除赔偿责任。

由于上述种种原因，投保了海上货物运输保险的货主一旦货物在运输途中发生损失，通常就会以被保险人的身份直接向保险人索赔，而保险人只要被保险货物的损失是属于保险责任范围的，当然得按保险合同的规定赔偿被保险人。目前在实际业务中，绝大多数货主仅仅向承运人发一份例行的索赔通知后，便将整套索赔单证提交给保险人。在从保险人那儿获得赔偿后，这些货主按照习惯签一份权益转让书，表明把其向承运人索赔的权利转让给了保险人，让保险人以货主的名义或直接出面向承运人索赔。保险人在履行了自己的赔偿责任以后，即可凭借被保险人即货主转让的权利，通过认真调查，掌握确凿的证据，有理有据地向承运人追偿。追偿中对责任划分的争议，双方可通过协商、仲裁或诉讼方式解决。

案例分析

A船系一艘刚制造好的货轮。在其处女航中，机房发生火情，火势蔓延成灾，遂使船货两失。事后查明该轮所有的灭火设备都被设计集中安放在机房内，而火情恰恰就起于机房，导致船员们不能利用消防设备及时灭火。货主遂以该船不适航为由要求承运人赔偿货损。承运人则以该船系初次下水的新船，并非超龄服役的破旧船，无论是该轮的船体强度还是船机性能与状态均能抵御该航次通常所能预见的风险，应为适航。至于火灾实因意外而不可预知之情事发生使然，这本身并不构成该轮的不适航，根据《海牙规则》相关规定，由火灾所引起的货损，承运人可享法定免责。

请结合《海牙规则》的有关规定，分析本案中承运人是否应对货损承担责任？

思考题

1. 《海牙规则》关于承运人的免责是如何规定的？
2. 如何正确地理解承运人最低限度的义务？
3. 比较《海牙规则》《维斯比规则》《汉堡规则》关于承运人责任制度的规定。
4. 试述海上货物运输法的发展趋势。
5. 试分析海上货物运输法的发展对海上保险的影响。

第三篇

船舶保险条款与实务

第九章

我国船舶保险条款

本章摘要

船舶保险是对有形的船舶以及与船舶有关的各种利益、责任为标的的保险，其险种险别较多，保障的风险范围大，保险价值高，风险较为集中。船舶保险中最重要的两个险别是全损险与一切险，这两个险别的风险责任范围均包括传统的海上风险和印区玛瑞风险，但一切险对于碰撞责任、共同海损和救助、施救费用也提供保障。战争罢工险属于船舶保险的附加险，必须在投保一切险或全损险的基础上加保。对建造中的船舶提供保障的险种是船舶建造险，它兼具工程保险和船舶保险的双重特征，保障期限可以包括从船舶建造、试航到交船的全过程。此外，我国船舶保险还包括集装箱保险，集装箱保险分为全损险和综合险两个险别，承保集装箱由于意外事故导致的损失。

关键词

船舶全损险　一切险　战争罢工险　集装箱保险

第一节　船舶保险概述

一、船舶保险的标的

船舶保险是以各种船舶及其附属设备，以及与船舶有关的各种利益、责任为标的的一种保险。其保险标的包括有形的船舶和无形的与船舶有关的利益、责任。

（一）船舶保险的有形标的

船舶是船舶保险的主要保险标的，但是并非所有的船舶都可以成为船舶保险的标的。船舶保险所承保的船舶有两类：一类是从事海上商业运输的普通船舶，包括客船、各种货船、拖船、渡船、客货船等；另外一类是特殊用途船，如油轮、渔船、集装箱船、液化天然气船、挖泥船等各种工程作业船。船舶保险的标的不仅包括上述两类船舶的船体，而且包括船体的附属设备。具体表现为：

（1）船壳或船体。

（2）引擎、锅炉、发电机以及其他机器设备、燃料和船员给养。

（3）船舶应具备的附属器具，如通信、导航装置以及船上一切设备、锚链、海图、航海日志、家具、物品和救生用具、舢板等。

（4）特殊用途的船舶上所装备的特殊设备。

（二）船舶保险的无形标的

船舶保险的无形标的是指与船舶有关的利益和责任。其中与船舶有关的利益主要包括：

（1）运费，即船舶营运中的期得运费。

（2）为从事海上运输而支付的营运费用和保险费。

（3）船舶租金。

（4）船员工资等。

与船舶有关的责任是指由于船舶航行或停泊期间发生事故而导致的民事侵权，依法应对他人承担的经济赔偿责任，如船舶碰撞责任等。需要注意的是，与船舶有关的责任中有许多是由船东保赔协会承担的，并不属于船舶保险的保险标的，如船舶失事后的打捞沉船责任、清理航道责任和油污责任等。

二、船舶保险的保险价值与保险金额

在海上保险实践中，船舶的保险价值一般由保险合同当事人双方约定，并据此确定保险金额，即采取定值保险的方式。采取定值保险的方式可以避免发生保险事故时保险合同双方当事人由于对船舶价值估价不同而产生的纠纷，但是如果标的的约定价值和实际市场价值差别过大，也会在实务操作中引起问题。具体而言：如果约定的保险价值低于实际市场价值，一旦发生全损，被保险人就要自负差额部分的风险；如果发生部分损失，则极易由于损失额超过了保险价值而构成推定全损；反之，如果保险价值大大超过了实际市场价值，被保险人要多缴纳保险费，增加营运成本，而且有可能即使船舶的实际损失额超过了实际市场价值也不能按照推定全损向保险人索赔，从而增加单独海损的负担。因此，正确的估值对于船舶保险价值的确定十分必要。船舶的价值有不同的评估标准，有建造船舶的合同价值、市场上成交的价值和折旧后的账面价值等。在不同的时间，船舶的价值也会随市场供需的变化有一定的波动。在确定船舶保险价值时，一般参考的标准是投保时船舶的市场价值，并考虑未来一段保险期限内船舶市场的行情变化趋势。

如果订立船舶保险合同时，保险当事人双方未约定保险价值，则为不定值保险，则根据英国《1906 年海上保险法》第 16 条规定：“除保险合同对于价值有明确规定外，船舶的保险价值应以保险责任开始时的船舶价值为准，包括船舶属具、船员给养和使用的物料、支付船员的工资，以及为使船舶适于保险单载明的航程和海上冒险所支付的费用，再加上保险费。如果船舶是轮船，其保险价值还应该包括机器、锅炉、燃煤和引擎用料在内。如果船舶承运特殊的贸易货物，则还需加上为装运这些货物而添置的设备装置。”我国《海商法》第 219 条规定：“船舶的保险价值，是保险责任开始时船舶的价值，包括船壳、机器、设备的价值，以及船上燃料、物料、索具、给养、淡水的价值和保险费的总和。”

三、船舶保险的特点

与海上运输货物保险相比，船舶保险具有以下特征：

（一）保险标的价值大，风险集中

随着航海科技的发展，船舶吨位不断增加，船舶价值越来越大，其风险较货物运输保险更为集中，一旦遭遇灾害事故，损失往往特别巨大。

（二）保险标的风险受被保险人影响较大，保单不可自由转让

船舶保险的标的即船舶，无论在航行、停泊、修理或建造期间，始终由被保险人即船东及其所雇佣的船长、船员以及经营人控制、操纵，因此，被保险人的经营方式、管理水平和信誉对保险标的的风险有着重大的影响。一旦被保险人发生变化，船舶的风险也会发生相应变化。因此，为了保证船舶风险状况符合预期，船舶保险合同不得随船舶转让而自由转让。

（三）保障范围广泛

船舶保险可以承保从船舶建造下水开始，以及从投入营运、停泊、修理、最后报废直至拆船为止的整个过程的各种风险在内。

（四）保险责任以水上风险为限

船舶是水上运输的工具，受自然气候和航运条件的限制，其所面临的风险具有多样性：如船舶可能遭受暴风雨、海啸等不可抗拒的自然灾害，搁浅、碰撞和沉没等意外事故，海盗、船员不法行为以及当局对船舶的扣押等人为灾难等。但是无论这些风险如何复杂，都局限于水上区域，船舶保险也只承保船舶在航行、停泊期间所发生的损失，不同于海上运输货物保险，可以将承保风险拓展至陆上甚至航空领域。

第二节　船舶保险基本险条款

根据船舶的航行范围，船舶保险可分为远洋船舶保险和沿海内河船舶保险，本书将仅以中国人民保险公司的远洋船舶保险条款为例加以说明。我国的远洋船舶保险按照保障风险范围可以分为全损险和一切险两个险别，这两个险别承保的损失形态有很大区别。全损险承保的损失形式只包括全部损失，即推定全损和实际全损，对部分损失不予负责。而一切险除了全损险的保障范围外，对部分损失也提供保障；除此之外，一切险还负责赔偿船舶碰撞责任、共同海损、救助费用和施救费用。尽管这两个险别条款有很大不同，但是在实务中它们并存于一个保单中，由投保人自由选择适用条款。

一、责任范围

（一）全损险的责任范围

全损险承保的风险可以分为两大类，一类是自然灾害、意外事故和外来风险，即传统的海上风险；另外一类是印区玛瑞风险。其中，传统的海上风险有：

（1）地震、火山爆发、闪电或其他自然灾害。

（2）搁浅、碰撞、触碰任何固定或浮动物体或其他物体或其他海上灾害。

（3）火灾或爆炸。

（4）来自船外的暴力盗窃或海盗行为。

（5）抛弃货物。

（6）核装置或核反应堆发生的故障或意外事故。

全损险承保的印区玛瑞风险包括以下五项内容：

（1）装卸或移动货物或燃料时发生的意外事故。

（2）船舶机件或船壳的潜在缺陷。

（3）船长、船员有意损害被保险人利益的行为。

（4）船长、船员和引水员、修船人员及租船人的疏忽行为。

（5）任何政府当局，为防止或减轻因承保风险造成被保险船舶损坏引起的污染所采取的行动。

但此种损失原因应不是由于被保险人、船东或管理人未恪尽职责所致的。

印区玛瑞风险得名于一艘名叫“Inchmaree”的船舶，1887 年，该船舶的轮机员由于疏忽大意导致了锅炉爆炸，造成了船舶损失。由于在当时的海上保险条款中，船员的疏忽不属于传统的海上风险范畴，因此保险人对该损失没有赔偿责任。但是此后，基于船东的要求，保险人在船舶保险中纷纷加上了印区玛瑞条款，对船长和船员的疏忽以及船舶的内在缺陷所致的损失加以承保。需要注意的是，上述印区玛瑞风险中的“船舶机件或船壳的潜在缺陷”一般指船舶在建造上的缺陷，是验船师通过常规检验无法发现的船舶缺陷。船舶保险仅对船舶潜在缺陷所导致的风险事故提供保障，对潜在缺陷本身不负责赔偿。

（二）一切险的责任范围

一切险除承保上述全损险责任范围内的风险所造成被保险船舶的全部损失和部分损失外，还承保下列责任和费用：

1. 碰撞责任

我国船舶保险中所指的碰撞，不仅包括船舶与船舶之间的碰撞，也包括船舶与非船物体间的碰撞，即船舶与任何固定的、浮动的物体或其他物体之间的碰撞。在一切险中，保险人负责被保险船舶与其他船舶碰撞或触碰任何固定的、浮动的物体或其他物体而引起被保险人应负的法律赔偿责任；而且碰撞责任是一项相对独立的保险责任，保险人的赔偿限额等同于保险金额，赔款（包括处理赔案时发生的法律费用）单独在一个保险金额的限度内计算。

但是对于下列伤害或损失的赔偿责任，保险人不予负责：

（1）人身伤亡或疾病。

（2）被保险船舶所载的货物或财物或其所承诺的责任。

（3）清除障碍物、残骸、货物或任何其他物品。

（4）任何财产或物体的污染或玷污（包括预防措施或清除的费用），但与被保险船舶发生碰撞的他船或其所载财产的污染或玷污不在此限。

（5）任何固定的、浮动的物体以及其他物体的延迟或丧失使用的间接费用。

2. 共同海损和救助

船舶一切险负责赔偿被保险船舶的共同海损、救助、救助费用的分摊部分。船舶若发生共同海损牺牲，保险人可以首先全部赔偿共同海损牺牲，然后再向其他共同海损受益方行使索取分摊额的权利。我国船舶保险条款中没有明确规定共同海损理算应该适用的规则，共同海损理算优先按照有关合同规定或适用的法律或惯例进行，如果运输合同中没有规定，就按照《北京理算规则》或其他类似规则规定办理。

当只有被保险人或当被保险船舶空载航行并无其他分摊利益方时，为了鼓励被保险人在遇险时尽力抢救，尽管没有其他利益方，不会产生共同海损的分摊问题，保险人还是愿意对由此产生的损失和费用作为共同海损的牺牲和费用处理。但是空载航程应自起运港或起运地至保险船舶抵达除避难港或加油港外的第一个港口为止，若在上述中途港放弃原定航次，则该航次即行终止。

救助是对遭遇危难的船舶、货物或人员由外来力量进行的救援活动。救助费用是被保险人支付给救助人的费用，可以由保险人负责赔偿。救助费用、共同海损和单独海损一起，在一个保险金额限度内获得赔偿。

3. 施救

施救费用是承保风险造成船舶损失或船舶处于危险之时，被保险人为防止或减少根据船舶保险可以得到赔偿的损失而付出的合理费用，保险人应当予以赔付。施救费用的规定不适用于共同海损、救助或救助费用，也不适用于一切险中另有规定的开支。施救条款项下保险人的赔偿责任是在船舶一切险其他条款规定的赔偿责任以外，但不得超过船舶的保险金额。

二、除外责任

船舶保险不负责下列原因所致的损失、责任或费用：

1. 不适航

不适航包括人员配备不当、装备或装载不妥等情况。船舶不适航作为除外责任，必须满足两个前提条件：第一，不适航必须是在船舶开航前或开航时存在；第二，被保险人明知船舶不适航仍然默许船舶开航。如果船舶开航时适航，开航后由于发生风险事故导致船舶不适航，则不能据此认为保险人不需赔偿。如果船舶开航时不适航，但是被保险人并不了解这一状况，也不能据此认为保险人不需负赔偿责任。

2. 被保险人及其代表的疏忽或故意行为

被保险人一般指船东，即在航运经营活动中具有法人身份的船公司。被保险人的代表是指行使船东权利管理船舶以及有权指挥调度船舶的负责人。需要注意的是，船东及其代表不同于船长和船员，船长和船员只是船东的雇佣人员，其疏忽或故意导致的船舶损失可以在印区玛瑞条款下得到赔偿。

3. 被保险人恪尽职责应予发现的正常磨损、锈蚀、腐烂或保养不周，或材料缺陷包括不良状态部件的更换或修理

船舶在营运中形成的自然磨损、锈蚀、腐烂是必然的和可以预料的损失，不属于无法预测的风险，因此保险人不负赔偿责任。此外，船东为了保持船级，应根据船舶的技

术安全监督要求，对船舶进行定期维修，更换和修理在检修中发现的有缺陷的材料或处于不良状态的部件，这些开支也属于船舶维修的正常开支，不属于保险责任范围。

4. 战争罢工险条款承保和除外的责任范围

具体详见第三节“船舶战争罢工险”条款。

三、免赔额条款

为了加强被保险人的风险管理意识，减少频繁的小额损失索赔，我国的船舶保险规定了免赔额条款。船舶保险中的免赔额为绝对免赔额，且只适用于部分损失，即在发生全损时，赔款中不得扣除免赔额，碰撞责任、救助、共同海损、施救费用和船舶搁浅后专为检验船底引起的合理费用不得扣除免赔额。此外，免赔额条款还规定：恶劣气候造成两个连续港口之间单独航程的损失索赔应视为一次意外事故；即为了方便识别和操作，在两个连续港口之间发生的损失被视为一次意外事故，只能扣减一次免赔额。

四、海运条款

海运条款旨在控制被保险船舶的风险。根据海运条款，保险人对下列会大幅增加船舶风险情况下的船舶损失与责任不负责赔偿：

（一）被保险船舶从事拖带或救助服务

拖带服务中的“拖”指拖别的船，“带”表示被别的船拖。被保险船舶是以海上运输为目的的商船，其结构和性能不适用于海上运输，不宜从事海上拖带或救助工作，从事拖带和救助服务时，风险势必会增加。因此，如果没有事先获得保险人的同意，由此而导致的船舶损失和责任，保险人无法赔偿。但是这一规定有如下例外情况：

（1）习惯上的拖带需要，如在港口内作业或停靠泊位、离泊、移泊等可以不适用本条款规定。

（2）为了救助处于危险中的其他船舶而进行的拖带，或需要救助时被带到第一个安全港口。

（3）事先订立了拖带合同并获得了保险人的同意。

（二）被保险船舶与他船（非港口或沿海使用的小船）在海上直接装卸货物，包括驶近、靠拢和离开

在实务中，由于船舶向大型化发展，越来越多的船舶由于港口的吃水限制必须在海上装卸、倒装。保险人在加收保险费或增加免赔额之后可以继续承保此类风险。

（三）被保险船舶为拆船或为拆船出售的目的的航行

若被保险船舶为拆船或为拆船出售的目的的航行，其本身的市场价格很低，但是一旦船舶受损，修理费用不会由于船舶老旧而降低。此外，由于以拆船为目的的船舶一般船况不良，设备较为老化，抵御海上风险的能力较低，因此，以拆船为目的的航行损失风险较大，保险人只有在附加额外条件的情况下才会承保这种风险损失。

五、保险期限

船舶保险分为定期保险和航次保险。

定期保险的保险期限按照自然时间确定，最长期限一年。起止时间以保险单上注明的日期为准。保险到期时，如果被保险船舶尚在航行中或处于危险中或在避难港或中途港停靠，经被保险人事先通知保险人并按日比例加付保险费后，本保险继续负责到船舶抵达目的港为止。如果保险船舶在延长时间内发生全损，需加交6个月保险费。

航次保险的保险期限按保单订明的航次为准。不同船舶航次的起止时间标准也不同。不载货船舶的保险期限自起运港解缆或起锚时开始，至目的港抛锚或系缆完毕时终止。载货船舶的保险期限自起运港装货时开始至目的港卸货完毕时终止。但自船舶抵达目的港当日午夜零点起最多不得超过30天。

六、保险终止条款

按照我国船舶保险条款，在下列三种情况下，保险合同自动终止：

（1）一旦被保险船舶按全损赔付后，船舶保险自动终止。当保险人对被保险船舶按照全损赔偿后，船舶保险合同中双方当事人的责任和义务就已经履行完毕，因此，保险合同的效力自动终止。

（2）当船舶的船级社变更，或船舶等级变动、注销或撤回，或船舶所有权或船旗改变，或转让给新的管理部门，或光船出租或被征购或被征用，除非事先书面征得保险人的同意，船舶保险自动终止。但船舶有货载或正在海上时，经要求，可延迟到船舶抵达下一个港口或最后卸货港或目的港。

本条规定是为了避免在保险期间内船舶的风险状况有大的变动。世界上各个船级社对船舶的质量要求不一。有些船级社为了吸引更多船舶入级，降低船舶入级规范要求，因此，船级社或船舶等级等状况的变动会反映或引发船舶自身风险的变化。在光船出租方式下，船舶的管理人员改变，也会引起船舶风险水平的变化。因此，被保险人必须经过保险人的同意，才能在这些特殊情况下继续维持保险合同的效力。

（3）当货物、航程、航行区域、拖带、救助工作或开航日期方面有违背保险单条款规定时，被保险人在接到消息后，应立即通知保险人并同意接受修改后的承保条件及所需加付的保险费，船舶保险仍继续有效，否则船舶保险合同自动终止。

七、保费和退费条款

我国船舶保险条款规定：航次保险中保险责任一旦开始，被保险人即不可以办理保费和退费。

定期保险中全部保费应在承保时付清。由于船舶保险保费金额比较高，投保人经过保险人同意也可分期交付保险费，但被保险船舶在保险期限内发生全部损失时，未交付的保费要立即付清。

在下列情况下，船舶定期保险可以办理退费：

（1）被保险船舶退保或保险终止时，保险费应自保险终止日起，按净保费的日比例计算退还给被保险人。净保费是保险人扣除经纪人佣金后实收的保险费。但是如果船舶保险合同是由于被保险人违反保证条款而自动终止，那么保险人就不必退还保险费。

（2）被保险船舶无论是否在船厂修理或装卸货物，在保险人同意的港口或区域内停泊超过30天时，停泊期间的保费按净保费的日比例的50%计算。如果本款超过30天的停泊期分属两张同一保险人的连续保单，停泊退费应按两张保单所承保的天数分别计算。停泊退费在保险期限终止后结算。船舶发生全部损失时，不发生停泊退费。

八、被保险人义务条款

船舶发生事故后，被保险人必须履行如下义务，才能获得保险人的赔偿：

（1）损失通知。为了保障保险人勘查损失及理赔的及时性，被保险人一经获悉被保险船舶发生事故或遭受损失，应在48小时内通知保险人，如船舶在国外，还应立即通知距离最近的保险代理人。

（2）被保险人必须采取一切合理措施避免或减少本保险承保的损失。为了鼓励被保险人的施救行为，船舶保险条款规定：被保险人或保险人为避免或减少本保险承保的损失而采取措施，不应视为对委付的放弃或接受或对双方任何其他权利的损害。

（3）被保险人与有关方面确定被保险船舶应负的责任和费用时，应事先征得保险人的同意。

（4）被保险人要求赔偿损失时，如涉及第三者责任或费用，应将必要的证件移交给保险人，并协助保险人向第三方追偿。

九、招标条款

招标条款规定了保险人和被保险人在船舶招标修理过程中的权利与义务以及保险人的赔偿范围。保险人和被保险人在招标和接受报价问题上存在着船期损失和报价之间的矛盾。船东在决定时，需要考虑的不仅仅是报价的高低，而且要考虑修理质量和修理时间的长短，而保险人只会考虑修理报价的高低。因此在招标条款中，要求被保险人要像一个精打细算未投保的船东一样行事，而且对被保险人接受的报价，保险人有权否决，甚至要求再次招标。招标条款的具体规定如下：

（1）当被保险船舶受损并要进行维修时，被保险人要像一个精打细算未投保的船东，对受损船的修理进行招标以接受最有利的报价。

（2）保险人也可以对船舶的修理进行招标或要求再次招标，此类投标经保险人同意而被接受时，保险人补偿被保险人按保险人要求而发出招标通知日起至接受投标时止所支付的燃料、物料及船长、船员的工资和给养。但此种赔偿不得超过船舶当年保险价值的30%。

（3）被保险人可以决定受损船舶的修理地点，如被保险人未像一个精打细算未投保的船东那样行事，保险人有权对船东决定的修理地点或修理厂商行使否决权或从赔款中扣除由此而增加的任何费用。

十、赔偿条款

船舶发生事故后，被保险人必须在两年内向保险人提供有关索赔单证，否则保险人对损失不予赔偿。

（一）对全部损失的赔偿

船舶保险中的全部损失分为实际全损和推定全损两种。在发生实际全损时，保险人按照保险金额赔偿被保险人损失，保险合同效力终止。若船舶发生了推定全损，则在被保险人向保险人发出委付通知后，不论保险人是否接受委付，都要按保险金额赔偿被保险人，保险合同效力终止。

（二）对部分损失的赔偿

对于船舶部分损失，保险人赔偿时需要注意：

（1）适用“新换旧不扣”规则。即修理时以新的配件置换旧的配件，对于两者的差额部分，保险人在赔款中不作扣减。

（2）如果与海损修理并非直接有关，保险公司对船底除锈或喷漆的索赔不予负责。

（3）船东为使船舶适航作必要的修理或进入干船坞时，如果被保险船舶也需就所承保的损坏进坞修理，进出船坞和船坞的使用时间费用应由保险公司和被保险船舶平均分摊；如果船舶仅为本保险所承保的损坏必须进坞修理时，被保险人于船舶在坞期间进行的检验或其他修理工作，只要被保险人的修理工作不曾延长被保险船舶在坞时间或增加任何其他船坞的使用费用，保险人必须完全补偿，不得扣减其应支付的船坞使用费用。

（4）凡保险金额低于约定价值或低于共同海损或救助费用的分摊金额时，保险人对承保损失和费用的赔偿，应当按照保险金额在约定价值或分摊金额所占的比例计算。

（5）“姊妹船条款”。即如果被保险船舶由同一船东所有，或由同一管理机构经营的船舶之间发生碰撞或接受救助，应将对方船舶视为第三方船舶，保险人对于碰撞损失和碰撞责任、救助费用应予以负责。

第三节　船舶战争罢工险条款

我国船舶战争罢工险是附加险，即投保人必须在投保了船舶一切险或全损险主险的基础上才能投保战争罢工险。如果战争罢工险和船舶主险有冲突，则适用船舶战争罢工险的规定。

一、责任范围

船舶战争罢工险承保的损失和费用包括被保险船舶的损失、碰撞责任、共同海损和救助或施救费用，承保责任包括：

（1）战争、内战、革命、叛乱或由此引起的内乱或敌对行为。

（2）捕获、扣押、扣留、羁押、没收或封锁，但这种赔案必须从发生日起满6个月才能受理。

（3）各种战争武器，包括水雷、鱼雷、炸弹。

（4）罢工、被迫停工或其他类似事件。

（5）民变、暴动或其他类似事件。

（6）任何人怀有政治动机的恶意行为。

保险人仅承保被保险船舶因上述战争、罢工行为导致的直接损失和费用，不包括间接损失和费用。例如，船舶被鱼雷击中而导致的修理费用，以及由此导致的共同海损、救助或施救费用，保险公司负责赔偿，但是由此导致的船期损失，保险公司不负责赔偿。

二、除外责任

按照战争罢工险条款的规定，由下列原因引起被保险船舶的损失、责任或费用，保险公司不负赔偿责任：

（1）原子弹、氢弹或核武器的爆炸。原子弹、氢弹或其他核武器的爆炸并不包括核武器试验，仅指以消灭对方为目的的爆炸。

（2）由被保险船舶的船籍国或登记国的政府或地方当局所采取的或命令的捕获、扣押、扣留、羁押或没收。战争险是承保因敌对国的行为所致的船舶损失，不包括被保险船舶的船籍国或登记国的行为。

（3）被征用或被征购。征用或征购是指本国政府或权力机关合法地强行将船舶用于某种特定的政治或军事目的，一般是有偿的。根据国际法的规定，一旦船舶被征用，它们在被征用过程中遭到的损坏应当由征用当局承担责任，和保险人无关；而在船舶被征购的情况下，即使其是在船东不同意的情况下强行被按照某种价格购买，由于船舶的所有权已经转移至征购者，船东已经失去了保险利益，保险人不必继续对船舶损失负责。

（4）联合国安理会常任理事国之间爆发的战争（不论宣战与否）。目前联合国安理会常任理事国是中国、美国、英国、法国和俄罗斯五个国家，无论这五个国家哪两个国家之间爆发战争，保险人都对被保险人因此而直接遭受的损失免责。

除了上述约定的除外责任外，船舶的营运损失、间接费用损失以及船舶保险条款规定的除外责任，也不属于船舶战争罢工险承保的责任范围。另外，被保险船舶如同时有其他保险，任何索赔应由其他保险负责时，本保险不负赔偿责任。

三、保险终止

（1）保险人有权在任何时候向被保险人发出注销本保险的通知，在发出通知后7天期满时生效。

（2）不论是否已发注销通知，本保险在下列情况下应自动终止：① 任何原子、氢弹或核武器的敌对性爆炸发生；② 联合国安理会常任理事国之间爆发的战争（不论宣战与否）；③ 船舶被征用或出售。

如本保险由于上述原因终止时，保险人应将未到期的净保险费按日比例退还给被保险人。但是船舶战争罢工险不办理停泊退费，这是因为船舶在停泊时和在航行状态下遭受战争风险的可能性是一样的。

第四节　船舶建造险条款

船舶建造险是以建造中的船舶为标的的保险，其承保范围综合性很强，兼具船舶保险和工程保险的特点，但由于其标的为船舶，因此往往被视为船舶保险中的一个险种。

一、责任范围

船舶建造险负责赔偿保险船舶的下列损失、责任和费用：

（1）保险船舶在船厂建造、试航和交船的过程中，包括建造该船所需的在保险价值内的一切材料、机械和设备在船厂范围内装卸、运输、保管、安装以及船舶下水、进出坞、停靠码头过程中，由于下列原因所造成的损失和费用：

① 自然灾害或意外事故。

② 工人、技术人员、船长、船员及引水人员的疏忽过失和缺乏经验。

③ 船壳和设备机件的潜在缺陷。

④ 因船台、支架和其他类似设备的损坏或发生故障。

⑤ 保险船舶任何部分因设计错误而引起的损失。

⑥ 在保险船舶下水失败后为重新下水所产生的费用。

⑦ 为确定保险责任范围内损失所支付的合理费用，以及对船舶搁浅后为检查船底而支付的费用，即使没损失，保险公司也予负责。

（2）除上述的损失和费用外，对于船舶发生损失后的如下责任和后续费用，船舶建造险也负责赔偿：

① 共同海损牺牲和分摊。

② 救助费用。

③ 发生碰撞事故后，保险船舶对被碰撞船舶及其所载货物、浮动物件、船坞、码头或其他固定建筑物损失和延迟、丧失使用的损失以及施救费用、共同海损和救助费用依法应负的赔偿责任，但以保险船舶的保险金额为限。

④ 保险船舶遭受本条款责任范围内的损失事故后引起的清除保险船舶残骸的费用、对第三者人身伤亡赔偿责任，可以按保险公司保障与赔偿条款的有关规定给予赔偿，但以保险船舶的保险金额为限。

⑤ 在发生碰撞或其他事故后，被保险人在事先征得保险公司书面同意后，为争取限制赔偿责任所支付的诉讼费用。

二、除外责任

对于下列损失、责任和费用，船舶建造险不予负责：

（1）由于被保险人故意或非法行为所造成的损失。

（2）对设计错误部分本身的修理、修改、更换或重建的费用及为了改进或更改设计所发生的任何费用。

（3）由于被保险人对雇用的职工的死亡、伤残或疾病所应承担的责任和费用。

（4）核反应、核辐射或放射性污染引起的损失或费用。

（5）由于战争、敌对行为、武装冲突、炸弹的爆炸、战争武器、没收、征用、罢工、暴动、民众骚动引起的损失、费用和责任，以及任何人的恶意行为或政治动机所引起的任何损失。

（6）建造合同规定的罚款以及由于拒收和其他原因造成的间接损失。

（7）由于任何国家或武装集团的拘留、扣押、禁制，使航程受阻或丧失。

三、保险期限

船舶建造险在保险单列明的保险期限内从保险船舶建造开工之日或上船台之日起生效，直至保险船舶建成交付订货人或船舶所有人或保险期限满期时止。两者以先发生者为准。

在投保前已分配在船上的物资和机械设备，自保险单中列明的保险起期日开始时生效。在保险开始生效后分配或交付给建造人的物资和机械设备，自分配或交付时生效。

在保险单列明的保险期限内，保险船舶若提前交付给所有人满一个月者，保险公司可退还被保险人规定的保险费，不足一个月者不退费。如超过保险期限交付，必须事先书面通知保险公司办理展延保险期限手续。展期满一个月者，保险公司应收规定的保险费，不足一个月者不加收保险费。

四、承保区域

（1）建造期间，限于造船厂范围内：建造船舶所需的材料、机器、设备在造船厂范围以外的任何运输、装卸、保管和建造船舶在造船厂范围以外的任何拖航必须事先通知保险公司并交付规定的保险费后方予负责。

（2）试航、交船期间：2 万总吨以上的船舶的单程自航距离限于 500 海里，1 000 总吨至 2 万总吨船舶的单程自航距离限于 250 海里，1 000 总吨以下船舶的单程自航距离限于 100 海里。如超过上述距离，必须事先通知保险公司，并交付规定的保险费后方予负责。

五、保险价值和保险金额

船舶建造险的保险价值为船舶的建成价格或最后合同价格。保险金额应按保险价值确定。被保险人如以暂定价值作为保险金额投保，应在船舶建成或确定最后合同价格后通知保险公司调整保险金额。对暂定价值超过或低于保险价值的部分，保险公司按比例加收或退还保险费。

如果保险价值超过暂定价值的 125%，本保险对任何一次事故或同一事件引起的一系列事故的保险船舶损失的赔偿总额，以暂定价值的 125% 为限。但是由于保险船舶改变设计、装修或改动船型、物资变更所引起的船舶造价的变动，不适用本规定。在被保险船舶的保险金额低于保险价值的情况下，保险人所承保的责任与费用均按保险金额与保险价值的比例计算赔偿。

六、被保险人义务

（1）被保险人投保时应提供建造合同和建造进度表等文件。

（2）被保险人应遵守有关安全法令，采取合理的预防措施，避免发生意外事故，保险公司代表有权对船舶的建造情况进行查勘，被保险人应提供便利，对保险公司代表提出的防损建议，应认真考虑并付诸实施。

（3）保险船舶发生本保险单责任范围内的事故后，被保险人应立即通知保险公司，并采取一切必要措施救护，防止损失扩大。对被保险人因此而支付的合理措施费用，保险公司可予偿付，但以不超过受损保险项目的保险金额为限。如需进行修理时，应事先征得保险公司的同意。

（4）保险单承保的风险如有任何实质性变动，被保险人应及时以书面通知保险公司，办理批改手续。

（5）保险船舶的损失涉及第三者责任时，被保险人必须采取必要措施向责任方追偿，为此而必须支付的合理费用，保险公司可予偿付。

（6）被保险人及其代表对上述规定的义务如故意不执行，保险公司可不负赔偿责任。

七、赔款处理

被保险人索赔时，应以书面说明事故的经过和原因，并提供损失清单、发票、检验报告等必要单证和文件。如涉及第三者责任，还须提供向责任方追偿的有关函电及其他必要单证或文件，协助保险公司的理赔工作。

保险公司负责赔偿合理的配件和修理费用时，同样不扣除以新代旧的折扣。对保险船舶由于每一事故引起的部分损失，包括施救费用、船舶碰撞、清除保险船舶的残骸等，保险公司应付的赔款均须扣除保险单所规定的免赔额。损失如在免赔额以下时，保险公司不负赔偿责任。在两个相连续的港口之间一个单独航程中，由于恶劣气候所致的损失索赔，应被视为一个意外事故，只扣除一次免赔额。

船舶建造险中，如果保险船舶试航时在预计返回建造地点日期起超过 6 个月尚未得到它的行踪消息，即构成船舶失踪。船舶失踪或船舶遭受损失后，其估计救助、修理和其他必要支出的费用将超过船舶保险价值时，均可视为全部损失。在保险船舶受损后未及时修理，又遭受全部损失，保险公司只赔付一个全部损失。

对任何保险事故的索赔期限，不得超过交船后 3 个月。

第五节　集装箱保险条款

集装箱是指根据统一标准制造、具有一定的强度、可以反复周转使用的大型货物运输辅助设备。集装箱运输具有便于装卸和货物配载、减少装卸对货物的损耗等特点，集装箱运输已经成为国际上广泛使用的运输方式。广义的集装箱保险包括以使用集装箱进行运输的货物为保险标的的集装箱运输保险、以集装箱专用船为保险标的的集装箱船保险和以集装箱箱体为保险标的的集装箱保险。狭义的集装箱保险则特指集装箱箱体保险。本节所介绍的集装箱保险特指狭义的集装箱箱体保险。

集装箱保险也分为主险和附加险。主险包括全损险和综合险两个险种，附加险包括集装箱战争险。这里仅介绍我国保险公司普遍采用的集装箱主险条款。

一、责任范围

集装箱主险条款分为全损险和综合险。全损险仅赔偿由于下列原因导致的集装箱的全部损失；综合险可以赔偿由于下列原因导致的集装箱的全部损失和部分损失：

（1）运输船舶的沉没、触礁、搁浅、碰撞（包括与冰碰撞）。

（2）陆上或空中运输工具的碰撞、倾覆及其他意外事故。

（3）外来的火灾、爆炸。

但不论是承保全损险或综合险，保险公司对共同海损分摊、救助和集装箱受损后，被保险人立即采取的有效抢救措施和防止损失扩大而支付的合理的施救费用均负责补偿。

二、除外责任

对于以下原因所导致的集装箱损失，保险公司不负责赔偿：

（1）由于集装箱不符合国际标准，或由于其内在缺陷和特性，或工人罢工，或延迟所引起的损失和费用。

（2）正常磨损及其修理费用。

（3）集装箱战争险条款规定的承保责任和除外责任。

（4）与投保集装箱经营有关的或由其引起的第三者责任和费用。

三、责任起讫

集装箱保险为定期保险，起止时间以保险单规定为准。

四、退保

保险双方均可用30天事先通知的方式取消集装箱保险合同。如由被保险人提出在保险期限内退保，应按短期费率计算退费（不满一个月按一个月计）。

五、损失处理

集装箱发生损失时，被保险人应立即通知保险公司或就近的保险公司检验代理人并采取一切可能措施，以减少损失。属于保险责任范围内的修理应事先取得保险公司同意。如损失应由船方、其他受托人或任何第三者负责时，应办好向这些责任方追偿的一切手续。

六、赔款

集装箱全损时，保险公司按保额全部赔付被保险人，保险合同效力终止；当集装箱发生部分损失时，保险公司按合理的修理费用扣除免赔额后赔付；如果修理费用扣除免赔额后超过保险金额，可作为推定全损处理。

被保险人在收取赔款时，必须将向船方、其他受托人或任何第三者责任方的追偿权利转移给保险公司。

案例分析

2000 年 12 月 31 日，某保险公司与 Z 公司就 Z 轮签订了船舶保险单，适用条款为中国人民保险公司船舶保险一切险条款附加战争罢工险，保险期限为一年，自 2001 年 1 月 1 日 0 时至 2001 年 12 月 31 日 24 时。2001 年 2 月 9 日，Z 轮在伊拉克 UMM QASR 港因吃水超过落潮时的水深而发生坐浅海底的事故，并因此而发生修理费、检验费等共计 200 万元人民币。据调查，Z 轮管理人没有为该轮配备最新海图，导致该船进入伊拉克 UMM QASR 港时误以为港口吃水限制为 10 米，而 1997 年以来该港最低水深为 5.5 米，船舶发生海事事故时，船艏吃水 8.1 米，船艉吃水 8.5 米，水深 7 米，船舶吃水明显超过了港口水深，因此造成了本案事故的发生。被保险人 Z 公司在海事事故发生后 48 小时内通知了保险公司。

请问：对此事故造成的船舶损失，保险公司应否赔偿？

思考题

1. 与货物运输保险相比，船舶保险有何特点？
2. 为什么规定海运条款，你认为该条款的性质是什么？
3. 对于船舶修理招标，我国船舶保险条款有何规定？
4. 在定期船舶保险中，何种情况下可以退费？
5. 为什么说船舶建造险兼具工程保险和船舶保险的特点？

第十章

伦敦保险协会船舶保险条款

本章摘要

自 1983 年起，英国伦敦保险协会船舶保险条款完全替代了传统的 S.G. 保单，在英国乃至国际海上保险市场被广泛适用。传统的船舶保险大多是航程保险，即以航程的起讫为标志决定保险期限，但目前最为普遍适用的是定期保险，即以自然时间标定保险期限的保险。1995 年 11 月 1 日，伦敦保险协会推出了新的协会船舶保险条款，2002 年与 2003 年又分别推出了新的条款。其中，1995 年协会船舶定期保险条款包括五个部分：承保风险及碰撞责任，船舶损失的索赔与赔偿，除外责任及保证，有关合同变更的条款，保险费的退费。协会船舶航程保险条款和协会船舶定期保险条款大部分是相同的，仅在保险期限与航海条款上与定期保险不同。协会运费保险条款也分为定期保险和航程保险，且大多数条款内容与船舶保险条款完全相同。

关键词

协会船舶定期保险　协会船舶航程保险　协会船舶运费保险　协会船舶战争险和罢工险

英国著名的 S.G. 保单是航程保险单，可以同时承保货物和船舶。1884 年，伦敦保险人协会成立后，将当时市场上普遍使用的条款加以组合，形成了标准的保险条款供保险人使用。协会最早的一套船舶保险条款是 1888 年的定期保险条款，其后，协会又公布了 1970 年的船舶定期保险条款等条款。但这些条款都是和 S.G. 保单同时使用的，S.G. 保单并没有由于这些条款的出现而终止使用。经过两个世纪的发展，S.G. 保单已经不能适应现代海上运输和国际贸易的发展，伦敦保险人协会在 1983 年 10 月 1 日公布了新的船舶保险条款，这一条款和新的海上保险单格式共同使用，至此 S.G. 保单彻底退出了历史舞台。1983 年以后，尤其是进入 20 世纪 90 年代以来，一些重要的国际海事法律、法规得到重大发展，船东承担的责任有所加重，而船舶管理质量以及船舶维修养护质量下降导致了船舶索赔案件骤增，船舶保险人不得不针对这些变化调整相应的船舶保险条款。1995 年 11 月 1 日，伦敦保险人协会推出了新的协会船舶保险条款；此后，又推出了 2002 年及 2003 年国际船舶保险条款（International Hull Clauses）。但是之前的协会船舶保险条款仍然可以在市场上采用。本章将以 1995 年的协会船舶保险条款为例加以介绍。

第一节 1995 年协会船舶定期保险条款

1995 年协会船舶定期保险条款（Institute Time Clauses-Hulls，ITC-H）共有 27 个条款，其内容可以归纳为五个部分：第一部分是关于承保风险及碰撞责任的内容，包括第 6 条到第 10 条共 5 个条款；第二部分是关于船舶损失的索赔与赔偿的内容，包括第 11 条至第 20 条共 10 个条款；第三部分是关于除外责任及保证的内容，包括第 1 条、第 4 条、第 22 条以及第 24 至 27 条共 7 个条款；第四部分是关于有关合同变更的条款的内容，包括第 2 条、第 3 条、第 5 条和第 21 条共 4 个条款；第五部分是关于保险费的退费的内容，只有第 23 条一个条款。

一、承保风险及碰撞责任

ITC-H 中涉及承保风险及碰撞责任的条款是第 6 条危险条款、第 7 条污染危险条款、第 8 条四分之三碰撞责任条款、第 9 条姐妹船条款和第 10 条共同海损和救助条款。

（一）危险条款（Perils）

1. ITC-H 负责因传统的海上风险所造成的保险标的的灭失或损坏

（1）海、河、湖或其他可航水域的风险。

（2）火灾、爆炸。

（3）来自船外的暴力盗窃。

（4）抛弃货物。

（5）海盗行为。

（6）与陆上运输工具、码头或港口设备、设施接触。

（7）地震、火山爆发或闪电。

（8）装卸或搬移货物或燃料过程中的意外事故。

2. 本保险承保由于下列原因（印区玛瑞风险）所造成的保险标的的灭失或损坏

（1）锅炉破裂、尾轴断裂或者机器、船舶的潜在缺陷。

（2）船长、高级船员、船员或引航员的过失。

（3）修船人或承租人的过失，如果此种修船人或承租人不是本保险的被保险人。

（4）船长、高级船员或船员的欺诈恶行。

（5）与航空器、直升机或类似物体，或从其上坠落的物体触碰，如果此种灭失或损害并非由于被保险人、船东、管理人或船技主管或其岸上管理人员未谨慎处理所致。

但此种灭失或损坏原因不是由于被保险人、船东或管理人未恪尽职责所致的。

3. 在本条中，船长、高级船员、船员或引水员对本船拥有股权时不能被认为是船东

本条规定的承保风险与我国船舶保险条款基本一致，但是有以下区别：（1）ITC-H 只承保地震、火山爆发和闪电三种自然灾害，而我国船舶保险条款承保所有的自然灾

害；（2）装卸或搬移货物或燃料时发生的意外事故在ITC-H条款中属于海上风险，在我国船舶保险条款中属于印区玛瑞风险；（3）ITC-H承保任何原因引起的“尾轴断裂”和“锅炉破裂”，而我国船舶保险条款对此不予承保。

（二）污染风险条款（Pollution Hazard）

任何政府当局为防止或减轻由于本保险承保的船舶损坏所直接引起的污染危险、环境损害或由此产生的威胁而采取的行动，致使船舶灭失或损坏，本保险负责赔偿。但政府当局的这种行动应不是由于被保险人、船东或船舶管理人在防止或减轻污染危险或威胁上未恪尽职责所致的。在本条中，船长、高级船员、船员或引水员对本船拥有股权时不能被认为是本条意义上的船东。

可以看出，根据本条规定，保险人在下述条件下承保保险船舶的本身损失和损害①：

（1）损失和损害是由政府当局采取行动防止或减少污染危险、环境损害或其威胁而造成的。

（2）污染危险和环境损害或其威胁起因于本保险的承保风险引起的保险船舶的损害。

（3）政府当局采取上述措施不是被保险人等人未恪尽职守引起的。

（三）四分之三碰撞责任条款（3/4 Collision Liability）

本条款承保被保险船舶与他船碰撞，致使他船或船上财产受到损害或产生费用而应由被保险人承担的赔偿责任。

（1）承保责任范围。由于被保险人的法律责任而支付给第三者的损害赔偿金额，保险人同意赔付该金额的四分之三。负责赔偿的损害包括：① 任何其他船舶或船上财产的灭失或损坏。② 任何其他船舶或船上财产的延迟或丧失使用。③ 任何其他船舶或船上财产的共同海损、救助费用或在合同项下的救助费用。

根据本条规定，被保险船舶在与任何其他船舶碰撞之后，被保险人首先根据法律责任给第三者提供赔偿，然后保险人再赔付给被保险人已支付赔偿金额的四分之三。被保险人对其他船舶的赔偿必须基于法律责任，如果没有法律责任，被保险人支付的协议赔款不得向保险人求偿。

（2）本条所规定的赔偿必须是在本保险的其他条件下所提供的赔偿之外的，必须遵照下列规定。① 当被保险船舶与其他船舶碰撞双方均有过失时，除一方或双方的船东责任受法律限制外，本条项下的赔偿应按交叉责任制的原则计算，即每船的船东均需按比例相互赔偿对方的损失，这个比例是在确定被保险人因碰撞而应收或应付的金额时所认可的。② 在任何情况下，根据本条第1款和第2款，保险人对每次碰撞事故负责赔付的金额，不超过船舶保险价值的四分之三。

（3）保险人还负责赔偿经其书面同意后，被保险人为抗辩或限制责任进行诉讼而产生的法律诉讼费用的四分之三。

（4）在任何情况下，本条的含义不延伸到赔偿被保险人在下列情况下支付的费用

① 曾立新．海上保险学［M］．北京：对外经济贸易大学出版社，2001：419.

或与此有关的费用。① 清除障碍物、残骸、货物或其他任何物品。② 任何不动产或个人财产或物体，但其他船舶或其他船舶上的财产除外。③ 被保险船舶所载运的货物或财物，或其他承诺的责任。④ 人身伤亡或疾病。⑤ 任何不动产或动产或任何其他物件（与保险船舶碰撞的其他船舶或该船上财产除外）的污染或玷污或其威胁，或环境损害或其威胁，但是考虑到 1989 年《国际救助公约》第 13 条第 1 款（b）提及的救助人在防止或尽量减轻环境损害方面的技能和努力，本项除外不扩展至被保险人应支付的有关救助报酬。

本条款中的碰撞责任与我国船舶保险条款中的碰撞责任含义不同。本条款中的碰撞仅指船舶与船舶之间的碰撞，不包括船舶与除船之外的其他物体之间的碰撞，也不包括无实际接触的浪损。而我国船舶保险中所指的碰撞，不仅包括船舶与船舶之间的碰撞，也包括船舶与非船舶之间的碰撞，即船舶与任何固定的、浮动的物体或其他物体之间的碰撞。

（四）姐妹船条款（Sistership）

本条款规定，如果被保险船舶与其姐妹船，即全部或部分属于同一船东所有或由同一管理机构经营的另一艘船舶发生碰撞，或接受该船的救助服务，那么被保险人所享有的权利与另一艘船舶完全属于第三者时被保险人按本保险所享有的权利相同；但是有关碰撞责任及救助费用金额的确定，应呈交给由保险人和被保险人双方同意的一个独任仲裁员进行仲裁。

根据第 8 条碰撞责任条款的规定，保险人所提供的保障仅适用于被保险人的法律责任。由于依据英国法律“人不能控诉自己”，姐妹船相互之间发生碰撞或者提供救助，是不可能产生法律责任，也不需支付救助报酬的，因此不能在碰撞责任条款下得到补偿。所以相撞或发生救助的姐妹船只能就本身的损失在各自的保险公司得到赔偿，其租金损失和货物损害得不到赔偿。为了补救这种情况，1901 年协会船舶定期保险条款开始正式采用姐妹船条款。由于法律上并无姐妹船之间的碰撞责任和救助报酬方面的规定，本条规定碰撞责任或救助报酬由双方同意的仲裁人进行估算。

（五）共同海损和救助条款（General Average and Salvage）

本条款规定，保险人对被保险船舶为避免遭受承保风险的损失或避险而导致的共同海损、救助、救助费用的分摊和共同海损牺牲应负责赔偿。在任何情况下，根据本条，对不是为了避免遭受承保风险的损失或与避险无关的损失，保险人概不负责。

在不足额保险的情况下，保险人对被保险船舶的共同海损、救助、救助费用的分摊部分的赔款应按比例扣减。但对被保险船舶的共同海损牺牲，被保险人可获得全部赔偿，而无须先行使向其他各方索取分摊额的权利。

本条款的规定和我国船舶保险条款内容大致相同，只是在共同海损理算适用的规则方面有所区别：ITC-H 条款规定当运输合同中没有特别规定时，共同海损的理算应按照航程终止地的法律惯例办理，而我国条款要求按照《北京理算规则》或其他类似规则进行理算。另外，ITC-H 条款规定，非租船的被保险船舶空载航行时，共同海损的理算应适用 1974 年的《约克—安特卫普规则》（第 20 条和第 21 条除外）；而我国条款要求按照《北京理算规则》（第 5 条除外）办理。

二、船舶损失的索赔与赔偿

ITC-H 条款涉及船舶损失索赔与赔偿的条款共有 10 条，详细列明了被保险人的义务、赔款计算时免赔额的适用、索赔通知与招标事项的处理、部分损失的赔偿范围以及推定全损情况下的理赔细则处理。

（一）被保险人的义务（施救）条款（Duty of Assured）

本条款规定，当发生损失或灾难时，被保险人及其雇佣人员和代理人有义务采取一切合理措施避免或减少本保险承保的损失。对于由被保险人、其雇员或代理人因此种措施而适当、合理地产生的施救费用，保险人应予以赔偿。且被保险人或保险人为施救、保护或恢复保险标的而采取的措施，不应视为对委付的放弃或接受或对双方任何其他权利的损害。

本条中提到的避免或减少本保险承保损失而采取的合理措施专指施救行为，因此，共同海损、救助费用、特别补偿和费用、碰撞抗辩和诉讼费用均不能根据本条获得赔偿。

在船舶发生部分损失时，本条款对施救费用的赔偿责任应按照比例计算。如果船舶保险是不定值保险，则按照船舶的保险金额与本保险单中约定的船舶价值的比例计算；如果在事故发生而引起费用时的船舶完好价值超过了船舶的保险价值，则应按船舶的保险金额与这一完好价值的比例计算。

本条项下负责赔偿的金额是在本保险所负责赔偿的损失金额以外，但在任何情况下不得超过本保险项下船舶的保险金额。

（二）免赔额条款（Deductibles）

本条第一款规定，除非每次事故所造成的损失的累计金额超过免赔额，否则，本保险对承保风险所致的损失不予赔偿。在超过免赔额的情况下，该免赔额必须从赔偿中扣除。但是，当船舶搁浅后，专为检验船底而引起的合理费用，即使检验结果未发现任何损坏，本保险仍予负责。本条不适用于船舶的全损或推定全损的索赔，也不适用于根据第 13 条，由同一事故产生的全损索赔以外的施救费用。我国的船舶保险条款也有类似规定，但是免赔额的适用范围仅限于船舶单独海损所致的索赔，范围要小得多。

本条第 2 款规定，恶劣气候造成两个连续港口之间单独航程的损失索赔应视为一次意外事故，这一点和我国的免赔额条款规定相同。但是本款还另外规定，如果这种恶劣气候持续时间超过本保险承保的期限，就应按照本保险单有效期间内的恶劣气候天数与该次单独航程中的恶劣气候天数之比例乘以保险单规定的免赔额，以如此求得的免赔额作为在计算损失赔偿时实际应扣除的免赔额。本条的恶劣气候包括与浮冰的触碰。

如果不考虑利息因素，对根据上述免赔额计算的赔款如果有追偿额，应首先将免赔额之内的赔款归还被保险人，然后超出的部分全部归保险人。

包括在追偿额中的利息，要按照保险人支付的赔款金额以及此项付款的时间，由被保险人和保险人按比例分配。

（三）索赔通知和招标条款（Notice of Claim and Tenders）

本条款的第 1 条规定了被保险人一方在保险事故发生时的通知义务。并且规定，如果发生根据本保险可以索赔的损失或损害的意外事故后，被保险人、船东或管理人在知道或应当知道损失或损害之日起 12 个月内没有通知保险人，除非保险人书面提出相反的意见，对于此种意外事故或损失、损害有关的或由其引起的根据本保险的任何索赔，保险人自动解除责任。

本条款的第 2 条和第 3 条规定保险人有权决定受损船舶的修理港口（由于按照保险人的要求，船舶驶往指定修理港口所产生的额外航程费用，由保险人补偿给被保险人），对于船舶修理地点或修理厂有否决权。保险人也可对船舶的修理招标或要求再次招标。一旦保险人同意接受投标，对自发出招标通知日起至接受投标时止的时间损失，他应按照船舶当年保险价值的 30% 给予补偿，即每年补偿船舶价值的 30%，按照实际天数比例计算赔偿金额。这点与我国规定不同，我国仅规定了最高补偿额不可以超过船舶当年保险价值的 30%。

本条款还规定，除规定的免赔额以外，如果损坏修理费用的一部分是保险人不负责赔偿的话，那么上述补偿应按相应比例扣减。如果被保险人未能遵照本条的规定，则应从确定的赔款中扣除 15%。

（四）以新换旧条款（New for Old）

ITC-H 条款对部分损失的赔偿不作以新换旧的扣减，这和我国的规定相同。但需要注意的是，以新换旧条款仅仅是船舶保险双方的约定，并不能约束共同海损的理算。

（五）船底处理条款（Bottom Treatment）

本条款规定，保险人对船底的除锈、刮铲或船底钢板表面平整处理或喷漆的索赔不予负责。但有如下例外：

（1）刮铲船底或新的船底钢板在岸上的表面平整处理及为此而提供和使用的“工艺”底漆。

（2）在焊接或修理过程中对与新换或重装的船底钢板直接相连的接缝或其周围钢板的刮铲或表面平整处理。

（3）对本条第 1 款和第 2 款所提到的那些特别地方提供和使用防锈漆和底漆。

（六）工资和给养条款（Wages and Maintenance）

除共同海损外，保险人对船长、高级船员和船员或船上其他人员的工资和给养不负责赔偿，但为了对保险人承保的船舶损失进行修理而必须将船舶从一个港口转移到另一个港口，或是为了修理而须让船舶试航的情况不包括在内。在这些情况下，本保险只对船舶在此过程中所产生的工资和给养负责。

（七）代理佣金条款（Agency Commission）

被保险人为获取和提供资料、文件所花费的时间和劳务，以及被保险人委派或以其名义行事的任何经理、代理人、管理或代理公司等的佣金或费用，本保险均不给予补偿。但是在保险人同意补偿的情况下除外。

（八）未修理损坏条款（Unrepaired Damage）

（1）对未修理损坏的赔偿应按照本保险终止时因该未修理损坏所引起的船舶市场价值的合理折旧来计算，但不得超过合理的修理费用。

（2）如果被保险船舶在本保险有效期限内或任何扩展期间发生全损事故时（不论

本保险对全损是否负责），保险人对未修理损坏不予负责。

（3）保险人对未修理损坏的赔偿，不应超过本保险终止时船舶的保险价值。

（九）推定全损条款（Constructive Total Loss）

本条款规定，在确定被保险船舶是否构成推定全损时，应把船舶的保险价值作为船舶修理后的价值，即当船舶的恢复或修理费用超过船舶的保险价值时，才能按推定全损索赔。此外，在确定是否构成推定全损的过程中，只考虑与一次事故有关的费用或同一事故引起的一系列损失，即推定全损只能是一次事故的结果，如果同一航程中发生多次事故，事故造成的损失额不可累积起来以确定是否构成推定全损。

（十）放弃运费条款（Freight Waiver）

本条款规定，一旦被保险船舶发生全损或推定全损，不论是否收到委付通知，保险人都不得向被保险船舶索取运费。

三、除外责任及保证

（一）航行条款（Navigation）

本条款是一项保证条款，规定了船舶在拖带、接驳和以拆船为目的的航行中的保险责任。

由于船舶在被他船拖带或拖带他船时风险会大大增加，条款规定被保险人必须保证被保险船舶不得从事此种行为。但是根据航行惯例或者根据被保险人与船东、管理人、租船人事先安排拖至第一港口的情况下船舶可以从事拖带行为，船舶援助或救助遇难船舶也同样不受本保证条款的约束。

若被保险人或其代理人根据既定的当地法律或惯例接受或被迫签订了限制或免除引航员、拖船或其所有人责任的引航或习惯性拖带合同，本保险也不受影响。同样，雇佣直升机向保险船舶运送或从保险船舶运出人员、供应品或设备也不损害本保险。

本条款还规定了接驳作业中的除外责任。如果船舶在营运作业中，需要与他船（非港口或沿海使用的小船）在海上装卸货物，那么由于这种装卸作业，包括在两船驶近、靠拢或驶离时，造成被保险船舶的灭失或损坏，或者对他船的责任，本保险不负责赔偿。除非船舶在从事这种作业之前事先通知了保险人，并且双方就修改承保条件和增加保险费达成协议。

由于以拆船为目的的最后航次船舶风险较高，条款对拆船航行有如下规定：如果船舶的开航目的是为拆船或为拆船而出售，那么对船舶在开航后发生灭失或损坏的任何赔偿，应限于船舶灭失或损坏时报废船舶的市场价值。但在被保险人已事先通知了保险人，并已同意为此而修改承保条件，重新约定保险价值和增加保险费的情况下除外。

（二）船级条款（Classification）

船级是影响船舶风险大小的重要因素，本条款规定如下：

（1）被保险人、船舶所有人和管理人有义务在本保险责任开始和整个保险期间保证：① 保险船舶在保险人同意的船级社入级并维持该船级社的船级；② 该船级社提出的有关船舶适航性或维持其适航条件的任何建议、要求或限制，应在该船级社要求的日期前执行。

（2）倘若发生对上述第一款规定的义务的任何违反，除非保险人另行书面同意，保险人自违反之日起解除根据本保险的责任，但若当时保险船舶在海上，保险人延至其抵达下一港口时解除责任。

（3）对船级社可能建议被保险人修理或采取其他措施的任何事件、条件、损害，船舶所有人或管理人必须迅速报告给船级社。

（4）如果保险人要求直接向船级社取得信息和/或文件，被保险人应提供必要的授权。

（三）营运费用保证条款（Disbursement Warranty）

本条款列明了可以附加投保的保险标的、保险标的的投保金额上限和附加投保风险，即附加险的保障范围和保险金额限制。并规定，投保人必须保证，对于附加投保的标的，其保险金额不可超过本条款中所允许的保险金额。

条款中将投保人可以附加投保的标的分为三类，第一类是营运费用、经理人佣金、利润或船舶价值的增值部分；第二类是船舶的运费、租金或预期运费；第三类是保险费。本条款对于可以附加投保的标的及其保险金额的规定具体包括：

（1）对于营运费用、经理人的佣金、利润或船机和船壳的增值部分。承保金额不能超过船舶保险价值的25%。

（2）以定期保险形式投保的运费、租金或预期运费。其投保金额不能超过船舶保险价值的25%扣除上述第（1）项内已投保的保险金额。

（3）程租船运费或租金。承保金额不能超过本航程和下一航程（必要时本保险项下可以包括初次的和途中的空载航行）的毛运费或租金加上保险费。如果程租船合同规定按时间计算运费，其承保金额应根据预计的租船时间来确定，但要受上面规定的两个航程的限制，还要考虑第（2）项所承保的费用。本项承保的金额仅限于超过第（2）项费用的部分，并须扣除预付的运费或租金。

（4）空载航行和没有租约的预期运费。承保金额不能超过按现行费率表计算的下一个载货航程的预期毛运费加上保险费。上述第（2）项的费用应予扣除，仅承保其超过部分。

（5）期租船租金或连续程租船租金。承保金额不能超过租船合同项下18个月内获毛租金的50%。上述第（2）项的费用应予扣除，仅承保其超过部分。如果根据租船合同，这笔租金为预付租金，那么在要承保的金额中还须扣除已收到的预付租金的50%。但是，若第（2）项和本项所承保的费用总和没有超过租船合同项下可以收到的总租金的50%，承保金额无须作上述扣除。本项的保险可以从签署租船合同时开始。

（6）保险费。承保金额不能超过任何利益方投保12个月所实际缴付的保险费（不包括为加保上述各项费用所缴付的保险费，但必要时可以包括保赔协会或战争险所要求缴付的保险费或预付保费），承保金额须逐月按比例减少。

（7）保险退费。承保金额不能超过任何保险所允许退还的实际退费，但是，如果船舶发生全损，不论是否因承保风险所致，保险费是不退的。

（四）首要条款（Paramount Clauses）

首要条款是1995年ITC-H中效力最高的条款，任何其他条款，包括手写的条款均要服从首要条款的规定。首要条款包括以下几条：

1. 战争除外责任条款（War Exclusion）

在任何情况下，本保险不负责由于下列原因造成的损失、损坏、责任或费用：

（1）战争、内战、革命、叛乱、暴动，或由此引起的内乱，或任何交战国的敌对行为。

（2）捕获、扣押、扣留、禁止或羁押（船长或船员的恶意行为和海盗行为除外），以及这些行为或企图进行这些行为所引起的后果。

（3）遗弃的水雷、鱼雷、炸弹或其他遗弃的战争武器。

2. 罢工除外责任（Strikes Exclusion）

在任何情况下，本保险不负责由于下列原因造成的灭失、损坏、责任或费用：

（1）罢工，被迫停工或参加工潮、暴乱或民变。

（2）任何恐怖行为或任何人怀有政治动机的行为。

3. 恶意行为除外责任（Malicious Acts Exclusion）

在任何情况下，本保险不负责恶意地或出于政治动机的人由于下列原因造成的灭失、损坏、责任或费用：

（1）炸药爆炸。

（2）任何战争武器。

4. 辐射玷污除外责任

在任何情况下，本保险不负责间接或直接由于下列原因引起或造成的损失、损害、责任和费用：

（1）来自核燃料、核废料或核燃料燃烧的电离辐射或辐射性玷污。

（2）核装置、核反应堆、其他核组件或其核元件的放射性的、有毒的、爆炸性的或其他危险性或玷污性的物质。

（3）应用原子或核裂变和/或聚变或其他类似反应或放射性力量物质的战争武器。

四、有关合同变更的条款

有关合同变更的条款共有 4 条，其中第 2 条延展条款，第 3 条违反保证条款、第 5 条终止条款和第 21 条转让条款。

（一）延展条款（Continuation）

本保险期满时，如果船舶在海上遇险或失踪，只要在保险期限届满前通知保险人，并按月比例支付超期保险费后，本保险继续负责承保船舶，直至其抵达下一个港口；若船舶在港内并遇险，则直至船舶变得安全时。

（二）违反保证条款（Breach of Warranty Clause）

当任何有关货物、航线、航区、拖带、救助服务或开航日期的保证被违反时，若被保险人接到消息后立即通知保险人，并同意修改承保条件和加付保险费，则保险仍然有效。

（三）终止条款（Termination Clause）

本保险的任何一条条款，不论是打印的还是印刷的，若与本条相抵触时，均以本条为准。

除非保险人书面同意相反的情况，本保险在下列情况下应自动终止：

（1）船舶的船级社变更，或者船舶的等级变动、暂停、中止、撤回或定期检验满期，除非船级社同意延期进行检验。但如果船舶尚在海上航行，该自动终止可延迟到船舶抵达下一个港口时。然而，当因本保险第 6 条承保的风险所造成的灭失或损坏，或者因协会定期船舶战争罢工险条款承保的风险所造成的灭失或损坏而引起的上述变更、暂停、中止或撤回时，船舶若未经船级社事先同意而从下一个港口开航，或在定期检验过期的情况下，船级社未同意延期进行此种检验时，本保险自动终止。

（2）任何有意或无意地改变船舶所有权或船旗，或把船舶转让给新的管理人，或光船出租，或被征购或征用船舶，但船舶有货载并已经从装运港起航，或在海上空载航行时，经要求，船舶可按计划继续航行，载货船舶的保险责任终止可延迟到船舶抵达最后卸货港，空载船舶的保险责任终止可延迟到船舶抵达目的港。但是，如果船舶的被征购或征用没有事先与被保险人签订书面协议，那么不论船舶是在海上还是在港内，保险责任将在船舶被征购或征用的 15 天后终止。

如果保险合同终止，则保险人应按日比例向投保人退回净保费，但是在本保险承保期间或其延展期间保险船舶如果发生全损，则不退还。

（四）转让条款（Assignment Clause）

对保险利益的转让，或以金钱支付的利益的转让，保险人概不承认，也不受这种转让的约束。除非由被保险人和转让人签署各自姓名及注明日期的转让通知书为保险人接受并在保险单上批注以外，但这一批注必须是在发生任何索赔或退还保险费之前作出的。

五、保险费的退费

关于保险费的退费只有一个条款，即第 23 条停泊和解约的退费条款。当保险双方协议同意解除时，保险费应从保险终止的月份起每月按比例退还。如果年保险费率变动，保险退费比例也应作相应的调整。

当船舶在保险人核准的港口或水域停泊，若连续停泊 30 天，则对于修理的船舶和不修理的船舶分别按照不同的比例退还净保费。条款中所指的停泊，包括船舶装卸货物的期间。因此船舶在装卸货物时，不应排除申请退费，但船舶被用作储藏或驳运货物的任何期间，不得申请退费。停泊退费的前提条件是船舶在保险人核准的港口或水域停泊，因此如果船舶停泊在无隐蔽水域或无保障的水域，或停泊在未经保险人同意的港口或锚泊水域，也不得申请退费。

凡在本保险承保期间内或本保险扩展期间发生船舶全损，不论是否由于承保风险造成，均不负责退费。

第二节　1995 年协会船舶航程保险条款

早期的船舶保险基本上投保往返航次，而现在绝大多数船舶仅投保定期保险。但是为了满足少量航次保险的要求，伦敦保险协会也拟定了相应的协会船舶航次保险条款（Institute Voyage Clauses-Hulls，IVC-H）。

协会船舶航程保险条款和协会船舶定期保险条款大部分是相同的。但是由于两个条款中保险期限不同，IVC-H 缺少 ITC-H 中的第 2 条延展条款、第 3 条违反保证条款、第 5 条终止条款、第 23 条停泊和解约时的退费条款，增加了 IVC-H 的第 2 条航程变更条款。因此，IVC-H 条款比 ITC-H 条款少 3 项条款，共有 24 条。两个条款共有的 23 个条款中，除了第 1 条航海条款略有区别外，其他条款没有任何区别。因此，下面只介绍协会船舶航程保险条款中的第 1 条和第 2 条，其他条款的内容和解释参见上节。

一、航行条款（Navigation）

由于 IVC-H 条款承保的是航程保险，对航程要单独核保，因此即使是以拆船为目的的风险较高的航行，也会由于投保时保险人对于风险状况已经有了充分的了解而在保险合同中确定正确的定价和承保条件。因此，IVC-H 的航海条款中并不包括有关拆船航程的特殊规定，只包括四条内容，分别规定了船舶不得从事拖带的保证义务、船舶在海上装卸货物的免责等内容，这些内容和 ITC-H 的航海条款内容完全一致。

二、改变航程条款（Change of Voyage）

本条款是对投保人保证义务的一项补充说明。根据英国《1906 年海上保险法》的规定，在航程保险中，一旦被保险船舶发生绕航或航程变更，或违反了任何拖带或救助服务的保证，保险合同的效力即立即终止。本条款规定，在上述情况下，如果投保人在知悉后立即通知了保险人，且同意保险人提出的修改承保条款并支付保险人要求的任何附加保险费，本保险得以续保。

第三节 1995 年协会船舶运费保险条款

1995 年 11 月 1 日的协会船舶运费保险条款也分为定期保险条款（Institute Time Clauses-Freight，ITC-F）和航程保险条款（Institute Voyage Clauses-Freight）。鉴于两个条款中大多数条款内容一致，本节仅介绍协会定期运费保险条款（ITC-F）。

协会船舶运费保险条款和协会船舶保险条款有许多条款内容完全相同。协会船舶运费定期保险条款（ITC-F）与协会船舶定期保险条款（ITC-H）相比较，完全相同的条款包括延展条款、违反保证条款、船级条款、终止条款、危险条款、污染危险条款、姐妹船条款、停泊和解约时的退费条款以及除外条款（在 ITC-H 中被称为首要条款）。除了这些相同的条款外，协会船舶运费定期保险增加了驳船风险条款、相对免赔额条款、转让条款等特有的条款，减少了新换旧条款、船底处理条款等仅与船舶本身损失有关的条款等。其余的一些条款，如航行条款、共同海损与救助条款和运费碰撞条款等，尽管与 ITC-H 中条款的名称相同或相近，内容却有所不同。

ITC-F 共有 21 个条款。下面仅介绍本条款中与 ITC-H 不同的部分。

一、航行条款（Navigation）

与 ITC-H 中的航行条款相比较，ITC-F 的航行条款只有三项内容，缺少了后面两条关于船舶在海上装卸货物的免责处理和船舶以拆船为目的的航行的赔偿限额的规定。也就是说，即使船舶在海上装卸货物，ITC-F 条款也不能免责，投保人由此而损失的运费也可以得到赔偿；在船舶进行拆船为目的的航行时，对船舶运费的赔偿限额也不会受到影响（由于以拆船为目的航行的船舶实际上已经不会装载货物，所以这一规定并无实际意义）。

二、驳船风险条款（Craft Risk）

本条款规定，本保险承保的风险范围包括自保险船舶过驳至驳船以及自驳船过驳至保险船舶的风险。在此期间由于货物的损坏或灭失而导致的运费损失，保险人提供赔偿。

三、运费碰撞条款（Freight Collision）

本条款首先规定了运费碰撞的责任范围。根据本条款规定，只有保险船舶与他船发生碰撞，产生碰撞责任，并导致保险人对任何人提供下述损失赔偿时，保险人才对他人运费金额的损失提供赔偿：

（1）任何其他船舶或其船上财产的灭失或损害。

（2）任何其他船舶或其船上财产的延迟或丧失用途。

（3）任何其他船舶或其船上财产的共同海损、救助报酬或根据合同的救助报酬。

也就是说，只有在 ITC-H 条款中的碰撞责任成立的情况下，ITC-F 的保险人才会对运费给予赔偿。

在赔偿时，如果运费保险是不足额保险，即有已支付运费时，或处于风险中的毛运费高于运费保险金额总额时，按照比例，支付被保险人此种金额的四分之三。对他船运费损失的赔偿额不得超过运费保险金额的四分之三。

和 ITC-H 条款一样，保险人对于碰撞导致的责任赔偿只负责四分之三。而且即使保险船舶存在限定责任的情况，在保险人事先书面同意的情况下，对被保险人发生的或被迫支付的损害赔偿的运费部分应分担的费用，保险人也支付四分之三部分。

本条款的除外责任包括：

（1）属于承保碰撞责任的任何其他保险者。

（2）如果保险船舶按协会四分之三碰撞责任条款投保，在本保险生效时，保险价值不低于相当于根据《1976 年海事赔偿责任限制公约》第 6.1 款（b）项计算的船舶责任限制的英镑，即可根据该协会四分之三碰撞责任条款获得补偿者。

（3）在任何情况下，本碰撞责任条款皆不扩展或视为扩展承保被保险人可能有责任或应支付的任何金额。

（4）根据法定权力或其他权利，移走或处置障碍物、（船舶）残骸、货物或任何其他物体。

（5）其他船舶或其船上财产之外的任何动产、不动产或任何物体。

（6）任何动产、不动产或任何物体（与保险船舶碰撞的船舶或其船上财产除外）的污染或玷污或其威胁或对环境的损害或其威胁，但是考虑到《1989 年国际救助公约》第 13 条第 1 款（b）项提及的救助人在防止或尽量减轻环境损害方面的技能和努力，本项除外不扩展至被保险人应支付的有关救助报酬。

（7）保险船舶上的货物，其他财产或债务。

（8）人身伤亡或疾病。

四、共同海损与救助条款（General Average and Salvage）

本条款和 ITC-H 中的内容很多是相同的，都规定了对共同海损、救助和救助费用的赔偿责任，不足额保险的扣减，相同的理算规则，同样强调了共同海损必须由避免承保危险而发生的等。但由于两个条款承保标的的差异，因此存在以下差别：

（1）由于运费只在船舶装载货物的时候存在，因此本条款中对于空载船舶的共同海损并无规定。

（2）对于共同海损下被保险人有权在向第三方要求分摊前取得所有损失的保险赔偿，本条款并无规定。

五、免赔额条款（Franchise）

本条中规定的免赔额是一定的免赔比例，而非像 ITC-H 中是确定的金额。条款规定：不承保共同海损之外的低于 3% 的部分损失，除非是由火灾、沉船、搁浅或与另一艘船舶碰撞造成的。若被保险人要求，每一驳船应视为一个单独的保险。

六、转让条款（Assignment）

本条款规定了本保险利益或本保险中赔款转让所必需的程序。具体规定为：本保险利益或依本保险得付或应付款项的转让，除非经被保险人和在后续转让时经受让人签署载有日期的此种转让通知批注在保险单上，并在支付赔偿或退还保险费前，将如此批注的保险单提交给保险人，不约束保险人或被保险人承认。

七、赔偿限额条款（Measure of Indemnity）

根据本条规定，被保险人对任何运费损失索赔可获赔偿的金额不超过实际损失的总运费。如果存在其他运费保险，那么本保险按照比例赔偿，不可超过总运费损失的比例部分。

八、时间损失条款（Loss of Time）

本条款规定，本保险不承保海上危险或其他原因产生的时间损失引起的任何索赔。

九、全损条款（Total Loss）

如果保险船舶发生（推定或实际）全损，保险人应全额支付保险金额，无论保险船舶是满载、半载还是空载，出租或未出租。

在确定保险船舶是否构成推定全损时，船体和机器保险中的保险价值应作为船舶修理后的价值，不应考虑保险船舶的受损或解体价值或残骸。

如果保险船舶已推定全损，但船体和机器保险的索赔是按部分损失索赔的，保险人根据本第16条不承担任何责任。

第四节　1995年协会战争罢工险条款

协会战争罢工险条款（Institute War and Strikes Clauses，IWSC）可以分为两类：协会船舶战争罢工险条款（Institute War and Strikes Clauses-Hull，IWSC-H）和协会船舶运费战争罢工险条款（Institute War and Strikes Clauses-Freight，即IWSC-F）。这两种条款又各自分为定期和航次两个险种。本节仅介绍1995年协会定期战争罢工险条款。

一、协会船舶战争罢工险条款

由于在第2条中IWSC-H并入了ITC-H的多项条款，IWSC-H的结构极为简单，仅包括如下六个条款：

（一）危险条款（Perils）

本保险承保下列原因造成的保险船舶的灭失或损害：

（1）战争、内战、革命、叛乱、暴动或由此引起的内乱或任何交战团体之间的敌对行为。

（2）捕获、扣押、扣留、管制或拘押以及这些行为引起的后果或进行这些行为的任何威胁企图。

（3）被遗弃的水雷、鱼雷、炸弹或其他被遗弃的战争武器。

（4）罢工者、闭厂工人或参与劳资纠纷、暴乱或民事骚乱的人员。

（5）任何恐怖分子或出于政治动机行为的人员。

（6）没收或征用。

（二）并入条款（Incorporation）

本条款规定，1995年11月1日协会船舶定期保险条款，除了第1.4、2、3、4、5、6、12、22.1.8、23、24、25、26和27条外，均被并入本保险。

在违反拖带和救助服务方面的保证时，假如在接到该违反的通知后立即通知了保险人，并同意保险人要求的任何附加保险费，可以续保。

（三）拘押条款（Detainment）

万一保险船舶已成为捕获、扣押、扣留、管制、拘押、没收或征用的标的，且被保险人因此已失去对保险船舶的自由使用和处分连续12个月，那么，为确定保险船舶是否推定全损之目的，被保险人应视为已被剥夺对保险船舶的占有，无恢复占有的任何可能性。

（四）索赔通知和招标条款（Notice of Claim and Tenders）

本条款规定了被保险人的事故通知义务。如果发生根据本保险可以索赔的损失或损害的意外事故，须在被保险人、船东或管理人知道或应当知道损失或损害之日后，并在检验前，迅速通知保险人，以便在保险人如此要求时指定检验人。

若未在该日起 12 个月内通知保险人，除非保险人书面作相反的同意，对与此种意外事故或损失、损害有关的或由其引起的根据本保险的任何索赔，保险人自动解除责任。

（五）除外条款（Exclusions）

本保险不予承保的风险可以分为三类，第一类是普通除外风险，第二类是核风险，第三类是其他保险承保的责任范围。具体内容如下：

（1）下列原因引起的灭失、损害、责任或费用：① 在下列国家之间爆发战争（无论宣战与否），即英国、美国、法国、俄国、中国；② 征购，无论是为所有权还是使用权或征用；③ 由保险船舶所有国或登记国的政府、公共或地方权力机构或根据其命令实施的捕获、扣押、扣留、管制、拘押、没收或征用；④ 根据检疫法规或由于违反海关或贸易法规引起的扣留、管制、拘押、没收或征用；⑤ 实施普通的司法程序，未提供担保，或未支付罚金或罚款或任何财务原因；⑥ 海盗（但本项除外不影响根据 1.4 款承保的风险）。

（2）由下列原因直接或间接引起或可归因于或造成的灭失、损害、责任或费用：① 任何核燃料或核废料或从核燃料的燃烧产生的放射性或电离辐射污染；② 任何核装置、反应堆或其他核装备或核组件的放射性、有毒、爆炸性或污染物质；③ 应用原子或核裂变和/或聚变或其他类似放射性力量或物质制造的任何战争武器。

（3）1995 年 11 月 1 日协会船舶定期保险条款承保的或除了第 12 条之外，可据此获赔的灭失、损害、责任或费用。

（4）根据任何其他对保险船舶的保险可获赔偿的或非因本保险的存在便可根据此种保险可获赔偿的任何索赔的金额。

（5）迟延引起的费用的索赔，但依英国法律和惯例及 1994 年《约克·安特卫普规则》原则上可获赔偿的费用除外。

（六）终止条款（Termination）

（1）本保险得由保险人或被保险人提前 7 天发出通知而注销（此种注销自保险人发出或收到注销通知的当日午夜起届满 7 天时生效）。不过，如果保险人与被保险人在此种注销通知届满前，就新的保险费率及/或条件和/或保证达成了协议，保险人应同意恢复本保险。

（2）无论是否已发出此种注销通知，本保险在下列情况下自动终止：① 在下述任何国家之间爆发战争（无论宣战与否），即英国、美国、法国、俄国、中国；② 若保险船舶被征用（无论是所有权还是使用权）。

（3）若本保险因注销通知而注销或因本第 6 条规定的原因或因保险船舶出售自动终止时，净保险费应按比例退还给被保险人。

注意事项：如果在保险人接受保险之后，在约定的生效时间之前，发生任何根据上述第 6 条将导致自动终止本保险的事件，本保险将不生效。

二、协会船舶运费战争罢工险条款

IWSC-F 条款的结构更为简单，由五个条款构成。由于运费保险不涉及标的的修理，因此与 IWSC-H 相比仅缺少了索赔通知和招标条款。在五个条款中，第一条危险条款中的承保责任和第五条终止条款中的终止原因，IWSC-F 和 IWSC-H 的规定均完全相同。因此下面仅介绍稍有区别的第 2 至第 4 条款。

（一）并入条款（Incorporation）

1995 年 11 月 1 日协会运费定期保险条款，除了第 2、3、4、5、6、7、12、17、18、19、20 和 21 条之外，就其不与这些条款的规定冲突而言，均视为被并入本保险。

在违反拖带和救助服务方面的保证时，假如在接到该违反的通知后，立即通知了保险人，并同意保险人要求的任何附加保险费，得续保。

（二）拘押条款（Detainment）

如果船舶推定全损的索赔已根据 1995 年 11 月 1 日协会船舶定期战争罢工险条款或 1995 年 11 月 1 日协会船舶航次战争罢工险条款第 3 条（拘押条款）船舶战争险保险理赔，由于在保险生效期间船舶被捕获、扣押、扣留、管制、拘押、没收或征用，被保险人因此已丧失对保险船舶的自由使用和处分连续 12 个月，应全额赔付保险金额，但应扣减在该 12 个月期间已经赔付的任何索赔款，或根据本保险可获补偿的金额或根据受 1995 年 11 月 1 日协会运费定期保险条款及/或 1995 年 11 月 1 日协会运费航次保险条款制约的保险及有关该期间获得的任何补偿。

（三）除外条款（Exclusions）

本条款的内容与 IWSC-H 相比较，多出了下面一项除外责任：基于航程或冒险损失或落空的任何索赔，保险人不负责赔偿。其他内容两个条款完全一致。

案例分析

某海运公司为其所有的 A 轮购买了 ITC-H 保险，保险金额与保险价值均为 80 万美元。保险期间内，该船在韩国济洲港卸货停靠码头时，主机操作系统突然发生故障，倒车失灵，碰撞码头。韩国港方扣留船舶，要求赔偿码头损失。根据调查得知，该船碰撞码头的直接原因是减压阀失灵，且此故障在船舶日常维护保养中是不能发现的。海运公司向保险公司索赔船舶损失和赔付韩国港口的费用。

请结合 ITC-H 条款对这个案例进行分析，保险公司应如何处理该索赔案件？

思考题

1. 船舶定期保险条款和船舶航程保险条款的主要区别是什么?
2. 在什么情况下，船舶战争罢工险的责任可以自动终止?
3. 试比较中英船舶定期保险条款。

第十一章

船舶保险实务

本章摘要

保险人在承保船舶保险业务时应根据船舶的风险进行全面分析，在对船舶种类、用途、船龄、船级以及船舶管理人员等各个方面进行谨慎的风险评估之后决定是否承保，并参考船舶的承保费率和其他条件，为控制风险对船舶风险进行管理，合理控制、分散承保风险。船舶保险人在接到索赔通知后，应首先审核保险单，确定保险单的效力，然后通过对海事检验报告等材料的审核，确定损失性质，并进一步审核各种费用支出以及碰撞责任等，确定应提供赔偿的费用额。最后对于应该赔付的损失和费用，逐项计算应赔偿的金额并予以支付。

关键词

业务选择　费率厘定　风险控制　核赔

第一节　船舶保险的承保

船舶保险业务的承保工作包括保险业务的选择、费率厘定、风险控制与分散等阶段。在每一个承保阶段，保险人都要以船舶的风险为核心，对其进行识别、评估和管理。通常而言，影响船舶风险的主要因素包括船舶的类型、船级等。

一、船舶概述

（一）船舶的种类

海上货物运输船舶的种类繁多。按照用途不同，船舶可分为干货船和油槽船两大类。干货船（Dry Cargo Ship）根据所装货物及船舶结构、设备不同，又可分为杂货船、干散货船、冷藏船、木材船、集装箱船和载驳船。油槽船（Tanker）是主要用来装运液体货物的船舶，根据所装货物种类不同，又可分为油轮和液化天然气船。

1. 杂货船（General Cargo Ship）

杂货船一般是指定期航行于货运繁忙的航线，以装运零星杂货为主的船舶。这种船航行速度较快，船上配有足够的起吊设备，船舶构造中有多层甲板把船舱分隔成多层货柜，以适应装载不同货物的需要。

2. 干散货船（Bulk Cargo Ship）

干散货船是用以装载无包装的大宗货物的船舶。依所装货物的种类不同，又可分为粮谷船（Grain Ship）、煤船（Collier）和矿砂船（Ore Ship）。这种船大都为单甲板，舱内不设支柱，但设有隔板，用以防止在风浪中运行的舱内货物错位。

3. 冷藏船（Refrigerated Ship）

冷藏船是专门用于装载冷冻易腐货物的船舶。船上设有冷藏系统，能调节多种温度以适应各舱货物对不同温度的需要。

4. 木材船（Timber Ship）

木材船是专门用以装载木材或原木的船舶。这种船舱口大，舱内无梁柱及其他妨碍装卸的设备。船舱及甲板上均可装载木材。为防甲板上的木材被海浪冲出舷外，在船舷两侧一般设置不低于一米的舷墙。

5. 集装箱船（Container Ship）

集装箱船可分为部分集装箱船、全集装箱船和可变换集装箱船三种。

（1）部分集装箱船（Partial Container Ship），仅以船的中央部位作为集装箱的专用舱位，其他舱位仍装普通杂货。

（2）全集装箱船（Full Container Ship），指专门用以装运集装箱的船舶。它与一般杂货船不同，其货舱内有格栅式货架，装有垂直导轨，便于集装箱沿导轨放下，四角有格栅制约，可防倾倒。集装箱船的舱内可堆放3~9层集装箱，甲板上还可堆放3~4层。

（3）可变换集装箱船（Convertible Container Ship），货舱内装载集装箱的结构为可拆装式的。因此，它既可装运集装箱，必要时也可装运普通杂货。

集装箱船航速较快，大多数船舶本身没有起吊设备，需要依靠码头上的起吊设备进行装卸。这种集装箱船也称为吊上吊下船。

6. 滚装船（Roll on/Roll off Ship）

滚装船，又称滚上滚下船，主要用来运送汽车和集装箱。这种船本身无需装卸设备，一般在船侧或船的首、尾有开口斜坡连接码头，装卸货物时，或者是汽车，或者是集装箱（装在拖车上的）直接开进或开出船舱。这种船的优点是不依赖码头上的装卸设备，装卸速度快，可加速船舶周转。

7. 载驳船（Barge Carrier）

载驳船，又称子母船，是指在大船上搭载驳船，驳船内装载货物的船舶。载驳船的主要优点是不受港口水深限制，不需要占用码头泊位，装卸货物均在锚地进行，装卸效率高。目前较常用的载驳船主要有“拉希”型（Lighter Aboard Ship）和“西比”型（Seabee）两种。

8. 油轮（Oil Tanker）

油轮主要装运液态石油类货物。它的特点是机舱都设在船尾，船壳衣身被分隔成数个贮油舱，有油管贯通各油舱。油舱大多采用纵向式结构，并设有纵向舱壁，在未装满货时也能保持船舶的平稳性。为取得较大的经济效益，第二次世界大战以后油轮的载重吨位不断地增加，目前世界上最大的油轮载重吨位已达到60多万吨。

9. 液化天然气船（Liquefied Natural Gas Carrier）

液化天然气船专门用来装运经过液化的天然气，又可分为液化天然气船（LNG船）和液化石油气船（LPG船）。天然气液化的临界温度在一个大气压时为-164℃，在这样低的温度下一般船用碳素钢均呈脆性，为此液化天然气船的液货舱只能用昂贵的镍合金钢或铝合金制造。液货舱内的低温靠液化气本身蒸发带走热量来维持。蒸发出来的天然气极难再液化，通常只能作为船上锅炉的补充燃料。液货舱和船体构件之间有优良的绝热层，既可防止船体构件过冷，又可使液货的蒸发量维持在最低值。液货舱和船体外壳保持一定的距离，以防在船舶碰撞、搁浅等情况下受到破坏。液化天然气船设备复杂，技术要求高，体积和载重吨位与相同的油船相比较大，因此造价也高得多。液化天然气船一般都设有气体再液化装置，也可运送液化石油气。

（二）船舶的吨位

船舶吨位是船舶大小的计量单位，船舶吨位用于船舶登记，所以又称登记吨位，可分为重量吨位和容积吨位两种。

1. 重量吨位

船舶的重量吨位（Weight Tonnage）是表示船舶重量的一种计量单位，以1 000公斤为1公吨，或以2 240磅为1长吨，或以2 000磅为1短吨。目前国际上多采用公制作为计量单位。船舶的重量吨位又可分为排水量吨位和载重吨位两种。

（1）排水量吨位（Displacement Tonnage）。排水量吨位是船舶在水中所排开水的吨数，也是船舶自身重量的吨数。排水量吨位又可分为轻排水量、重排水量和实际排水量三种。其中轻排水量（Light Displacement）又称空船排水量，是船舶本身加上船员和必要的给养物品三者重量的总和，是船舶最小限度的重量。重排水量（Full Load Displacement）又称满载排水量，是船舶载客、载货后吃水达到最高载重线时的重量，即船舶最大限度的重量。实际排水量（Actual Displacement）是船舶每个航次载货后实际的排水量。

（2）载重吨位（Dead Weight Tonnage，D. W. T.）。载重吨位表示船舶在营运中能够使用的载重能力。载重吨位可分为总载重吨和净载重吨。总载重吨（Gross Dead Weight Tonnage）是指船舶根据载重线标记规定所能装载的最大限度的重量，它包括船舶所载运的货物、船上所需的燃料、淡水和其他储备物料重量的总和。净载重吨（Dead Weight Cargo Tonnage，D. W. C. T.）是指船舶所能装运货物的量大限度重量，又称载货重吨，即从船舶的总载重量中减去船舶航行期间需要储备的燃料、淡水及其他储备物品的重量所得的差数。

2. 容积吨位

船舶的容积吨位（Registered Tonnage）是表示船舶容积的单位，又称注册吨，是各海运国家为船舶注册而规定的一种以吨为计算和丈量的单位，以100立方英尺或2.83立方米为1注册吨。容积吨又可分为容积总吨和容积净吨两种。

（1）容积总吨（Gross Registered Tonnage，GRT）又称注册总吨，是指船舱内及甲板上所有关闭的场所的内部空间（或体积）的总和，是以100立方英尺或2.83立方米为 1 吨折合所得的商数。

（2）容积净吨（Net Registered Tonnage，NRT）又称注册净吨，是指从容积总吨中扣除那些不供营业用的空间后所剩余的吨位，也就是船舶可以用来装载货物的容积折合成的吨数。容积净吨主要用于船舶的报关、结关；作为船舶向港口交纳的各种税收和费用的依据；作为船舶通过运河时交纳运河费的依据。

二、船级与船级社

船级是表示船舶技术状态的一种指标。在国际航运界，凡注册总吨在 100 吨以上的海运船舶，必须在某船级社或船舶检验机构监督之下进行监造。在船舶开始建造之前，船舶各部分的规格须经船级社或船舶检验机构批准。每艘船建造完毕，由船级社或船舶检验局对船体、船上机器设备、吃水标志等项目和性能进行鉴定，发给船级证书。证书有效期一般为 4 年，期满后需重新予以鉴定。

船级社是根据船舶的状况对船舶在建造时和建造后进行定期检验，设定和维持船舶及其设备的建造和维修标准，并对船舶进行分类的组织。其主要业务是对新造船舶进行技术检验，经检验合格者即可获得相应的船级证书，并根据检验业务的需要，制定相应的技术规范和标准。

船级社在多数的主要海运国家都存在，通常为民间组织，但我国从事船舶检验的机构为政府的一个部门。由于船级社在船舶安全检查方面的特殊作用，船级社可以受本国或他国政府委托，代表其参与海事活动。船级社也监督和批准集装箱的建造。有的船级社也接受陆上工程设施的检验业务。世界上最早的船级社是 1760 年成立的英国劳氏船级社。此后航运发达的国家相继成立了船级社，并在世界主要港口设立分支机构，如美国船舶局、挪威船级社、法国船级社和日本海事协会等。

每个船级社有一套规则规定检验要求。对船舶来说，要保持其级别就必须遵守这些规则。这保证了入级船舶的适航性。因此只有入级的船舶才能够取得保险、货物和资金融通。投保船舶保险时，船舶必须出示证书，证明船舶在保险人认可的船级社，船级被保持，除此之外，船舶还须出示船级社出具的有关适航能力以及检查时间的证明。

三、船舶保险的业务选择

船舶保险的业务选择实际上是对船舶所面临的风险进行全面分析，以便进一步确定是否承保船舶以及承保条件的过程。船舶保险涉及的标的价值昂贵、风险集中，保险单也不能随意转让，因此评估船舶保险风险时应着重对以下两种风险进行分析：

（一）对船舶本身风险的评估

对船舶本身风险的评估主要包括以下三个方面：

1. 船型、船舶种类及用途

不同类型、不同用途的船舶风险差异很大，一般说来，吊装船的风险比滚装船的风险小，普通货船比冷藏货轮的风险小，集装箱船比散货船的风险小，干货船比油轮的风险小，吨位大的船舶比吨位小的船舶风险小。

2. 船龄、船级及船籍、注册地点

船龄反映船舶的建造日期以及从事航运的时间长短。船龄越长的船一般损耗越大，遇险时的抗灾能力越小，风险越大。船级是由船级社根据船舶类型、技术与安全程度对船舶核定的等级。船级越高，排水量越大，船舶的抗灾能力越强，风险越小。船舶的船籍和注册地点尽管不会直接影响到船舶的风险，但能够影响承运人的管理水平，决定对船公司的司法管辖权等，间接影响着船舶的风险状况。

3. 船舶构造、机件保养以及适航性

对船舶构造以及适航性等的评估通常由验船师完成，主要反映船舶机器设备、导航通讯、救生设备的安全程度及抗灾减损能力。在考虑船舶的适航性时，主要需要确定：船舶必须具备港航当局签发的船舶适航证书、营运证书，必须按照适航证书配备船长、船员以及船舶设备，并准备足够的物料、燃料等。

（二）对被保险人风险的评估

对被保险人风险的评估主要包括对船公司的资信的评估以及对船长、船员和引水员资格的认定。对船公司资信进行分析的内容包括：船公司的规模、新老船型结构、公司资产与负债、以往赔付记录、船公司经营管理水平以及风险管理制度的健全程度和贯彻执行力度等。

认定船长、船员、引水员资格包括对上述专业人员的任职资格进行考察，对其个人资历、经验以及配合协调的能力的调查，同时船舶上必须根据航运当局的规定配足定员。

四、费率厘定

船舶保险费率的主要影响因素包括以下几个方面：

（一）船舶的结构、性能、船龄和吨位

这四个因素在一定程度上显示了保险标的防御风险的物质基础，是最为重要的费率因子。这四个因子中，结构和性能主要由船舶检验结果反映出来，其余的两个费率因子中，船龄和费率正相关，吨位和费率负相关。

（二）投保的险种

投保的险种一般由投保人依据船舶的使用性质和航线确定。各个险种承保的风险种类不同，保险风险发生的频率和损失也因此不同，费率也会随之变化。例如我国船舶保险的全损险和一切险，尽管保险标的同为船壳，但是由于船舶一切险除了承保船舶全损险的全部保险责任范围之外，还承保部分损失，以及碰撞责任、共同海损、救助、救助费用和施救费用等，因此费率要远远高于船舶全损险的费率。

（三）船舶以往的理赔记录

船舶以往的出险和理赔记录可以为保险人确定费率提供一个重要的量化参考。

（四）被保险人的经济实力、管理能力和信誉等

根据有关资料，当今世界上70%左右的船舶损失都是人为原因造成的，如果被保险人的管理能力和商业信誉较高，损失发生的概率就小，保险费率也可以相应降低。

五、风险控制与分散

（一）风险管理服务

保险人对客户提供防灾防损服务，可以避免或减少船舶损失的发生，减少保险赔款，形成保险双方经济效益的双赢。

（二）限制承保责任，控制保险损失

为了防止道德风险和高额赔款的发生，船舶保险人通常采取如下方式来限制承保责任，控制保险赔款：

（1）规定免赔额或免赔率。

（2）控制高额保险。

（3）对某些特殊危险采用附加条件承保等。

（三）安排分保，分散风险

船舶保险涉及的保险价值和保险金额较高，风险很集中，因此，为了保证经营的稳定性，船舶保险人通常采取再保险的方式分散风险，以降低保险事故发生导致的赔款金额，控制风险责任。

第二节　船舶保险的理赔

船舶保险的理赔是当被保险船舶发生海损事故，保险人在接到被保险人的索赔申请后，受理、立案、审核、理算以及履行保险赔偿或予以拒赔的行为。理赔是船舶保险运行中的一个重要环节，是保险补偿职能的具体体现。船舶作为船舶保险的主要标的，价值高，风险集中，且船舶保险保障的风险范围广，一旦发生事故，不仅损失金额可观，而且海事处理的周期往往较长。因此，船舶保险人应尽可能及时、正确、迅速地理赔，以保证被保险人享有的保险权益得以实现。

一、核赔

船舶保险人在收到索赔申请和必要的索赔单证和文件后，应及时进行核赔。船舶保险中的核赔是保险人赔偿的基础，其主要内容包括对单证的审查与核对、对保险责任的审定以及对保险期限的核实等。

（一）审核船舶保险单

船舶保险单是保险人确定保险责任和赔款金额的唯一依据。审核船舶保险单的目的是确认出险船舶是否是投保的船舶，审查船名、船籍、船舶型号与种类是否与保险单上的记录相符；船舶航行区域是否符合保单上的保证内容；同时审查被保险人是否已经按照约定交纳保险费，保险期限是否届满等。

（二）审核海事报告和检验报告

审核海事报告和检验报告的目的是分析和确定船舶各项损失原因、损失程度，以确定保险人是否有赔偿责任。

船舶发生保险事故后，应通过船舶检验机构对损失原因进行分析。验船师对受损船舶进行检验后，应根据申请检验者的要求出具书面的检验报告。检验报告是供保险人分析出险原因，确定损失范围和程度，计算赔偿责任的重要依据。船舶保险检验可以由保险公司指定的当地代理人进行检验，在没有当地代理人的情况下，可以委托当地公认的合格检验人进行检验。目前，我国船舶检验局已经与世界主要的船级社建立了代理检验关系，因此，当我国船舶在国外发生海损事故时，可以委请这些船级社进行检验。

海事报告是船长签署的有关海损事故的简要原因、经过和损失情况的报告。

除检验报告和海事报告外，记载船舶航海活动重要事项和气象、海况的航海日志和记载船上机器运转情况的轮机日志也是了解海损发生地点、确定事故责任的重要原始资料。

（三）审核损失所引起的各种费用

对于损失引起的费用，包括施救费用、救助费用、拖带费用、驶入驶出避难港的费用、船员工资和维持费用、代理人佣金等，保险人应逐项审核以确定赔偿责任。

（四）审核船舶碰撞责任损失

在船舶发生碰撞的情况下，保险人首先要了解碰撞事故的比例责任，其次应了解船货损失以及互撞的船舶是否有海事责任限制。

（五）审核共同海损责任

保险人应详细审核共同海损行为产生的原因、经过，以确定其是否具备构成共同海损的条件。

（六）审核修理招标事项

如果船舶损失的修理是按照保险条款的规定进行招标，则保险人应审核招标结果，如果对招标结果不同意，可以要求被保险人进行第二次招标。招标时被保险人需要支付的燃料、物料以及船长、船员的工资给养，保险人应当审核其金额是否符合保险条款的规定。第二次招标期间发生的费用保险人可以给予赔偿，但是赔偿额不得超过保险金额的30%。

二、赔款的计算与支付

保险人在核赔程序之后，就进入赔款的计算与支付环节，根据船舶全部损失、部分损失、共同海损（参见第十五章）和碰撞责任（参见第十三章）等不同情况，逐项计算赔偿数额。下面以我国船舶保险一切险为例加以说明。

（一）船舶全部损失的赔偿

船舶发生全部损失时，无论是推定全损或实际全损，保险人均应按照保险金额进行赔偿，不扣除免赔额，保险合同终止。

实际全损包括两种情况：第一种情况是在被保险船舶发生完全毁损或者严重损坏不能恢复原状，或者被保险人不可避免地丧失该船舶；另外一种情况是被保险船舶在预计到达目的港日期，超过两个月尚未得到它的行踪消息。在发生实际全损的情况下，船舶的残值归保险人所有，但航程运费不属于保险人。被保险人在船舶实际全损前已支出的施救费用，保险人在另一个保险金额的额度内进行赔偿。如果保险金额低于保险价值，则施救费用应按照两者的比例计算赔偿。

当被保险船舶实际全损似已不能避免，或者恢复、修理、救助的费用或者这些费用的总和超过保险价值时，在向保险人发出委付通知后，可视为船舶发生了推定全损。

（二）船舶部分损失的赔偿

投保一切险的船舶遭受部分损失（即单独海损）时，保险人在保险金额的限度内，应在扣除保险单规定的免赔额之后赔偿实际支付的修理费用。具体如下：

（1）“新换旧不扣”规则。即修理时以新的配件置换旧的配件，对于新换旧的差额部分，保险人在赔款中不作扣减。

（2）如果与海损修理并非直接有关，保险公司对船底除锈或喷漆的索赔不予负责。

（3）船舶修理时发生的船坞使用费用应当由保险公司和被保险船舶合理分摊。即船东为使船舶适航作必要的修理或通常进入船坞时，如果被保险船舶也需就所承保的损坏进坞修理，进出船坞和船坞的使用时间费用应由保险公司和被保险船舶平均分摊；如果船舶仅为本保险所承保的损坏必须进坞修理时，被保险人于船舶在坞期间进行的检验或其他修理工作，只要被保险人的修理工作不曾延长被保险船舶在坞时间或增加任何其他船坞的使用费用，保险人必须完全补偿，不得扣减其应支付的船坞使用费用。

（4）当保险金额低于约定价值时，保险人对承保损失和费用的赔偿，应当按照保险金额在约定价值中所占的比例计算。

（5）发生部分损失时，保险人可以对船舶的修理进行招标或要求再次招标，此类投标经保险人同意而被接受时，保险人补偿被保险人按保险人要求而发出招标通知日起至接受投标时止所支付的燃料、物料及船长、船员的工资和给养。但此种赔偿不得超过船舶当年保险价值的30%。

（6）船舶搁浅后专门为检验船底而产生的合理费用，即使经检验未发现任何损失，保险人也要按照规定赔偿，且不扣除免赔额。

除了修理费用之外，受损船舶移往修理港的费用、修理期间的燃料和物料费用以及被保险人派出监督船舶修理工作的船监人员的监管费用，保险人也要补偿。

案例分析

1993年12月31日，保险公司接受救捞局的投保，向救捞局出具“德跃”轮保险单。保单中载明：船名德跃，总吨3 356吨，保险价值550万美元，保险金额550万美元，承保条件为中国人民保险公司1986年1月1日船舶保险一切险条款，保险期间为1994年1月1日零时至1994年12月31日24时止，绝对免赔额为每次意外事故5 000美元。当事双方就德跃轮投保事宜无特别约定。救捞局于1994年1月13日要求保险公司删除承保条件中海运条款第（一）、（二）项，但保险公司没有作出答复，亦没有出具相应的批单。救捞局按保单约定支付保费，无加付保费。德跃轮于1994年6月6日在奉命前往上川岛附近护航途中接到救捞局的通知，掉头前往香港拖“滨海三〇八”半潜式驳船。6月7日2时2分，在塔石角附近锚泊的德跃轮接到“滨海三〇八”驳船的通知，由于风浪较大，该轮有点移锚，要求将其拖离香港水域。经香港海事处同意，德跃轮于4时45分拖带“滨海三〇八”驳船启航。5时30分，“滨海三〇八”驳船左右偏荡严重，德跃轮与“滨海三〇八”驳船联系不上。6时23分，德跃轮船位于22 028.41′N、113 051.75′E，“滨海三〇八”驳船艏部触碰锚泊于赤湾锚地的“澜沧江”轮右艏部，致使“澜沧江”轮受损。“澜沧江”轮的所有人因此向救捞局提出书面索赔。

请分析本案中保险人是否应予赔付？

思考题

1. 保险人进行船舶保险核赔时通常要审核哪些内容？为什么？
2. 船舶保险人在承保时，应通过什么方式控制和分散风险？
3. 影响船舶保险费率的主要因素有什么？
4. 在确定船舶单独海损赔偿时，应注意哪些方面？

第四篇

保赔保险

第十三章

保赔保险

本章摘要

保赔保险是承保船东在经营船舶业务中应承担的但不属于船舶保险承保责任范围的责任、损失和费用的保险。它具有互助性、附属性、无限制赔偿额和非营利性的特点。保赔保险产生的最直接原因是船东们面对日益加大的风险责任希望将它们转移出去，而传统的船舶保险又无法满足其需求。为了分散风险，船东们自愿组织起来，成立船东保赔协会。船东保赔协会是以维护会员船东利益为宗旨的互助性的非营利组织，其组织机构包括会员大会、董事会和经理部，并通过设立通讯代理来为会员提供服务。由船东保赔协会为会员提供的保赔保险，承保的责任范围十分广泛，主要涉及会员船东的人身伤亡和疾病责任、财产毁损责任、碰撞责任、费用责任及合同责任五大类风险。但同时保赔保险也有一些除外不保责任，有些承保责任在赔偿上也受到一定的限制。除了一般性保赔保险业务外，经与会员达成书面特别协议，保赔协会还可为会员提供特殊的保险业务。

关键词

保赔保险　船东保赔协会　互助性　保赔保险的承保责任

第一节　保赔保险的发展历程

一、保赔保险的概念和特点

（一）保赔保险的概念

保赔保险是保障与赔偿保险（Protection and Indemnity Insurance，P&I）的简称，承保船东在经营与船舶有关的业务中应承担的但却不属于船舶保险承保范围的对第三者的责任以及与营运有关的某些损失和费用。

保赔保险的承保标的主要是船东的责任风险，因此就其属性而言，属于责任保险的范畴，与属性为财产保险的船舶保险不同。然而，保赔保险在承保船东责任的同时，也承担船东因经营与船舶有关业务所遭受的但不能从普通船舶保险那里获得补偿的某些财产损失，如会员拥有或租用的集装箱的灭失或损坏等。作为船舶保险的补充，它适应了船东在经营船舶业务中的客观需要，也丰富了海上保险的内容。办理保赔保险业务的主要不是保险公司，而是由船东自愿组织起来的保赔协会（P&I Club）。

（二）保赔保险的特点

1. 互助性

保赔保险是船东之间相互协助，共同承担风险的保险方式，这是保赔保险区别于一般商业保险的根本特征。这种互助性在早期体现为会员船东之间的相互保障，会员船东同时充当保险人和被保险人的双重身份，既可享受要求赔偿的权利，又要履行支付赔偿的义务，全体会员船东贯彻互助的原则，共保责任，同担风险。而船东组织起来的协会则仅是一种松散的个人联合。现在，虽然保赔协会在组织结构和法律地位上发生了很大变化，保赔保险合同是会员与保赔协会之间订立，入会船东不再具有保险人身份，但保赔保险的互助性并未因此改变，保赔协会仍以维护会员船东的利益为宗旨，不以营利为目的，且会员对协会的经营和保险理赔具有一定的干预和决定权。

2. 附属性

保赔保险一般都以船舶保险为基础，船东只有在已投保船舶保险的前提下才能投保保赔保险。保赔协会章程一般规定，船东入会的前提是其船舶已经投保了船舶险①。其次，保赔保险的除外责任中一般都规定，船舶保单下的可保金额不赔。因此，保赔保险承保船舶保险不保的风险，补充船舶保险的不足，从而体现了它对船舶保险的依附性。

3. 无限制赔偿额

普通商业保险是有最高赔偿限额的保险，保险单通常会约定保险金额，保险金额是保险人对于保险标的发生全损时赔偿的最高限额。保险金额不能高于保险价值，否则无效。而保赔保险是一种无限额赔偿保险，即不以保险金额为赔偿限额。凡是投保保赔保险的船东在承保范围内的所有损失，除对油污责任的赔偿之外，其他都没有最高赔偿金额的限制。

4. 非营利性

保赔保险的性质是船东互保，不以营利为目的，不同于商业保险通过向被保险人收取保险费来获取利润。保赔协会向其会员船东收取保费，全部保费收入和投资收益都用于对会员船东的赔款和分保费支出，以及协会自身必要的行政管理开支，没有利润可求，只是维持资金平衡而已。

二、保赔保险的产生与发展

（一）船东保赔协会的产生

19世纪英国开创的以蒸汽机的发明为标志的工业革命，促进了经济、社会和技术的迅猛发展。世界航运业也出现了新的形势：商船的数量比以往增加，装备也较为先进，船舶的载货与载客量大大增加，在船上服务的雇佣人员增多，船舶的法律关系变得纷繁复杂，相关的立法相继出台。在这些法律规定下，船东所承担的责任的种类和数量

① 如根据中国船东互保协会章程和保险条款的规定，申请投保保赔险的船舶须已经投保船壳险，且船壳险承保范围不应少于全损险加四个附加险。

日渐增加，这些责任超出了船东的承受能力，也不能为当时的保险业消解，船东们迫切希望能够通过某种形式将这些责任风险分散开去。在此情势下，船东保赔协会应运而生。

究其根由，保赔协会产生的最直接原因有以下三个方面：

1. 由于船舶保险对碰撞责任的保障不足，船东们需要将船舶保险不承保的那部分碰撞责任转移出去

1836 年英国法院裁决，船舶碰撞责任不属于碰撞损失，因而不能自船舶保险人处获得赔偿。被保险人不得不向保险人另外投保碰撞责任的风险。由于当时船舶碰撞事故频繁发生，保险人为了使被保险人有所约束，在保险合同中规定只承保被保险船舶的 3/4 碰撞责任，剩余的 1/4 责任由被保险人船东自己承担。由于船舶吨位的不断增加，船舶价值和货载价值的日益提高，因碰撞而造成的经济损失也越来越大。而根据 1845 年《船舶责任限制法》，船舶责任限制按船舶吨位计算，每吨为 15 英镑。而在很多情况下，船舶价值低于此限值，对于超过船舶价值部分的超额碰撞责任，普通船舶险的碰撞责任条款并不负责，船东要自己承担这种超额碰撞责任。另外，在船舶发生碰撞后，船舶残骸以及船上货物、财产散落在海上或港内航道上，这样便产生了清除或处理沉船、残骸的费用，而这些也都是船舶保险合同中不能承保的。既然不能从船舶保险人那里得到充分保障，船东们就十分希望有人来承保或分摊这些责任和费用。

2. 由于船舶保险不负责人身伤亡，船东们需要将船员和其他雇员在船上发生的伤亡和疾病的风险转移出去

船舶发生碰撞等重大事故不仅会造成财产的损失，也会造成船员及其他雇佣人员的人身伤亡。1846 年，英国颁布了《防止致命事故法》，该法规定因船东过失而死亡的人员的亲属，有权起诉船东请求赔偿。鉴于该时期正是英国船只满载移民驶往美洲和澳洲殖民地的运输繁盛时期，该法的出台加大了船东的潜在责任风险①。1847 年，英国批准《港口、船坞、码头条款法》，该法授权港口当局可以对港口作业造成的损害获得赔偿，而不论此种损害的发生是否与船东的过失有关。1880 年的《雇主责任法》首次规定，雇主（包括船东在内）对雇员（包括船员在内）在雇佣期间发生的意外伤害承担赔偿责任。而对于船员和其他雇员的人身伤亡责任、船舶航行中船员的人身伤亡和疾病、装卸作业中装卸工人、理货人员及其他岸上人员发生的意外伤亡，保险人无论是在船舶保险合同还是货物保险合同中，都不承保，都要由船东自己承担。

对于上述这些潜在的巨大责任风险，传统的保险人均不予承保，因而，19 世纪的船东被迫在传统的保险市场之外寻求新的保障，他们发现盛行于 18 世纪的船舶保险协会是一种费用低廉而富有效率的团体保护形式。于是，他们将旧的船舶保险协会改造为"保障"协会，用以承保船舶保险人不保的责任风险。1855 年 5 月 1 日，在一位名叫彼得·廷道（Peter Tindall）的保险经纪人的倡导下，船东互相保障协会（The Shipowner's Mutual Protection Society）成立。该协会即为现在英国布列塔尼亚保赔协会的前身。该协会主要承保人身伤亡责任和普通保险单不予承保的船舶碰撞责任，是海上保险业界第

① 安丰明. 船东保赔协会法律制度研究 [M]. 北京：中国检察出版社，2006：16.

一家船东保赔协会的雏形。1856 年北英保障协会成立。嗣后，联合王国保障协会、西英保障协会等相继成立[①]。

3. 由于船舶保险对所承运货物的某些损失不负责任，船东们需要将这些需由他们承担的货物损失赔偿责任转移出去

19 世纪下半叶，货物的索赔成为关注的焦点。1870 年，一艘名叫“西望”号（Westernhope）的轮船在南非海岸失踪。该轮本来预计装运货物驶往开普敦，然而开航后却首先驶往伊丽莎白港导致了绕航。法院裁定，由于发生绕航，船东不能受运输合同例外条款的保护，船东应当对货物的全部损失承担责任。肇事船舶入保的是北英保障协会（the North of England Protecting Club），但由于该损失不在协会保险条款规定的承保范围内，因而无权请求协会赔偿。尽管该协会最终通融支付了少量的索赔金额，但是该船东不得不自己偿付了不足的大额赔款。该事故出现后不久，另一艘名叫“爱米丽”（Emily）的轮船发生搁浅，船舶连同船载的货物一起灭失。法院认定，船东应对货主的全部损失承担责任，因为货物的损失并非“海上危险”所致，而是由于船东的过失驾船引起的。当时使用的提单格式比较简单，所列保护船东的海上危险项目比较受限制，而根本就没有包含过失驾驶船舶的情况。

受此类事件的震惊，面对由于绕航和过失驾船引起的损失，对货主利益承担的潜在责任，北英保赔协会建议成立旨在赔偿会员此类风险的新协会，于是新的承保协会诞生，将“赔偿”一词加到该协会的名称中。船东相互保障协会也效仿北英保赔协会引进赔偿业务，承保会员船舶所运货物的灭失、短少或损坏的责任风险。1874 年“汽船船东相互保障和赔偿协会”（The Steamship Owner's Mutual Protection and Indemnity Association）成立，标志着海上保险业界第一家保障和赔偿协会的诞生。

（二）现代国际保赔协会的发展

船东保赔协会发端于 19 世纪的英国，以船东相互保障协会为开端，逐渐流行于保险繁盛的英伦半岛，后北欧诸国如挪威、瑞典等步其后尘，成立了一些独具特色的保赔协会。20 世纪初，美国仿照英伦模式，成立了自己的保赔协会。亚洲的保赔协会起步较晚，日本保赔协会作为日本唯一一家提供保赔保险的专业机构，成立于 1950 年。目前世界上已经有 20 多家船东保赔协会对会员船东提供船舶保赔保险服务。

为了协调各保赔协会之间的关系以及在各保赔协会之间安排分保，1899 年，英国的六家保赔协会组成伦敦船东保赔协会集团，成为国际保赔协会集团的雏形，后来其他保赔协会陆续签约加入。如今国际保赔协会集团共有 13 个成员，包括 UK 保赔协会、日本保赔协会、美国保赔协会、瑞典保赔协会等，承保的船舶吨位占世界商船总吨位的 90%以上。在该集团内，各保赔协会的经营相对独立，对于一定数额以下的索赔，由各保赔协会独立承担，对于超过这个数额的保险责任，或由集团的共同基金承担，或由各保赔协会相互承担，或由集团向其他的保险市场进行分保。例如，根据国际保赔协会集团的规定：对于 500 万美元以下的保险责任，由各保赔协会自己承担；对 500 万美元以上 3 000 万美元以下的保险责任，由参加集团的各保赔协会共同建立的基金承担；对于

① 应世昌．新编海上保险学［M］．上海：同济大学出版社，2006：506.

3 000 万美元以上 15 亿美元以下的保险责任，由各保赔协会相互承保；对于 15 亿美元以上的保险责任，则要分保到其他保险市场上①。这种独特的分保方式，使集团内各协会以最优惠的费率获得最宽泛的保险保障。

（三）我国保赔保险的历史和现状

我国保赔保险的历史很短。20 世纪 50 年代，中国远洋船队尚未建立前，中外合资航运公司的船舶都直接在国际市场上投保。例如，中波轮船有限公司拥有的挂中国旗的船舶都向波兰的保险公司投保船舶保赔保险，为此波兰保险公司专门为中波轮船公司设立了保赔保险业务。

20 世纪六七十年代，为了适应中国远洋运输船队的发展，中国人民保险公司在开创船舶保险业务的同时，也设立了船舶的保赔保险业务。1965 年，中国人民保险公司上海分公司采用西英保协的条款承保了两条中波公司船舶的保赔保险，这是我国保赔保险之始。1961 年成立的中国远洋运输公司最初只向中国人民保险公司投保船舶保险，直到 1973 年 9 月才要求中国人民保险公司承保油污和其他保赔责任，后者当时使用的是联合王国保赔协会的条款。1976 年 1 月 1 日，中国人民保险公司开始使用自己的保赔保险条款，1978 年又对之进行了全面补充修订。出于对分散风险责任的考虑，自 1979 年，中国人民保险公司先后与西英保赔协会和联合王国保赔协会建立起保赔保险的分保关系，把承保的 80% 风险责任分保给这两家保赔协会，这种分保业务关系持续至今。随着我国船队的发展和国际航运环境的变化，对保赔保险需求越来越迫切的中国远洋运输公司下属的部分船舶有的直接加入联合王国保赔协会，有的则向西英保赔协会投保。

1984 年 1 月 1 日，中国船东互保协会（China Ownerships Mutual Assurance Association，简称“中船保”）于北京正式成立。它是经我国政府批准的船东互相保险的组织。依照国务院颁布的《社会团体登记管理条例》的规定，中船保作为全国性社会团体在国家民政部注册登记，依法享有社团法人资格，接受交通部的业务指导和民政部的监督管理。其宗旨在于维护与保障其会员的信誉和利益，并为之提供各项专业性保赔业务与补偿服务。自中船保成立以后，中国远洋运输公司的船舶及地方省市拥有的船舶纷纷向该协会投保，也把原来在中国人民保险公司下投保保赔保险的船舶转移给该协会，从而中船保成为我国船舶保赔保险的主要承保人。1984 年中船保成立时仅有 3 家会员、入会船只 46 万总吨，而截至 2012 年 2 月 20 日，中船保会员和入会船舶发展到 146 家、3 134 万总吨，2011—2012 会计年度保赔险会费净收入达 35 719 880. 30 美元。

近年来，中船保的船舶互保业务发展迅速。目前，中船保所承保的业务不仅包括保赔保险，还有船舶保险、战争险、租船人责任保险和抗辩责任险。为了向会员提供简便快捷、高效优质的服务，中船保除了北京的总部外，还在上海、大连设有办事处，在香港有理赔服务机构。同时，在 81 个国家和地区的 240 个港口建立了通讯代理，形成了全球性服务网络，为会员提供高效、快捷的全球性通讯代理网络服务，包括安排各类检验、调查取证、减损、防损等专业服务。

---

① 屈广清 . 海商法学［M］. 北京：中国民主法制出版社，2005：331.

第二节　保赔协会的组织机构和经营体制

一、保赔协会的组织机构

保赔协会是船东保障与赔偿协会的简称，是由船东自愿组织起来的一种互助的、非营利性的组织。保赔协会通常拥有较为完善的组织机构，包括会员大会、董事会、经理部或经理公司和通讯代理等，其中会员大会是最高权力机构，董事会是执行机构，经理部或经理公司是日常管理机构。

（一）会员大会

会员大会作为保赔协会的最高权力机构，由全体会员组成，每年召开一次。会员大会主要行使下列职权：制定协会章程；草拟、修改协会的保险条款；决定年度报告和财务报告的通过与否；选举董事会成员；选举审计人员；对董事会提交的事项作出决定；决定保费、分摊费和其他费用的征收；决定董事会成员的报酬；决定协会的解散和合并等重大事宜。

会员大会的议事规则由协会章程规定。协会会员通过行使其表决权来决定协会的重大事项。一般来说，协会会员的表决权根据其入会的船舶吨位来确定。当入会船舶灭失或失踪，会员的表决权通常持续到下次会员大会结束。入会不满一年的会员一般不授予表决权。

（二）董事会

现代保赔协会都是由数目非常多的会员组成的，会员们作为一个整体，通常将协会的行政管理事务交给从会员中选举出来的董事会。董事会由会员大会选举产生，保赔协会的一切会员均有资格被提名为董事候选人。董事会成员的多少因协会大小而有所差别，规模较大的协会通常是由协会会员在本类船型（如集装箱船、不定期船、客船、油轮等）中占绝大多数的代表来充任。董事会的表决权同会员大会有所不同，它是按照船舶数量而非船舶吨位来行使，即实行一船一票制。

董事会一般每个月或每两个月召开一次会议，决定协会的大政方针，研究需要董事会批准的个别索赔案件。董事会有责任按照会员在会员大会上表达的意愿制定协会的全面方针和长远规划，其职责主要包括：（1）批准按协会条款要求需要经其批准的索赔。在通常情况下，由于会员提交协会处理的索赔案件数量很大，董事会一般只负责那些数额较大的索赔和由其行使自由裁量权范围内的索赔。（2）处理争议。一旦协会与会员之间产生争议，首先应交付董事会研究解决，对董事会的决定不服，可以依照协会保险条款的规定提起诉讼或仲裁。（3）决定保费的数额和征收的次数。（4）批准再保安排。（5）管理协会的经费。（6）雇用或解雇协会的行政管理人员。（7）编制财务报告。（8）决定保险年度的开始和结束。（9）决定储备资金的使用。（10）决定协会保险条款的修改。（11）决定经理人员和行政人员的报酬。他们根据形势的变化调整协会的保障范围，保证使会员随着他们所面临的风险的不断变化和增长而得到充分的保障。

（三）经理部或经理公司

经理部是由董事会组建并在其领导下具体经营管理保赔业务的机构。由于保赔协会董事会的成员往往忙于自身船舶的经营管理工作，不能够全身心地投入到协会的日常事务中来，因而，他们通常把日常工作委派给专业的管理人员即经理部去做。

现代保赔协会的经理部有两种形式：一种是直接经营，即由保赔协会董事会直接任命建立经理部来处理保赔业务；另一种是委托经营，即由保赔协会聘请独立的经理公司经营保赔业务。经理公司对外叫经理人，其本身可以是合伙企业，也可以是股份公司。管理人员多为律师、船务代理人、高级船员、会计师、银行家等。不论采取何种形式，经理部或经理公司都要按业务性质，分设承保、理赔、抗辩、秘书、财务投资、通讯代理等若干具体部门。

经理部的主要职责包括：定期向董事会汇报保费收入、赔款和投资的情况，提出工作改进意见；收集和分析会员船东向协会索赔和受协会指示通过仲裁、诉讼和调解等方式进行抗辩的解决经验和教训；帮助协会会员船东处理海上事故，及时派出海事律师和专家赶赴现场处理事故，帮助或代表船东向有关当事方交涉，防止或减少海上事故的损失；为会员船东提供法律咨询、解释和修改有关海上运输合同和租船合同等；为会员船东提供适当担保，使会员船免遭扣押；审核索赔案，对于涉及第三者的责任索赔，决定采用何种方式解决索赔案。

此外，经理部还负责监督协会提供的除保险以外的服务，而这些服务在当今协会的功能中是非常重要的一部分。在管理人和他们代表的指导下，有一批专业的承保人、分析家、律师和理算师，代表协会在处理保赔保障的索赔中提供范围非常广泛的专家意见和专门技术。

（四）通讯代理

通讯代理是保赔协会在世界各主要港口聘用的专门为保赔协会提供各种服务的人，其主要作用是代替保赔协会经理部工作人员及时就近处理海事案件，以节省保赔协会的人力和费用。通讯代理一般不是专职的，多由港口所在地的律师事务所、航运代理公司或保险公司兼任。

通讯代理的权限比较有限，主要是在会员和保赔协会之间承担信息传递和联络的作用，除非经协会特别授权，没有决定保险赔付的权利。通讯代理的具体职责包括：（1）协助入会船舶进行装货前的检验工作，及时向保赔协会汇报入会船舶发生的海事或重大货损货差的情况；（2）调查了解海损事故发生的原因、损失的范围和程度、入会船舶对事故所负的责任，收集可能有利于抗辩或减少索赔的事实证据并任命检验人；（3）接待保赔协会派出的代表，安排他们赴现场调查、参加损失检验；（4）接受保赔协会的委托在当地聘请律师，以在诉讼或仲裁中为入会船舶进行抗辩；（5）代表保赔协会出具担保；（6）协助保赔协会审核有关入会船舶索赔的资料文件，传达争议双方的意见；（7）帮助当地船东办理加入保赔协会的事务，向其提供有关协会的各种资料；（8）定期或不定期地提供对会员有益的最新信息资料，如新近出台的法律法规等。

二、保赔协会的经营管理

（一）保赔保险的投保

保赔保险的投保，亦称入会申请，是指船东为将其拥有的船舶加入保赔协会而提出的书面申请。入会申请要求提出申请的船东必须做到最大诚信，也就是在法律上要承担告知和保证等义务。

1. 入会申请方式和程序

入会申请方式有两种：一种是船东自己直接向保赔协会提出申请；另一种是船东委托经纪人来办理保赔保险的投保事宜。申请方式不同，但申请程序却一致，即先向保赔协会索要入会申请表，这也相当于保险人的“投保单”，逐项填明会员名称、入会船舶名称、注册地点、总吨位、建造年份、投保险别和条件、航行范围及保险期限等，然后将申请表并附上入会船舶近期的适航证书副本交给保赔协会。申请人在入会申请中所提供的这些资料，被认为是会员与保赔协会之间成立保险合同的基础。

保赔协会在收到船东的入会申请书以后，要对船东提出的入会申请和提供的文件进行调查和审核，并作出接受即承保与否的决定。如果协会同意接纳，随之开出费率和承保条件。申请入会的船东对此费率和条件若无异议，保赔协会便向其签发入会证书（Certificate of Entry）。入会证书的签发，意味着该船舶已被接纳为入会船舶，保赔协会开始对它在承保范围内的风险和责任负责。

2. 入会证书的内容与性质

入会证书通常由两部分内容构成：第一部分包括投保险别、入会船东名称、入会船舶规范（如总吨位、建造年份、船旗等）、保险费；第二部分是承保条件，包括保险期限、除外责任、赔偿限制、付款条款和免赔额等。

入会证书是会员与协会之间订立保险合同的证明，而非保险合同本身。它相当于协会所签发的“保险单”，但它不是内容具体的保单，也不包含入会的一切条款。尤其是有关承保范围与会员的权利、责任等保险合同的重要条款，通常并不在入会证书中载明。会员与协会之间保险合同的内容还要取决于协会章程、协会规则和协会保险条款的规定。入会证书通常载有一个并入条款，通过该条款将协会保险条款并入保险合同。入会证书同时也是船东会员资格的证明。船东和协会之间一旦就船舶的入会条件达成一致，他们之间的合同即告成立，船东本人同时成为保赔协会的会员。

3. 船况检验

为了确保会费的稳定和会员的素质，协会通常会对船舶的最新状况进行检验，并查验船舶的入级记录。检验内容主要有船舶结构、舱室情况、起货设备和机舱设备情况、驾驶台设备及海图和有关资料、生活区情况、安全及消防设施、各种证书等。通过船况检验，可以全面了解入会船舶，并督促船东重视有效的维修以保证船舶的适航性和减少事故的发生。若检验结果不合要求，协会通常限令船东在规定期限内修理和改正，否则不予接纳；如已接纳入会的，则终止保险责任。检验费用，如果是入会时的船况检验，由船东承担，续保时的船况检验则由协会负责。

（二）保赔保险的费率和保险费

保赔协会承保业务的资金来源主要是会员船东所缴纳的保险费，其次是短期投资收益。保赔保险的保险费是根据费率来计算的。

1. 费率制定

保赔协会没有固定的费率表，它采取每年度同每个会员船东议定费率的作法。入会证书上载明的每总吨费率是保赔协会同意接纳入会船舶时所开出的费率，按该费率计算出的保险费就是预付保费。入会时的费率的议定依据是入会船舶的登记总吨位、船龄、船型、航区、技术状况、管理水平、营运特点、投保险别以及会员船东承担的免赔额等。在制定续保的费率时，除上述因素外，还要考虑保赔协会的管理费用、通货膨胀、投资和其他收益，以及入会船舶的赔付记录等。

2. 保险费的构成

保赔保险费由预付保费（Advanced Calls）和追加保费（Supplementary Calls）构成，还可能加上特大事故追加保费（Overspill Calls）。

预付保费是保赔协会在入会证书上开出的每总吨费率乘以总吨数所得出的保险费。会员首先应当缴纳的就是预付保费。它一般在入会时一次付清，但也可与保赔协会协商后在保险年度内分两次或多次付清。每个会员船东缴纳的预付保费是不同的。

追加保费是保赔协会在保险年度结束时根据保赔协会的整个赔偿情况即赔付率的高低，连同协会管理费用支出进行核算而决定征收的费用。追加保费在一个保险年度内可能是一次，也可能是数次。保赔协会收取追加保费的方式有两种：一种是按预付保费的一定比例计收，另一种是按入会船舶的每总吨费率的一定比例计收。各保赔协会一般是在保险年度结束后 18 个月内作出是否要征收追加保费的决定。因为如果保赔协会经营稳定，赔付情况较好或没有出现亏损，就可以少征收乃至不征收追加保费。

特大事故追加保费通常是指索赔总额超过了可以从与协会有分保协议关系的国际保赔集团摊回的赔偿额，而保赔协会留存的特大事故储备金又不足以支付时，由会员船东支付的额外保费。这种保险费是先由保赔协会确定一个费率，然后按会员船东各自拥有的入会船舶总吨位分别计算收取。

（三）保赔保险的续保、停保、终止和撤销

1. 保险期限

保赔保险的期限为 1 年，但起讫时间与其他保险不同。保赔保险年度从 2 月 20 日 12 时起算，至下一年的 2 月 20 日 12 时终止，以入会证书签发地的时间为准。年度中入会的船舶，保险期限是从入会证书上载明的开始时间至该保险年度结束时止。

2. 续保和终止

按照保赔保险条款的规定，在保险年度终止时，如果船东继续在原保赔协会入会，必须在保险年度终止之前向经理部提出续保的申请，保险责任在下一年度重新开始。会员船东也可以自行决定，而且不必说明理由，在保险年度终止前向保赔协会发出终止保险的书面通知。同样保赔协会也有权书面通知会员船东终止下一年度的保险。

3. 保险的停止

保赔保险的停止是指保赔协会提前终止保险合同和会员资格。中国船东互保协会的保险条款规定，如果会员船东发生下列任一事件时，即予停保：（1）对于个人会员，当其死亡、法院对其下达接收命令、破产、其与其债权人原则上达成和解安排、精神失常时；（2）对于公司会员，当其自愿结业、发生强制结业令、解散、在破产案中接收人或管理人被指定、根据破产法开始法律程序以寻求破产保护或重组时。

如果入会船舶发生下列任一情况时，除非经理部另有书面同意，否则协会将停止对该船舶的保险：（1）入会船被出售或转让；（2）入会船被抵押担保；（3）入会船不符合经保赔协会认可的船级社的船级或其他要求；（4）入会船担保人占有了入会船产权；（5）入会船舶管理人发生变更；（6）船舶失踪；（7）经船舶保险人或保赔协会接受或认定为实际全损或推定全损。

自终止或停止保险之日12时起，保赔协会不再对入会船舶负责。已缴付的年度保费一般不退还，但有时也视具体情况酌情按比例退还。即使入会船舶停保或退保后，保赔协会仍有权根据情况计算该会员船东应负责的与该船有关的分摊的款项。

入会船舶如未载运货物而停泊超过30天，该船船东就可以像船舶保险中规定的那样，向保赔协会要求停泊退费。退费按扣除再保险费和管理费后的净保费按日比例计算，退费比例会因停泊时有无船员在船上而有不同。例如，停泊时有船员在船上，则按净保费日比例的50%退费；停泊时船上无船员，按净保费日比例的95%退费①。

4. 保险的撤销

当会员未能全部或部分交纳其应支付给协会的任何款项时，经理部可向其发出书面通知，要求其在指定日期内付款。如果会员在该指定日期内仍未能全部支付，协会有权撤销该会员全部或部分入会船的保险。会员的保险被撤销时，仍应负责支付其应当承担的所有摊款、会费及其他费用。自撤销日起，协会对于会员船舶的任何类别的索赔停止承担责任，无论这些索赔是在撤销日以前已经发生的事件而引起的，或者协会已经认可了责任或委托了律师或检验师来处理此索赔。

（四）会员船东的义务

1. 缴付保险费的义务

缴付保险费是会员最基本的义务。保赔协会是船东互保性质的，不同于保险公司通过向投保人收取保费来取得自己的利润，因为保赔协会收取保费并非为赚钱，而是为了支付给各会员赔款，以及必要的协会行政管理开支。因此，只有每个会员认真履行足额，及时缴纳保险费的义务，才能实现承保风险出现后索赔补偿的“互助共赢”。如果会员不按规定缴付保险费，保赔协会有权取消其会员资格。

2. 事故通知和防损减损义务

当入会船发生保赔协会承保范围内的事故而且可能会引起对保赔协会的索赔时，会员船东应立即通知经理部，并及时聘请验船师进行检验；同时有义务采取一切合理措施，以避免或减少可能由协会承保的任何责任或费用，否则协会有权拒绝赔付或从赔款

① 曾立新．海上保险学［M］．北京：对外经济贸易大学出版社，2001：534-535.

中扣减相应金额。会员通知协会后，协会经理部及其代理人有权向船东及其雇佣人员调查事故。会员应在知悉此事故或索赔后1年内向经理部发出通知，否则协会对其提出的索赔不予赔偿。

3. 先付义务

当发生入会船舶因违约或侵权行为应对第三者承担赔偿责任时，会员船东在未得到保赔协会同意之前，不能先支付赔款和确认责任，即使这些责任有可能由协会承担。而会员从保赔协会取得对任何责任、开支或费用的赔偿的先决条件，是其必须首先解除该责任和付清该开支或费用。也就是说，经过经理部的同意，会员应先行支付赔款或履行责任，然后再向保赔协会请求获得对这些责任或费用的补偿。如果会员对任何责任或费用与索赔方或其他责任方达成协议结案后1年内，未将索赔案提交经理部求偿，会员的索赔即被解除，协会对此不再承担赔偿责任。

4. 保持船级的义务

会员船东必须保证其入会船在入会时和整个入会期间始终保持经协会认可的船级社所给予的船级，对于发生船级社通常会对造成的损坏进行修理或其他措施作出建议的事件或情况，会员应尽快报告船级社，并进行船级检验，核准原有的船级是否变更。此外，会员还应当在船级社所指定的时间内执行该船级社提出的与入会船有关的所有规则、建议和要求。倘若入会船不能达到原有的船级，会员应通知协会经理部。

保持船级和符合法定要求是协会承保入会船的基本条件。任何会员对在其不履行或未能履行上述条件期间而发生的任何索赔，概不能从保赔协会得到赔偿。

第三节　保赔保险条款

保赔保险的承保范围非常广泛，主要承担责任损失的赔偿，即船舶保险承保范围以外的民事损害责任赔偿。当然，保赔保险也规定有除外责任，明确对某些风险责任和费用拒绝承保；有的即使承保，但在赔偿上也有一定限制。各保赔协会的保险业务都是严格遵守各自的章程和规则以及本协会的保险条款，但各协会的章程、规则和保险条款的内容大同小异。以下结合中船保的保赔保险条款①进行介绍。

一、保赔保险的承保责任

保赔协会承保的对象是会员的“责任”或“损失”。前者包括根据合同或者因侵权产生的责任，以及根据其他特别法律的规定而产生的责任；后者包括各种损害、开支和费用等。承保必须满足以下三个条件，缺一不可：（1）须是在船舶入会期间所发生的事件；（2）须是与会员对入会船的利益有关；（3）须是与入会船舶的营运有关。

中船保的保赔保险条款承保下述25项风险：

（一）人员伤、病或死亡——入会船船员

对任何入会船船员的伤、病或死亡支付赔偿金或补偿费的责任，以及因此项伤、病

① 本保险条款经中船保于2009年6月2日在中国昆明召开的第25届会员大会表决通过。有关保赔保险的条款自2009年2月20日格林尼治标准时间12时起实施。

或死亡所产生的必要的医药、住院、丧葬费（包括尸体运送费用）及其他费用，包括该船员的遣返费用和派遣替换船员的费用。

但是当责任、损失或费用是根据船员协议或其他服务合同或劳务合同的条款而产生，且如无这些条款就不会产生时，除非这些条款事先得到了经理机构的书面认可，并以此为限，否则本协会不负赔偿责任。

（二）人员伤、病或死亡——除入会船船员外的其他人员及对旅客的责任

（1）对任何人员［非上述第（一）款及本第（二）款下述第（2）和（3）项规定的人员］的伤、病或死亡支付赔偿金或补偿费的责任，以及因此项伤、病或死亡所产生的必要的医药、住院、丧葬费（包括尸体运送费用）。

（2）对从事入会船货物作业的任何人员的伤、病或死亡支付赔偿金或补偿费的责任。但是：① 协会对本款上述第（1）和（2）项规定责任的保险仅限于发生在入会船上的，或与入会船有关的，或在装货港从托运人或上一程承运人收到货物时起至在卸货港向收货人或下一程承运人交付货物时止的期间与货物作业有关的疏忽行为或不作为所产生的责任。② 当责任是根据任何合同或补偿协议的条款而产生，且如无这些条款就不会产生时，不属于本款保险范围，但可根据第（六）款得到保险。③ 由于入会船与他船碰撞所产生的对他船人员的责任，不属于本款保险范围，但可根据第（七）款第（2）项得到赔偿。

（3）对旅客的责任。① 对任何旅客的伤、病或死亡支付赔偿金或补偿费的责任，及因此项伤、病或死亡而产生的医药、住院、丧葬费（包括尸体运送费用）。② 由于入会船发生海难事故而应支付该船上旅客的赔偿金或补偿费，包括支付旅客前往目的港或返回登船港的费用及旅客在岸基本生活费用。③ 对旅客行李物品的灭失或损坏支付赔偿金或补偿费的责任。

但是：① 协会根据本款第（3）项规定对旅客的赔偿责任，应限于在入会船上的或与入会船有关的任何作为、疏忽或不作为所引起的责任，开支和费用。② 客票或会员与旅客签订的其他合同条款应取得经理机构的书面认可，且会员与经理机构就本第（3）项规定责任的保险已按经理机构要求的条款达成协议。③ 会员对任何旅客因航空运送而遭受的人身伤亡，或财产灭失或损坏、迟延或任何其他间接损失所产生的责任不能根据本款第（3）项从本协会获得赔偿，但是在下列期间产生的责任不应除外：第一，受伤或生病旅客通过航空遣返期间，或旅客在入会船发生海难事故后通过航空遣返期间；第二，旅客在离开入会船的旅途期间，但应符合下述④的规定。④ 会员对旅客在离开入会船的旅途中死亡或受伤所承担的契约责任，在以下任一情况下不能根据本款第（3）项从本协会获得赔偿：第一，旅客已另行订立了一项关于旅途风险的合同，不论该合同是否是与会员订立的；第二，会员已放弃了其就有关旅客旅途风险向任何分包人或其他第三者的任何或全部追索权。⑤ 除非会员与经理机构达成协议，对有关现金、流通证券、贵重或稀有金属、宝石、贵重物品或稀有或珍贵物品的索赔获得相应特别保险，并以此为限，否则本协会不负赔偿责任。⑥ 就本第（3）项而言，“海难事故”是指以下事件：第一，碰撞、搁浅、爆炸、火灾，或影响入会船的物理状态使其不能安全驶抵其预定目的港的任何其他事件；第二，危及旅客生命、健康或安全的事件。

（三）船员遣返及替换费用

会员为留岸的入会船船员而派遣替换船员所产生的或根据法定义务遣返入会船船员所产生的，且根据第（一）款规定不能获得赔偿的船员遣返及替换费用。但是，本款不包括由于下列原因所产生的费用：

（1）船员在入会船上的服务期满，不论该项期满是根据船员协议或其他服务合同或劳务合同，还是根据合同双方的一致同意。

（2）会员违反任何协议或其他服务合同或劳务合同。

（3）入会船被出售。

（4）会员采取的与入会船有关的任何其他行动。

（四）个人物品的灭失或损坏

（1）对任何入会船船员个人物品的灭失或损坏支付赔偿金或补偿费的责任。

（2）对入会船上的任何其他人员［不包括第（二）款第（3）项规定的人员］的个人物品的灭失或损坏支付赔偿金或补偿费的责任。但是：

① 除非会员与经理机构达成书面协议，对任何有关现金、流通证券、贵重或稀有金属或宝石、贵重物品或稀有或珍贵物品的索赔取得了相应特别保险，并以此为限，否则本协会不负赔偿责任。

② 当会员的责任是因某合同条款而产生，且如无这些条款就不会产生时，除非这些条款已事先得到经理机构书面认可，并以此为限，否则本协会不负赔偿责任。

（五）船舶全损船员失业赔偿

由于入会船发生实际全损或推定全损导致任何船员失业，会员根据其法定义务或其他法律责任或任何船员协议或其他服务合同或劳务合同规定，对船员工资或补偿所承担的支付责任。但是，相关协议或合同需经经理机构事先书面认可，并以经理机构书面认可的为限。

（六）由某些补偿协议或合同所产生的责任

根据会员订立的或以会员名义订立的，有关向入会船或由入会船提供设施或服务或有关入会船设施或服务的补偿协议或合同而产生的对人员伤、病、亡，或财产灭失或损坏的责任，但仅以符合下列规定的为限：（1）补偿协议或合同事先得到了经理机构的认可，且会员与经理机构就此项责任的保险按经理机构要求的条款达成了书面协议；（2）董事会决定应赔偿会员。

（七）碰撞责任

由于入会船与他船碰撞而产生的下述第（1）、（2）和（3）项规定的向任何他人支付费用和赔偿金的责任。但是，本协会对该项责任的赔偿仅以不能根据入会船船舶险保单或船舶险入会证书的碰撞责任条款得到赔偿的为限。

（1）由于碰撞所产生的四分之一责任，或经理机构书面同意的其他比例的责任，但不包括本款下述第（2）项规定的责任。

（2）由于碰撞所产生的对下列事项或与下列事项有关的四分之四责任：

① 油类或任何其他物质的泄漏或排放（非入会船泄漏或排放），或此种威胁，但不包括对与入会船碰撞的他船及在该他船上的财产的损害。

② 任何不动产或动产或其他财产，但不包括他船或在该他船上的财产。

③ 对障碍物、残骸、货物或任何其他物体的移除或处置。

④ 入会船上的货物或其他财产，或这些货物或财产的所有人所支付的共同海损分摊、特别费用或救助费。

⑤ 人员伤、病、亡、遣返费或替换费。

⑥ 对与入会船碰撞的他船的救助，根据“保赔协会特别补偿条款”或其任何修订文所支付的补偿。

（3）仅因入会船碰撞所产生的责任金额超过入会船在船舶险保单或船舶险入会证书下的价值，会员所承担的超出可从船舶险保单或船舶险入会证书获得赔偿的金额的那部分责任，但不包括本款上述第（1）和（2）项规定的责任。但是：

① 除非董事会另作决定，并以此为限，本协会在本第 3 项下的赔偿责任，应仅限于如果入会船按船舶应有价值足额投保船舶险，仍超出可从船舶险保单或船舶险入会证书获得赔偿的金额的那部分责任（若有的话）。

② 除非在船舶入会时或随后的每年续保时，会员与经理机构另达成协议，本协会对会员在入会船船舶险保单或船舶险入会证书下自行负担的任何形式的免赔额不负赔偿责任。

③ 如果与入会船碰撞的他船全部或部分地属于同一会员，该会员与本协会在本款下的权利和义务应如同碰撞的他船属于其他船东一样。

④ 除非会员与经理机构另达书面协议，并以达成的书面协议作为入会船的入会条件，如果碰撞船舶互有过失，且其中一方或双方船东的责任依法得到限制时，基于本款提出的索赔应按单一责任原则处理，在任何其他情况下，应按交叉责任原则处理，如同各船船东应予支付他船船东这样比例部分的赔款，即在确定由于碰撞而应由入会船船东支付或应支付给入会船船东的余额或金额时，可适当确定他方的赔偿金的比例部分。

（八）财产的灭失或损坏

对不论是在陆上的或在水上的，也不论是固定的或活动的任何财产的任何灭失或损坏（包括对权利的侵害）支付赔偿金或补偿费的责任。但是：

（1）本款不包括对下列责任的赔偿：① 由任何合同或补偿协议的条款而产生，且若无这些条款就不会产生的责任；② 下列条款已承保的责任：第（二）款第（3）项“对旅客的责任”、第（四）款“个人物品的灭失或损坏”、第（七）款“碰撞责任”、第（十二）款“污染责任”、第（十三）款“船舶拖带责任”、第（十四）款“残骸处理责任”、第（十六）款“货物责任”、第（十七）款“入会船上的财产”。③ 入会船船舶险保单或船舶险入会证书规定由会员承担的任何形式的免赔额。

（2）如果入会船造成了财产灭失或损坏或侵害了权利，而该财产或权利全部或部分地属于该入会船会员，该会员具有同样权利从本协会取得赔偿，如同该财产或权利完全属于不同所有人一样。

（九）改变航线

入会船仅为了救助海上人命，或使船上伤病人员取得治疗，或等候该伤病人员的替换人员，或为了将偷渡或避难人员送上岸，而改变原定航线所产生的额外港口使费、伙食费、物料费、燃油费、保险费以及船员工资和津贴（系指超过入会船如不改变原定航线而本将产生的上述费用的部分），但以不能从任何第三者取得补偿的为限。

（十）安置偷渡人员和避难人员

会员因履行其对偷渡或避难人员或海上获救人员的义务，或对这些人员作出必要的安排而产生的费用，不包括根据第（九）款所承保的费用，但仅以会员依法承担的或在经理机构认可和书面同意下所产生的，且不能从任何第三者取得补偿的为限。但是，本协会对由于营救避难人员而产生的利润损失或贬值不负赔偿责任。

（十一）人命救助

由于第三者救助或试图救助入会船上的或来自入会船的任何人员的生命，会员依法支付该第三者的款项，但仅以该会员不能根据入会船船舶险保单或船舶险入会证书获得赔偿的，或不能从货主或货物保险人获得赔偿的为限。

（十二）污染风险

由于入会船排放或泄漏油类或任何其他物质，或存在这种威胁，所产生的下述第（1）至（5）项规定的责任、损失、损害、开支和费用：

（1）对损失、损害或污染的责任。

（2）会员作为董事会认可的任何协议的成员所产生的或应予承担的任何损失、损害或费用，包括会员履行该协议义务而产生的开支和费用。

（3）为避免或减轻污染或由污染导致的任何损失或损害而采取任何合理措施所产生的费用，以及由于采取了该措施而引起的对财产灭失或损坏的任何责任。

（4）为防止入会船排放或泄漏油类或可能造成污染的任何物质的紧迫危险，而合理地采取任何措施所产生的费用。

（5）由于遵从任何政府或主管当局为防止或减轻污染或污染危险而发出的任何命令或指示所产生的责任或费用，但是应符合以下情况：① 这种遵从不是出于入会船正常营运、救助或修理的需要；② 此项责任或费用不能根据入会船船舶险保单或船舶险入会证书得到赔偿。但是：

① 除董事会另作决定且不必给出理由外，本协会对由于在任何岸上堆存场、仓库或处理设施中存在任何曾载于入会船上的任何物质，或从任何这些场、库或设施中排放或泄漏任何这些物质或排放或泄漏威胁而产生的任何责任、损失、损害、开支或费用不负赔偿责任，不论这些物质是否作为货物、燃油、物料或废弃物曾由入会船承载。

② 除非经理机构书面同意给予特别保险，并以此为限，本协会对如果会员对入会船所载货物以不比 1994 年《约克—安特卫普规则》规定不利的条款承运，而本可在共同海损中得到赔偿的任何责任、损失、开支或费用不负赔偿责任。

③ 除非经理机构另作书面同意，如入会船属于《小型油轮油污赔偿协议 2006》所定义之“相关船舶”，该入会船会员在该入会船在本协会入会保险期间应是该协议有效期间的成员。

除非董事会另作决定，该会员对入会船在其非为该协议成员期间发生的任何海难、事故、事件或事情无权根据本第 12 款取得任何赔偿。

④ 除非经理机构另作书面同意，如入会船属于《油轮油污赔偿协议》所定义之

“相关船舶”，该入会船会员在该入会船在本协会入会保险期间应是该协议有效期间的成员。

除非董事会另作决定，该会员对入会船在其非为该协议成员期间发生的任何海难、事件或事情无权根据本第 12 款取得任何赔偿。

（十三）船舶拖带责任

1. 对入会船进行常规性拖带

根据对入会船进行下述常规性拖带的合同所产生的责任，不包括拖带费用：

（1）在船舶正常营运中，为进出港口或在港内移动而进行的拖带。

（2）在船舶正常营运中，对惯常被拖带的入会船进行港口间或两地间的拖带，但以会员在该船船舶险保单或船舶险入会证书下未得以保险的为限。

2. 对入会船进行非常规性拖带

根据对入会船进行本款第 1 项规定外的非常规性拖带的合同所产生的责任，但本协会对此项责任的保险仅以会员按经理机构要求的条款与经理机构达成书面协议的为限。

3. 由入会船进行拖带

由入会船对他船或物体进行拖带所产生的责任，但只有在符合下述情况时，协会才对此项责任进行赔偿：

（1）拖带或试图拖带是为了救助或试图救助海上人命或财产。

（2）对该项责任的保险，会员按经理机构要求的条款与经理机构达成了书面协议。

（3）董事会在考虑了所有情况后决定有关索赔属于本协会承保范围，会员应该得到赔偿。

（十四）残骸处理责任

（1）对入会船残骸实施起浮、移动、拆毁、设置照明或标记所产生的开支或费用，但此等作业应是根据法律规定而强制实施的，或此等作业的费用应是由会员依法承担的。

（2）对载于或曾载于入会船上的任何货物或财产（不包括第 12 款规定范围内的油类或任何其他物质）实施起浮、移动或拆毁所产生的开支或费用，但此等作业应是根据法律规定而强制实施的，或此等作业的开支或费用应由会员依法承担的，且只有在符合下述情况时，本协会才对此项开支或费用承担赔偿责任：① 上述财产非为入会船的构成部分，也非为会员或会员的任何关联公司或与会员在同一管理机构下的任何公司所拥有或租赁；② 会员不能从货物或财产的所有人或保险人或任何其他人获得赔偿。

（3）由于对本款上述第（1）和（2）项所提及的入会船残骸或任何货物或财产实施或试图实施起浮、移动或拆毁而使会员产生的责任。

（4）由于入会船残骸的存在或随意性移动，或由于未能使该残骸移动、拆毁、设置照明或标记而使会员产生的责任，包括由于从该残骸中排放或泄漏油类或任何其他物质而产生的责任。

但是：① 如果入会船在本协会入会期间发生海难、事件而成为残骸，本协会对由此而产生的索赔将继续承担责任，即使根据第 25 条第 3 款规定本协会停止了对该船其他责任的保险。

② 根据本款第（1）项提出的索赔，应先扣除所有获救物品及材料的价值以及入会船残骸的残值，本协会仅赔偿其剩余部分（若有的话）。

③ 如果会员在实施对残骸的起浮、移动、拆毁、设置照明或标记以前，或在引起本款所提及的责任、开支或费用的事件发生以前，未经经理机构的书面同意，转让了其在该残骸上的利益（不包括委付情况），则不得根据本款从本协会获得赔偿。

④ 如果会员的责任产生于一项补偿协议或合同，且如无这些协议或合同便不会产生此项责任时，本协会对本款所规定的开支或费用的赔偿责任，只有在以下情况下才予以承担：第一，有关补偿协议或合同的条款事先得到了经理机构的认可，且会员就此项保险按经理机构要求的条款与经理机构达成书面协议；第二，董事会决定会员应该得到赔偿。

（十五）检疫费用

由于入会船上暴发传染病的直接后果而使会员产生的额外费用，包括检疫和消毒费用以及会员因此而遭受的有关燃油费、保险费、船员工资、物料伙食费及港口使费的净损失（即超过如未爆发传染病而本将产生的这些费用的部分）。

（十六）货物责任

本款下列第 1 至 4 项规定的对货物的责任和费用，但仅限于与拟载于、正载于或曾载于入会船的货物有关的责任和费用：

1. 货物灭失、短少、损坏或其他赔偿责任

由于会员或会员依法对其作为、疏忽或不作为负责的任何人员违反对货物应妥善地装载、操作、积载、运输、保管、照料、卸载和交付的义务，或由于入会船不适航或不适货所产生的对货物灭失、短少、损坏或其他赔偿责任的责任。

2. 对损坏货物的处置

会员为卸下或处置损坏的或无价值的货物而产生的额外费用（即超过若货物未损坏会员本将产生的费用的部分），但仅限于该会员对任何其他方不享有追索权的费用。

3. 收货人未提走货物

仅因收货人在卸货港或货物交付地完全不能提取或移走货物而使会员产生的责任或额外费用（即超过若收货人提取或移走货物，会员本将产生的费用的部分），但仅以超过货物的拍卖收益，且该会员对任何其他方不享有追索权的责任或费用为限。

4. 联运提单或转船提单下的责任

由于经理机构认可的联运提单或转船提单或其他运输合同规定由入会船承担其中部分运输，而使会员对由其他运输工具（非入会船）承运货物产生的货物灭失、短少、损坏或其他赔偿责任所承担的责任。但是：

（1）适用中国海商法或其他有关货物运输的规则。除非董事会另作决定，或经理机构书面同意给予特别保险，并以此为限，本协会对如果货物以适用中国海商法有关规定的合同进行运输，或以并入了有关承运人责任不比《海牙规则》或《海牙—维斯比规则》不利的条款进行运输便不会产生的责任或不必支付的费用不负赔偿责任。

（2）绕航。此处的绕航系指入会船偏离合同约定的航线或航程，使会员丧失如入

会船未发生绕航其根据上述但书（1）所提及的海商法或规则本可享有的旨在降低或减少其责任的抗辩权利或责任限制权利。除非董事会另作决定，或会员在入会船发生绕航前就有关绕航的保险得到了经理机构书面确认，并以此为限，本协会对入会船发生绕航所引起的或因绕航的后果而产生的责任、开支和费用不负赔偿责任。

（3）除外责任。除非董事会另作决定，并以此为限，本协会对由于以下情况所产生的任何责任、开支或费用不负赔偿责任：

① 将货物卸在非运输合同规定的港口或地点。

② 对根据一份不可转让提单、运单或者类似单证运输的货物，当单证、单证所适用的法律或由单证包含或证明的运输合同明确规定应凭单交付货物时，向未提交该单证的人所作的交付，但会员按照对承运人适用的其他法律的要求，未收取该单证便交付或丧失对货物的掌管或控制的情况除外。

③ 对根据一份可转让提单或类似物权凭证运输的货物，未从提货人收取该提单或凭证而作出交付；但是，当货物运输由入会船在不可转让提单、运单或其他不可转让单证下进行，并根据该等单证的要求被恰当地交付的情况应予以除外，尽管该会员根据一份由他人或以他人名义签发的，规定部分货物运输由非入会船履行的可转让提单或类似物权凭证而可能承担责任。

④ 签发预借或倒签提单、运单或其他包含或证明运输合同的单证，即提单、运单或其他单证所记载的装载或装船或收洽待运的日期，根据不同情况，早于或迟于货物实际装载、装船或收洽的日期。

⑤ 签发的提单、运单或其他包含或证明运输合同的单证上载有会员或入会船船长已知不正确的货物描述或货物数量或状况。

⑥ 入会船未抵达或迟延抵达装货港，或未装上任何特定货物，但根据一份已签发提单所产生的责任、损失和费用不在此例。

⑦ 会员或其经营管理人员故意违反运输合同。

（4）舱面货。本协会对货物因载于舱面而产生的灭失、损坏或其他赔偿责任不负责任，除非经理机构认为该货物及入会船适于舱面运输，且提单或其他运输合同：

① 载明货物载于舱面，并规定承运人对该货物的灭失、损坏不负责任，或规定承运人对该货物享有不低于《海牙规则》或《海牙—威斯比规则》规定的权利、免责和责任限制。

② 载明货物载于舱面，并规定承运人对货物运输的责任适用中国海商法。

③ 适当地规定承运人有权将货物载于舱面，且规定承运人对载于舱面的货物责任适用《中国海商法》，或适用有关承运人的权利、免责和责任限制不低于《海牙规则》或《海牙—威斯比规则》规定的条款。

（5）提单载明货价。当提单、运单或其他包含或证明运输合同的单证上载明了货物价值，且每货运单位、件、包的货价高于 2 500 美元（或与此等值的其他货币金额）时，除非经理机构书面同意以其认为合适的条款对载明该较高价值的货物的责任向会员提供特别保险，否则本协会在本项规定下的赔偿责任不超过每货运单位、件、包 2 500 美元。

(6) 稀有及贵重货物。本协会对与货币、金银、贵重或稀有金属或宝石、金银器皿或其他稀有或珍贵物品、钞票或其他货币、债券或其他流通证券运输有关的索赔不负赔偿责任。除非经理机构书面同意对此等物品的运输给予特别保险，并以此为限。

(7) 会员的财产。如果在入会船上遭受灭失或损坏的任何货物系会员的财产，该会员仍有权向本协会取得赔偿，赔偿数额相同于假定该货物属于第三者，且该第三者已与会员就该货物根据本款上述但书第（1）项所规定的海商法或规则签订了运输合同，该第三者可向会员获得赔偿的数额。

(8) 关于运输方式的规定。董事会有权随时对拟载于、正载于或已载于入会船上的货物的运输、存放、运送、保管和操作的条件及方法制定规定。

该规定一经制定，便应被视为并入了本保险条款，并从制定规定那天后的下一个保险年度开始时起或从董事会决定的日期和时间起实施。从该规定开始实施时起，每一会员应使其或代表其在本协会入会保险的入会船或该等船舶所进行的运输遵守该规定。

如会员违反该规定，对会员的任何索赔，经理机构可拒绝或减少赔付，但以倘若会员遵守了该规定便不会产生的索赔为限，经理机构也可进一步对该会员加诸其认为合适的条款以作为该会员的船舶在本协会继续保险的条件。

(9) 岸上风险。本协会根据本款第（1）、（2）和（3）项规定所承担的责任，不包括货物在收洽待运前，在卸货港交付后，或在货物既不在入会船上又不在装货港或卸货港的码头区域内的任何时候发生的事件所产生的责任和费用。本但书规定不影响本协会在本款第（4）项下的赔偿责任。

(10) 装前检验。在任何时候，按照本协会通函的要求或经理机构其他书面要求，会员应对载于或将要载于入会船上货物的状况安排检验。该检验应由本协会书面确认的检验师进行。在不影响本款上述但书（3）第⑤目的情况下，如果会员或以会员名义就此类货物签发提单、运单或其他单证之前已进行了检验，除经理机构另有书面同意，否则会员应按检验的结论批注该提单、运单、包含或证明运输合同的单证来描述货物或货物的状况。

（十七）入会船上的财产

会员对在入会船上的任何集装箱、设备、燃油或其他财产的灭失或损坏所承担的责任。但是：

(1) 该财产应不在第（二）款第（3）项、第（四）款或第（十六）款承保范围之内，也不在这些条款的但书、除外、责任限制或免赔额规定的范围之内。

(2) 该财产应非为入会船的构成部分，也非为会员或会员的任何关联公司或与会员在同一管理机构下的任何公司所拥有或租赁。

(3) 除非会员与经理机构达成协议得到相应特别保险，并以此为限，对会员在其订立的任何合同或补偿协议下所产生的，且如无此项合同或补偿协议便不会产生的任何责任，本协会不负赔偿责任。

（十八）未能取得的共同海损分摊款

会员仅因违反运输合同而未能依法从货方或海上航程的其他方取得其本可有权索取的共同海损、特殊费用或救助费的分摊款。但是第（十六）款但书（1）、（2）及（3）

规定应适用于根据本款提出的任何索赔。

（十九）船方共同海损分摊款

由于为确定共同海损、特殊费用或救助费的分摊而估定的入会船的完好价值，高于该船在船舶险保单或船舶险入会证书下的保险价值，而根据船舶险保单或船舶险入会证书未能取得补偿的船方共同海损、特殊费用或救助费的分摊款。但是除非董事会另作决定，并以此为限，本协会根据本款所承担的赔偿责任，应限于如果入会船按第 8 条第（四）款第（1）项规定的应有价值投保船舶险，也不能根据船舶险保单或船舶险入会证书取得赔偿的那部分船方分摊款额（若有的话）。

（二十）罚款

（1）任何法院、法庭或主管当局就入会船因下述第（2）至（6）项列明原因，向下列三类人员课以的罚款或处罚：① 会员；② 会员可依法对之承担赔偿责任的任何人员（非根据合同或赔偿协议），或会员根据经理机构的认可而合理地对之承担赔偿责任的任何人员；③ 会员可依法根据合同或赔偿协议对之承担赔偿责任的任何人员，但仅以合同或赔偿协议经经理机构事先书面认可的为限。

（2）货物短卸或溢卸或溢交，或未遵守有关物品申报规定或有关入会船货物文件的规定。

（3）走私或违反任何有关入会船建造、改装、改造或装备的海关法或海关规定。

（4）违反任何有关移民的法律或规定。

（5）意外排放或泄漏油类或其他物质，或这种威胁。

但是，本协会对下列原因引起的此项罚款不负赔偿责任：① 入会船超载；② 违反或未执行经《1978 年议定书》或其后任何议定书修改或修订的《1973 年国际防止船舶污染公约》中有关船舶建造、改装及设备的规定，或任何国家关于实施该公约或其议定书的法律中有关上述内容的规定。

（6）任何罚款［不包括上述第（2）至（5）项所规定的罚款］，但应以符合以下两项情况的为限：① 会员使董事会相信，其为避免导致该项罚款的事件的发生已采取了合理的措施；② 董事会决定会员应当得到赔偿，董事会对其决定无需说明理由。

（7）入会船被没收。尽管有船舶险承保风险为保赔险除外责任之规定，对会员因违反任何海关法或海关规定被任何合法授权的法院、法庭或主管当局没收入会船而遭受的损失所提出的索赔，董事会可批准全部或部分赔付。但是：

① 本协会的赔偿总额不得超过船舶被没收当天的市场价格。

② 会员应使董事会相信，其为防止因违反海关法或海关规定而致船舶被没收已采取了合理的措施。

③ 根据本第（7）项提出的索赔，应仅以董事会决定的赔付数额为限，董事会无须对其决定说明理由。

④ 只有当会员在入会船上的利益完全失去时，董事会才考虑是否赔付会员的该项索赔。

（二十一）对救助人的特别补偿

会员对入会船的救助人支付下述费用的责任，但以非可由被救财产利益方支付的为限：

（1）“特别补偿”，即根据对《1989年国际救助公约》第14条规定的“无效果无报酬”原则的例外条款，或在1990年、1995年或2000年劳氏标准救助合同或本协会认可的其他标准救助合同内并入的“保赔协会特别补偿条款”或其2000年修订文所应支付的特别补偿。

（2）“合理产生的费用”，即根据对1980年劳氏标准救助合同第1（a）条规定的“无效果无报酬”原则的例外条款所应支付的“合理产生的费用”（及据此所获得的任何增额）。

（二十二）海事调查费用

在对入会船所遭受的损失或涉及入会船的海难事故的正式调查中，会员为己抗辩或为保护自身利益而产生的开支及费用，但仅以经理机构事先同意并符合经理机构提出的条件所产生的开支及费用为限。

（二十三）船舶营运所产生的费用

由于拥有、经营或管理船舶的业务而产生的，且董事会认为属于本协会承保范围的责任、开支及费用。但协会保险条款其他条款所明确除外的责任、开支及费用除外。但是，经董事会的特别批准，对于保赔险一般除外的入会船损坏、租金损失等的索赔，协会可作全部或部分赔付。对于依本款提出的任何索赔，协会仅在董事会决定的限度内承担赔偿责任。

（二十四）损害防止及法律费用

（1）在发生可导致向本协会索赔的任何海难、事故、事件或事情时或之后，会员仅为了避免或减少其在本协会保险的全部或部分（因免赔额）责任或费用而合理产生的额外开支及费用［非本款下述第（2）项规定的开支及费用］，但仅以在经理机构同意下所产生的或董事会决定应由本协会予以赔偿的开支及费用为限。

（2）与会员在本协会保险的全部或部分（因免赔额）责任或费用有关的法律费用及开支，但仅以在经理机构同意下所产生的或董事会决定本协会应予以赔偿的开支及费用为限。

（二十五）执行本协会指示所产生的费用

（1）会员按照经理机构为了本协会利益而提出的特殊要求行事所产生的开支、费用和损失。

（2）如无经理机构的特殊要求，会员自己采取行动或不采取行动所产生的开支、费用和损失，但只有在经理机构认为会员的如此行事是为了本协会的利益，会员应从本协会得到赔偿时，协会才承担赔偿责任。

二、保赔保险的除外责任

保赔保险承保船东在经营船舶业务中的责任和费用，其承保范围比一般船舶保险广泛得多，但是也并非对船东所有的责任和费用都予以承保。各保赔协会均规定了保赔保险的除外责任，用以进行责任限制。以下是中船保2009年保险条款中规定的除外责任：

（一）船舶险中承保的风险

协会对在入会船发生导致责任、开支或费用的事件时，船舶如以其应有价值[①]，足额地投保了船舶险，而本应由船舶险保险人承保的责任、开支或费用不负赔偿责任。

（二）战争风险

当引起会员任何责任、开支或费用的损失或损坏，人员伤亡病，或其他事故是由于以下原因造成时，协会对会员的此项责任、开支或费用不负赔偿责任（不论会员或其雇佣人员或代理人员的任何疏忽是否产生这些责任、开支或费用的原因之一）：

（1）战争、内战、革命、叛乱、暴动或由此而引起的内乱，或由或对交战武装力量作出的任何敌对行为，或任何恐怖行为。但是，对某件行为是否构成恐怖行为存在争议时，董事会的决定应是终局性结论。

（2）捕获、扣押、扣留、禁运或羁押（船长或船员的不法行为和海盗行为除外），及其后果，或进行这些行为的任何尝试。

（3）水雷、鱼雷、炸弹、火箭、炮弹、爆炸物或其他类似战争武器（仅因运输任何这些武器而产生的责任、开支和费用除外，不论这些武器是否在入会船上），但是本项除外不适用于由于政府的命令而使用这些武器，或是根据董事会或经理机构为避免或减轻本协会承保范围内的责任、开支或费用所作出的书面批准而使用这些武器。

（三）核风险

协会对由于下列原因直接或间接造成的或引起的任何责任、开支或费用，或归因于下列原因所产生的任何责任、开支或费用不负赔偿责任：

（1）由于下列物质或设施产生的核辐射，或下列物质或设施的放射性、有毒性、爆炸性或其他危险性或污染性：① 任何核燃料、核废料或核燃料的燃烧；② 任何核设施、核反应堆或其他核装置或其核部件。

（2）任何应用原子或核裂变和/或核聚变的战争武器，或其他类似的核反应或核放射武器或物质。

但是本项除外规定不适用于入会船将含有用于或拟用于工业、农业、商业、医学或科学目的的放射性同位素，或董事会认可的其他例外物质，作为货物运输所产生的责任、损失、开支或费用。

（四）入会船损坏、租金损失等

除非符合协会保赔险承保风险条款第 20 款第 6 项及第 23 款规定，协会对以下损失或费用不予赔偿：

（1）入会船全部或部分灭失或损坏。

（2）入会船上的任何设备或任何集装箱、索具、物料或燃料的灭失或损坏，但以这些设备或任何集装箱、索具、物料或燃料是会员或会员之关联公司或与会员在同一管理机构下的公司所拥有或租赁的为限。

（3）入会船的修理费或与此有关的任何费用或开支。

（4）由会员提出的或向会员提出的有关入会船全部或部分运费或租金损失的索赔，

① 这里所说的“船舶应有价值”，除非另有约定，系指在上述事件发生日船舶的市场价值。

但如果此项运费或租金损失构成可从会员获得赔偿的属本保险条款承保范围内的货物责任索赔一部分的，或经理机构同意计入该货物索赔之中的，不在此例。

（5）救助或救助性质的服务以及与此有关的任何开支和费用。

（6）由于入会船的一项租约或其他航次任务被取消所产生的损失。

（7）因不可收回债务或因任何人包括代理人的无偿债能力而产生的损失。

（8）会员提出的或向会员提出的有关入会船滞期、延迟或受阻留的索赔，但如果此项滞期、延迟或受阻留构成可从会员获得赔偿的属本保险条款承保范围内的货物责任索赔一部分的，或经理机构同意计入该索赔之中的，不在此例。

但是，本项除外规定不适用于根据协会保赔险承保风险条款中下述条款提出的索赔：第 11 款“人命救助”、第 18 款“未能取得的共同海损分摊款”、第 19 款“船方共同海损分摊款”、第 21 款“对救助人的特别补偿”、第 24 款“损害防止及法律费用”、第 25 款“执行本协会指示所产生的费用”。

（五）救助船、钻探船、挖掘船及其他船、特殊作业、潜水作业等产生的某些责任、开支和费用

对会员因此类入会船从事下述作业所产生的责任、开支和费用，除非会员与经理机构达成书面特别保险协议，并以此为限，否则协会不负赔偿责任：

1. 救助作业

（1）入会船实施救助作业或由会员提供救助所产生的责任、开支和费用，但入会船为了救助试图救助海上人命实施救助作业所产生的责任、开支和费用不在此例。

（2）会员（作为专业救助人）所产生的责任、开支和费用，这些责任、开支和费用由该会员与本协会达成的一项特别协议所承保，且由于该会员对入会船的经营及与会员在入会船上的利益有关而产生。

2. 钻探作业

有关钻井船舶或钻井驳船或被用以进行石油或油气钻探或生产作业的钻井船舶或钻井驳船，包括锚泊于或安置于作业场域的作为任何这种作业的一个组成部分的起居舱室，所产生的责任、开支和费用。但以这些责任、开支和费用是由钻探或生产作业所产生的，或在钻探或生产作业期间所产生的为限。

就本项规定而言，某船舶如果是（特别是）一条储油油轮，或者是一条用于储油的其他船舶，且处于下述之一情况的，应被视为在实施生产作业：（1）油由油井直接输入储油船；（2）储油船上设有油气分离装置，气在储油船上从油中分离出来，而不是靠自然泄放。

3. 特殊作业

会员在实施特殊作业中所产生的责任、开支和费用，这种特殊作业包括但不限于挖掘、爆破、打桩、探井、电缆或管道的建筑、铺设或维修、矿样采集、矿土处置、专业溢油反应，或专业溢油反应训练和油舱清洗（但不包括在入会船上的作业，灭火作业除外），但以因下述事项而产生的责任、开支和费用为限：

（1）由该项作业的任何受益者或任何第三方（不论其与该项作业的受益者是否有关系）就作业的特殊性提出的索赔。

（2）会员未能完成此项特殊作业，或会员的作业、产品或服务的效果或质量的适切性。

（3）承包工程的任何灭失或损坏。

但是，本除外条款不适用于会员因下述事项而产生的责任、开支和费用，但仅以协会根据保赔险承保风险条款的规定予以承保的责任、开支和费用为限：① 在入会船上的船员和其他人员的伤、病或死亡；② 入会船残骸的移除；③ 入会船泄漏油类造成的污染或污染威胁。

4. 废料处置及潜水作业

因下列事由引起的任何索赔所产生的责任、开支和费用：

（1）由入会船进行废料焚烧或处置（但不包括作为其他商业活动中附带完成的任何此类作业，非特殊作业）。

（2）会员使用潜水艇、微型潜水艇或潜水钟实施的作业。

（3）会员负有责任的专业或商业潜水作业，但此种作业不包括：① 入会船实施救助所导致的潜水作业，而作业潜水员系入会船（或是由入会船操作的潜水钟或其他类似设施或小艇）的船员，且会员对该潜水员的作业负有责任；② 与入会船进行的检查、修理或保养有关或与入会船造成的损坏有关而附带实施的潜水作业；③ 娱乐性潜水活动。

5. 锚泊和膳宿供应船上人员

会员产生的与以下任何人员有关的责任、开支和费用：

（1）在入会船（用作膳宿供应船）上的人员（非船员），该等人员非被会员雇佣，且其雇主与会员间也无经经理机构同意的风险的契约性分担。

（2）当入会船在锚泊之中（非临时锚泊），且作为旅馆、饭店、酒吧或其他娱乐场所对公众开放时，旅馆和饭店的旅客或其他游客或该船餐饮服务船员。

6. 重大件货物运输

会员产生的与以下重大件货物运输有关的责任、开支和费用：对载于半潜式重吊入会船或任何其他重大件货物运输专用入会船上的货物的灭失或损坏或其残骸的处置。但如果该货物是根据“重大件货物运输标准合同”条款或经理机构书面认可的任何其他条款运输的不在此列。

（六）双重保险

协会对会员可从任何其他保险下获得赔偿的责任、开支或费用不负赔偿责任；协会对除了在其他保险中订有对双重保险不负责任或限定责任的条款外，还假定船舶并未在本协会投保本保险条款规定风险的情况下，会员本可从该其他保险中获得赔偿的责任、开支或费用也不负赔偿责任。

（七）会员的故意或轻率行为

协会对入会船承运违禁品、偷越封锁，或从事非法贸易，或者董事会考虑所有因素后认为入会船所进行的运输、贸易或航程不谨慎、不安全、过于危险或不恰当所产生的索赔，不负赔偿责任。

对于会员明知入会船不适航仍派其出海或任其开航，以及由于会员的故意不当行为所产生的任何责任、灭失、损害、开支或费用，协会不承担赔偿责任。

（八）无纸贸易

对由于下述原因无论直接地或间接地产生的任何责任、开支或费用，协会不负赔偿责任：

（1）会员参加或使用旨在航运和/或国际贸易中以电子信息取代纸面文件的任何系统或合同安排，包括但不限于 Bolero 系统（任何这样的系统或安排，以下统称为“无纸系统”）。

（2）在无纸系统下生成或传送的一份包含或证明了一项运输合同的文件[①]。

（3）根据该运输合同进行的货物运输。

但如果协会确定即使会员未参加或未使用无纸系统，且运输合同已包含在一份纸面文件中被一份纸面文件所证明，该项责任、开支或费用仍会产生并仍可被本协会承保的除外。

三、保赔保险的最高赔偿限额和免赔额

各保赔协会对油污责任的赔偿一般都规定了最高赔偿责任限制。对每次油污损害的最高赔偿额，联合王国保赔协会规定为 5 亿美元，西英保赔协会为 4 亿美元，中船保 2009 年条款规定对会员船东的油污损害的最高赔偿责任为每船每事件 10 亿美元。

为了减少小额索赔和促使船东加强对入会船舶的管理，保赔协会在按承保责任赔偿会员船东的损失和费用时一般都规定要扣除免赔额。各保赔协会具体规定的免赔额有所不同。关于免赔额，中船保的具体规定如下：

1. 船员伤、病、亡

有关船员伤、病、亡的索赔应扣除每人每次靠港 500 美元；同一船员因为同一病因或伤情挂靠两个或两个以上港口就医的，对相关病情的索赔总额仅扣除一个免赔额。

2. 旅客伤、亡、病

有关旅客伤、亡、病的索赔的免赔额为每位旅客 500 美元。

3. 货物索赔和货方共同海损分摊

货物索赔或未能向货方取得的共同海损分摊索赔的免赔额为每航次 1 000 美元。在任一航次中发生货损货差和货方共同海损分摊的索赔，其赔付总额仅扣除一个免赔额，免赔额为每航次 1 000 美元。

4. 罚款

有关污染罚款索赔的免赔额为每事件 500 美元；其他罚款索赔的免赔额为每次靠港 500 美元。

上述免赔额的规定并非一成不变，会员船东可根据自己的实际情况和自保能力与保赔协会协商，要求将免赔额规定得更高或更低些。免赔额的高低与保赔协会收取保费的费率高低有关：免赔额定得高，保赔协会开出的费率就相应低些；反之，免赔额定得

① 这里所说的“文件”是指记录了任何名目信息（包括但不限于计算机或其他电子方式生成的信息）的任何载体。

低，费率就相应地提高。可见，不管对保赔协会还是对会员船东，免赔额的规定都是有利的，对前者来说可以因此减轻赔偿责任，对后者来说则可以减少保险费支出。

第四节 其他特殊保险业务和服务

除了为会员承保上述一般性保赔保险外，保赔协会往往还承保涉及船东经营的船舶所特有的风险。这些特别风险的承保通常要单独与协会签订特别协议和支付额外保费。除了这些特殊的保险业务外，保赔协会也还根据情况为会员船东提供其他的服务。

一、特殊的保险业务

（一）运费、滞期和抗辩保险

运费、滞期和抗辩保险通常承保因下列事项引起的索赔、争议和诉讼所产生的合理开支和费用：由租船合同、提单或其他货运合同或因入会船所从事的货物运输或贸易所产生的运费、亏舱费、滞期费、延误费、速遣费、转运费、租赁费或其他事项；对入会船因碰撞事故滞留所支付的赔偿金；救助、拖带、共同海损分摊和费用；非本协会承保的保险单；入会船遭受的损害；入会船的任何建造、买卖、改装或修理合同；入会船的任何抵押或抵押合同等。但具体的承保范围往往受制于协会董事会的裁决权。

保赔协会在该险项下提供的承保范围相当广泛，但也规定了一些限制条件和除外责任。例如，规定会员在参与或准备参与争议或诉讼之前必须通知协会并征得其同意，否则协会有权拒绝承担任何责任；对于每项争议所产生的费用，不论是律师费、咨询费、仲裁费还是诉讼费，保赔协会规定有免赔额，船东一般自负 2 500 美元①。

（二）战争保赔保险

保赔协会承保的战争险通常称为战争保赔保险，而专门承保战争保赔保险的协会叫船东战争险互保协会。战争保赔保险承保因战争行为引起的船壳和机器的损失，以及运费和其他费用的损失。历史上第一家提供战争保险的互保协会是 1898 年北英保赔协会，当时是为了回应船东抗议劳氏承保人和保险公司推行过高的保费。还有一种战争保赔保险，仅承保因战争原因或敌对行为引起原属于保赔协会一般保赔保险承保范围的船东责任风险，如因战争行为引起船东所要承担的人身伤亡、遣返费用、救助人命费用等。为了不致与前一种战争保赔保险相混淆，后者被称作为特别战争保赔保险。不过，现在不少保赔协会都把战争保赔保险与特别战争保赔保险结合起来承保。

（三）罢工险

承保船东和承租人当其船舶被罢工、劳动封锁、劳动中止或劳动限制而引发的日常营运损失和租金损失的风险。保赔协会承保的罢工险有两种，即港区罢工险和船员罢工险，会员可任择一种或两种同时投保。前者主要承保会员入会船舶由于港口或码头工人的罢工造成的延误和/或在等待进入港口或到达泊位时延迟所遭受的损失；后者主要承保会员由于入会船舶的船员罢工而使该船在港口或码头泊位的延迟所遭受的损失。

---

① 安丰明．船东保赔协会法律制度研究［M］．北京：中国检察出版社，2006：189.

除了上述三种以外，保赔协会提供的特殊保险业务还有石油开发保赔保险、小型船舶保赔保险、租船人保赔责任保险等①。

二、其他各项服务

（一）帮助处理事故的服务

有不少事故，特别是一些案情复杂、索赔金额大的事故，通常都由保赔协会代替会员船东处理。只要会员船东及时与保赔协会或当地通讯代理取得联系并请求帮助处理，保赔协会一般会立即派出有丰富的处理海事经验的专家和有关技术人员到现场去检验查勘，分析致损原因，采取合理的和必要的措施及解决办法，以减少损失，维护会员船东和保赔协会的利益。保赔协会因帮助会员船东处理事故而发生的各种费用，包括委请律师、检验师、通讯代理费等均由保赔协会负担。

（二）担保服务

当会员船东的船舶因涉及各种海事或赔偿纠纷而遭到扣船威胁或被实际扣留时，保赔协会为维护会员船东的利益通常都免费为他们提供担保。由于保赔协会在国际保险市场上的地位日渐重要，一些由信誉较好、经济实力较强的保赔协会出具的担保越来越被世界上大多数国家和地区的担保受益人所接受。一般由保赔协会出具担保函或通讯代理人代保赔协会出具担保函。若书面担保被对方拒绝，保赔协会则可安排银行担保，但从不提供现金担保。

（三）技术咨询和建议服务

根据国际保协集团协议和明文规定，各保赔协会之间的业务竞争不是在保险费率上，各保赔协会因此非常重视通过向会员船东提供包括技术咨询和建议服务在内的高质量服务来争取客户和业务。保赔协会在此方面提供的服务项目主要有：提供防损防灾方面的知识；介绍国际上有关海事的法律和规定的最新变化；帮助起草修改有关法律文件或提供有关咨询；提供世界范围的通讯等。

（四）安全调查服务

保赔协会还为会员船东调查他们的入会船舶因遭受各种犯罪行为而造成的损失，并提供防损服务。一些大的保赔协会为此都成立了安全调查服务部，负责对委托人由于被盗窃、被欺诈或受骗引起的船货灭失事件进行调查并出具报告；推荐有效的防损措施，以防止因犯罪活动造成的损失；对货物运输和储存的程序或途径提出改进的建议以减少罪犯得逞的机会；代为识别各种假单据；检查保安工作；询问当事人；对一般有关安全方面的问题提供咨询意见。

（五）出版刊物

保赔协会定期或不定期出版各种刊物，免费发送给会员船东，目的是介绍保赔协会的有关情况，通告航运法规的修订或变化，提出注意事项，组织重大案例的介绍和分析，总结经验等，为会员船东和广大船员提供学习资料。

---

① 曾立新．海上保险学［M］．北京：对外经济贸易大学出版社，2001：553.

（六）其他服务项目

保赔协会提供的其他服务项目还包括提供有关证书培训、举办研讨会和培训人员等。

案例分析

1. 某船东向某保赔协会申请入会，并取得了入会证书。该保赔协会的保险条款规定：会员对其所有的船舶设置抵押时，必须向协会发出通知，并且由抵押权人担保在情况需要时承担支付保费的义务。但是此规定并未出现在入会证书中。后该船被抵押。该会员将船舶抵押这一事实通知了协会的代理人，但未能依照协会条款的要求取得抵押权人的担保。由于会员按期支付了保费，会员的这一不作为并未增加协会的损失。但后来船舶发生了损失，该会员向协会提出索赔，协会以会员未遵守协会条款为由拒绝赔付。该会员则提出，入会证书中没有该条款的规定，自己不知有此规定，并且自己已经按期支付了保费，故协会应赔付。双方争执不下，诉至法院。

请思考：该条款对会员是否有约束力？本案应如何处理？

2. 某轮在伦敦保赔协会入会。按协会保险条款规定，会员在得知索赔发生或者可能发生的情况之后应当尽快通知协会，最迟不得超过 12 个月；如果会员违反此义务，协会董事会有权拒绝受理其索赔或减少赔偿金额。后某承租人租用该轮运货，在货运途中因发动机发生故障，该轮被拖至附近港口修理，船东向承租人表示难以完成该航程，于是承租人又租了另一艘船转运货物，并产生一些额外费用。同年，承租人通知船东其已提起仲裁。保赔协会也获悉此消息，但消息来源并非来自船东，而是来自协会设在纽约的通讯联络处，后者是自船东的律师处获知此消息的。3 年后，承租人获得胜诉裁决。为取得对保赔协会的直接诉讼权，承租人向有关法院申请对船东的清盘令。船东随即向保赔协会征询意见。保赔协会董事会以该会员没有履行对协会的通知义务为由决定拒绝赔偿。船东不服，遂将保赔协会诉至法院。

请思考本案应当如何处理？

思考题

1. 保赔保险具有哪些特点？
2. 试述船东保赔协会产生的原因。
3. 思考船东保赔协会的性质及与一般保险人的不同之处。
4. 简述保赔保险的主要承保责任，并分析与船舶保险有何不同。

第五篇

船舶碰撞与海事赔偿责任限制

第十三章

船舶碰撞

本章摘要

船舶碰撞是指船舶在海上或者与海相通的可航水域发生接触造成损害的事故。船舶碰撞的构成必须满足四项条件：主体、行为、后果和水域。通常而言，船舶碰撞可以分为无过失碰撞和过失碰撞两种。无过失碰撞包括不可抗力碰撞、意外事故碰撞和不明原因碰撞，造成的损失由受害者自行承担；过失碰撞又可分单方过失碰撞和双方过失碰撞，单方过失碰撞，由过失方承担全部损失；双方过失碰撞，各船按照过失程度的比例负赔偿责任；过失程度相当或者过失程度的比例无法判定的，平均负赔偿责任。与船舶碰撞有关的国际公约主要有：《1910 年统一船舶碰撞若干法律规定的国际公约》《1952 年统一船舶碰撞中民事管辖权方面若干规定的国际公约》《1952 年统一船舶碰撞或其他航行事故中刑事管辖权方面若干规定的国际公约》《1972 年国际海上避碰规则》等，这些国际公约对于处理船舶碰撞责任划分及损害赔偿起到了重要作用。船舶碰撞损害赔偿包括财产损害赔偿和人身损害赔偿，在财产损害赔偿中须遵循恢复原状原则。对于船舶所有人等面临的碰撞责任风险，通常由船舶保险人和船东保赔协会承保，二者在碰撞责任的承保上是相辅相成的。

关键词

过失碰撞　碰撞赔偿　碰撞责任保险

第一节　船舶碰撞概述

一、船舶碰撞及其构成要件

船舶碰撞是一种侵权行为事件，是在使用、管理船舶过程中致使他人财产损毁、人身伤亡的行为。一般而言，船舶碰撞有广义和狭义之分。广义的船舶碰撞是指船舶间或船舶与其他物体间相互接触，致使一方或双方发生损害。狭义的船舶碰撞一般指海船间或海船与内河船间发生的碰撞，但因国际公约和各国海商法而异。如我国《海商法》

第 165 条和第 170 条规定："船舶碰撞是指船舶在海上或者与海相通的可航水域发生接触造成损害的事故，或者虽然实际上没有同其他船舶发生接触，但因操纵不当或者不遵守航行规章，致使其他船舶以及船上人员、货物或者其他财产遭受损失的，也适用船舶碰撞的规定。"

一般而言，船舶碰撞须具备如下几个要件：

（一）主体

船舶碰撞中的一方主体必须是船舶。船舶是由船体、设备与属具等独立物结合而成的合成物。它主要分为三大部分：一是船体，船体即船舶本体，包括龙骨、甲板、船壳和轮机构成；二是设备，设备指船舶上的一切设施；三是船舶属具，船舶属具是指航行上及营业上必需附属于船舶的能移动的各种用具或机械，如锚、罗经、绞盘、探测仪、海图等。根据我国《海商法》，船舶是指海船和其他海上移动式装置，包括船舶属具。但是用于军事的、政府公务的船舶和 20 总吨以下的小型船艇除外。

（二）行为

船舶碰撞是船舶之间发生了碰撞行为，包括两种情形：一是船舶之间的直接接触，即船舶之间发生的粗暴性的物理上的实际接触；二是船舶之间的间接碰撞，即船舶因操纵不当或者不遵守航行规章，虽然实际上没有同其他船舶发生碰撞，但是使其他船舶以及船上的人员、货物或者其他财产遭受损失，例如，一船航行速度太快，驶过引起的大浪掀翻临近的小船。

（三）后果

船舶碰撞必须造成船舶、财产的损失或人员的伤害，并且碰撞和损害后果之间应该有因果关系。因为有关船舶碰撞的法律规定旨在规范船舶碰撞的赔偿问题，只有在碰撞发生后，其中一方或双方有损害，才有适用有关法律或公约的必要。

（四）水域

船舶作为一种交通工具，经常处于移动状态，但无论是在航运、作业、生产或是其他相关过程中，其活动区域均限于海上，包括狭义的海洋以及与海相通的可航水域两部分，因此，船舶发生碰撞的地点限于在海上或与海相通的可航水域。如果船舶碰撞发生在不与海相通的内河水域，则属于一般侵权关系，应适用侵权法的一般规定，而不适用海商法的规定。

二、船舶碰撞的分类

（一）无过失碰撞

无过失碰撞，指船舶发生碰撞是由于不可抗力或者其他不能归责于任何一方的原因或者无法查明的原因造成的。双方无过失碰撞的发生情形包括：一是不可抗力造成的碰撞，如台风天气，虽采取措施，但仍走锚造成碰撞。二是意外事故造成的碰撞，如船舶舵机虽经过合理谨慎检查，但在航行中突然失灵造成碰撞。需要注意的是，意外事故造成的碰撞情形中，不得有人为因素的介入。三是不明原因造成的碰撞，如在天气良好的情况下，船舶碰撞且沉没，船员全部遇难，无法查明碰撞原因。

船舶碰撞因不可抗力或不可归责于任何一方的原因或无法查明的原因造成的，碰撞各方互不承担赔偿责任，造成的损失由受害者自负。根据“天灾由受害者承担原则”，因不可抗力，如因台风导致船舶走锚碰撞他船，其损失由受损方自行负担。若因意外事故导致碰撞，受损方须自担损失，但援引意外事故抗辩的一方负有举证责任。若举证方所提出的证据不足以证明碰撞是因意外事故引起的，则不能免除应承担的责任。有时船舶相撞的原因无法查清，此时便可认定是不明过失导致船舶碰撞。这种原因引起的碰撞，同不可抗力和意外事故导致的碰撞一样，应由各自承担其损失。

（二）过失碰撞

1. 单方过失碰撞

单方过失碰撞，指船舶发生碰撞完全是由于一船的过失造成的。单方过失碰撞常发生于在航船碰撞锚船的情形。单方过失碰撞，由有过失的船舶负赔偿责任，即过失方不仅对自身损失责任自负，同时需要赔偿受害对方的损失。

2. 双方过失碰撞

双方过失碰撞，指船舶发生碰撞是双方船舶互有过失造成的。船舶因双方互有过失而发生的碰撞，从世界范围看，其责任分配有两种原则：一是比例责任制，二是平均责任制。大多数国家采用比例责任制，即：在双方过失碰撞的情形下，各船按照过失程度的比例负赔偿责任；过失程度相当或者过失程度的比例无法判定的，平均负赔偿责任。互有过失的船舶，对碰撞造成的第三人财产的损失，依照其在船舶碰撞中的过失比例负赔偿责任。互有过失的船舶，对造成的第三人的人身伤亡，负连带赔偿责任。但是，在船舶碰撞当事人内部之间，仍然是按比例承担责任，即一船连带支付的赔偿超过其应承担比例的，有权向其他有过失的船舶追偿。

三、船舶碰撞的国际公约

（一）《1910 年统一船舶碰撞若干法律规定的国际公约》

《1910 年统一船舶碰撞若干法律规定的国际公约》，简称《1910 年碰撞公约》，是在 1910 年 9 月 23 日布鲁塞尔召开的第三届海洋法外交会议上通过，1931 年 3 月 1 日生效。世界上主要的航运大国，如英国、德国、法国、日本、意大利等均参加了该公约，我国于 1994 年 3 月正式加入该公约。虽然历经百年，但迄今为止该公约在船舶碰撞方面仍起着重要作用。公约主要有两大贡献：第一，废除了过错推定原则。根据侵权法的一般举证规则，“谁主张，谁举证”，一般由原告证明被告有过错、原告有损害，过错与损害之间存在因果关系的事实。而在过错推定原则下，原告只要证明损害事实，不需要证明被告有过错。过错推定原则虽然有利于保护受害人的权益，但是使被告举证责任过重，在实践中容易产生不合理、不公平的结果。因此，《1910 年碰撞公约》第 6 条规定：有关碰撞责任的一切法律推定均应废除。第二，公约确定了过失比例责任原则。在双方互有过失碰撞的情形下，各船按照过失程度的比例负赔偿责任；过失程度相当或者过失程度的比例无法判定的，平均负赔偿责任。

（二）《1952 年统一船舶碰撞中民事管辖权方面若干规定的国际公约》

《1952 年统一船舶碰撞中民事管辖权方面若干规定的国际公约》，简称《1952 年民事管辖权公约》，于 1952 年 5 月 10 日在布鲁塞尔召开的第九届海洋法外交会议上通过，大多数海运国家参加了该公约。公约共有 16 条，主要内容包括：（1）对于碰撞案件有管辖权的法院。根据公约规定，关于海船与海船、海船与内河船舶发生的碰撞，只能向下列法院诉讼：被告经常居住地或营业所在地的法院；扣押过失船舶或依法扣押属于被告的任何其他船舶的法院，或者为避免扣押而提供保证金或其他保证的地点的法院；碰撞发生于港口或内河水域以内时，碰撞发生地点的法院。（2）公约确定了原告对法院的选择权。（3）公约承认协议管辖和协议仲裁的效力。

（三）《1952 年统一船舶碰撞或其他航行事故中刑事管辖权方面若干规定的国际公约》

《1952 年统一船舶碰撞或其他航行事故中刑事管辖权方面若干规定的国际公约》，简称《1952 年刑事管辖权公约》，于 1955 年 11 月 20 日正式生效，已经有 60 多个国家和地区批准和加入了该公约。公约共有 12 条，其主要内容包括：（1）发生船舶碰撞或任何其他航行事故时，涉及船长或船上任何其他工作人员的刑事或纪律案件，仅能向当事船舶所悬挂旗帜国家的司法或行政机关提出。（2）在前条所述情况下，除船舶所悬挂旗帜国家以外，任何当局都不得下令扣押船舶，即使作为调查手段也不例外。（3）任何国家都可以允许该国有关当局在发生碰撞或其他航行事故时，就该国所发权限证书或许可证问题采取任何措施，或对其本国人民在悬挂另一国旗帜船上的犯法行为提出控告。该公约不适用于在港区范围内或在内河水域发生的碰撞或其他航行事故。缔约国在签署、批准加入本公约时，得保留对在其本国领海以内发生的刑事案件采取措施的权利。《1952 年刑事管辖权公约》没有得到广大海运国家的认同，因此，该公约对船舶碰撞和其他航行事故的刑事管辖权问题产生的影响甚微。

（四）《1972 年国际海上避碰规则》

《1972 年国际海上避碰规则》简称《1972 年避碰规则》，于 1977 年 7 月 15 日生效，并在 1981 年和 2001 年通过了修正案。世界上已有 128 个国家参加了该公约。我国于 1980 年 1 月 5 日正式加入该公约并陆续实施了其各项修正案，但作出一项保留：“属于中华人民共和国的非机动船舶不受海上避碰规则的约束。”公约的主要作用是指导船舶驾驶员、引航员如何采取避让行动以避免碰撞的发生，其核心内容包括分道通航制、适当瞭望、安全速度、避碰方式等规定。

第二节　船舶碰撞损害赔偿

一、财产损失

船舶碰撞导致财产损失，在确定赔偿责任时遵循恢复原状原则，造成他人损失时，致害方应尽量赔偿受害方所受的损失，使其恢复到事故发生前的状态。因为法律规定致害方承担赔偿责任的根本目的，一方面在于制裁违法行为，另一方面主要在于补偿受害方财产上的损失。只要致害方主观上的侵权行为造成了受害方财产损失或人身损害等，而且又具备直接因果关系的，就应该全部赔偿受害方因此而遭受的一切经济损失。根据恢复原状原则，在致害方赔偿受害方的损失当中，既要包括因碰撞所造成的直接损失，也应包括因碰撞所造成的间接损失，前者主要表现为船舶、货物以及其他财产的直接灭失或损坏及支出的有关费用；后者包括受害方丧失使用船舶期间的一切损失、迟延交付货物损失等。

（一）船舶损失

船舶损害赔偿分为全损赔偿和部分损害赔偿。船舶全损的赔偿项目包括：船舶价值损失；未包括在船舶价值内的船舶上的燃料、物料、备件、供应品，渔船上的捕捞设备、网具、渔具等损失；船员工资、遣返费及其他合理费用。其中，船舶价值损失的计算，以船舶碰撞发生地当时类似船舶的市价确定；碰撞发生地无类似船舶市价的，以船舶船籍港类似船舶的市价确定，或者以其他地区类似船舶市价的平均价确定；没有市价的，以原船舶的造价或者购置价，扣除折旧计算；折旧后没有价值的按残值计算。船舶被打捞后尚有残值的，船舶价值应扣除残值。

船舶部分损害的赔偿项目包括：合理的船舶临时修理费、永久修理费及辅助费用、维持费用，但应满足下列条件：船舶应就近修理，除非请求人能证明在其他地方修理更能减少损失和节省费用，或者有其他合理的理由。如果船舶经临时修理可继续营运，请求人有责任进行临时修理；船舶碰撞部位的修理，同请求人为保证船舶适航，或者因另外事故所进行的修理，或者与船舶例行的检修一起进行时，赔偿仅限于修理本次船舶碰撞的受损部位所需的费用和损失。

船舶损害赔偿项目还包括：合理的救助费，沉船的勘查、打捞和清除费用，设置沉船标志费用；拖航费用，本航次的租金或者运费损失，共同海损分摊；合理的船期损失；其他合理的费用。

（二）船上财产的损害赔偿

船上财产的损害赔偿项目包括：船上财产的灭失或者部分损坏引起的贬值损失；合理的修复或者处理费用；合理的财产救助、打捞和清除费用，共同海损分摊；其他合理费用。其中货物灭失的，按照货物的实际价值，即以货物装船时的价值加运费加请求人已支付的货物保险费计算，扣除可节省的费用；货物损坏的，以修复所需的费用，或者以货物的实际价值扣除残值和可节省的费用计算；由于船舶碰撞在约定的时间内迟延交付所产生的损失，按迟延交付货物的实际价值加预期可得利润与到岸时的市价的差价计算，但预期可得利润不得超过货物实际价值的10%。

（三）船舶触碰造成设施损害的赔偿

船舶触碰造成设施损害的赔偿项目包括：设施的全损或者部分损坏修复费用；设施修复前不能正常使用所产生的合理的收益损失。设施损害赔偿的计算如下：期限的确定以实际停止使用期间扣除常规检修的期间为限；设施部分损坏或者全损，分别以合理的修复费用或者重新建造的费用，扣除已使用年限的折旧费计算；设施使用的收益损失，以实际减少的净收益，即按停止使用前3个月的平均净盈利计算；部分使用并有收益的，应当扣减。

二、人身伤亡

关于海上人身伤亡损害赔偿范围和具体的计算方法，各国多依国内法处理。我国对此并无统一规定，而是分为涉外海上人身伤亡与国内两种情况，实行内外有别的海上人身伤亡赔偿标准。最高人民法院于 1992 年 5 月 16 日发布了《关于审理涉外海上人身伤亡案件损害赔偿的具体规定（试行）》，该规定只适用于涉外海事案件人身伤亡损害赔偿，所指案件的主体、客体和法律事实具有涉外因素的，在海上（含内海水域）和港口作业过程中因受害方的生命、健康权受到侵害所引起的海事赔偿案件。对于非涉外的海上人身伤亡损害赔偿则没有明确和详尽的法律规定，一般是依据《民法通则》第 119 条的原则性规定、《最高人民法院关于贯彻执行中华人民共和国民法通则若干问题意见（试行）》第 143 条至 146 条规定的承担民事责任的一般赔偿标准，由此也形成了国内赔偿与涉外赔偿在赔偿范围上的巨大差别：国内海上人身伤亡中不赔偿收入损失和精神损失，只给伤残者一定量的生活补助费和死者生前扶养的人的必要生活费。为解决此种不合理现象，最高人民法院公布了《审理人身损害赔偿案件适用法律若干问题的解释》并于 2004 年 5 月 1 日起施行，对人身损害赔偿的范围和计算标准进行了调整，拉近了涉外人身伤害赔偿与国内赔偿的差距。

就目前而言，海上人身伤亡的赔偿范围通常包括：若受害方遭受一般的人身伤害，其赔偿范围包括因就医治疗支出的各项费用以及因误工减少的收入，包括医疗费、误工费、护理费、交通费、住宿费、住院伙食补助费、必要的营养费。若受害方因伤致残的，除上述项目外还包括因增加生活上需要所支出的必要费用以及因丧失劳动能力导致的收入损失，包括残疾赔偿金、残疾辅助器具费、被扶养人生活费，以及因康复护理、继续治疗实际发生的必要的康复费、护理费、后续治疗费。若受害方死亡的，除应当根据抢救治疗情况赔偿医疗费、误工费、护理费、交通费、住宿费伙食补助费外，还应当赔偿丧葬费、被扶养人生活费、死亡补偿费以及受害方亲属办理丧葬事宜支出的交通费、住宿费和误工损失等其他合理费用。若受害方或者死者近亲属遭受精神损害，还可以向法院请求赔偿精神损害抚慰金。

第三节　船舶碰撞责任保险

一、船舶碰撞责任保险的发展

碰撞是船舶面临的主要风险之一，一旦发生碰撞事故造成其他船舶、船上财产或人员伤亡，有过失的一方必然要承担民事损害赔偿责任。在著名的 S. G. 保单中并不承保碰撞责任风险，而且在 19 世纪上半叶以前的时间里，法院坚持由他人承保碰撞责任将削弱对船东的警戒作用，认为对于碰撞责任被保险人无权自保险人处获得赔偿，因为此种作法有悖于公共政策。但是在市场上仍有保险人开始承保碰撞责任。最早开始承保碰撞责任的是成立于 1824 年的 The Indemnity Mutual Marine Insurance Co.，其签发的船舶保险单中载明：如果船舶由于意外或因船长、船员的疏忽撞沉或撞坏其他船舶，保险人在保险金额内承担被保险人有责任支付的赔偿金额的四分之三。此后，S. G. 保单中也加入了碰撞责任条款。在法律中明确将碰撞责任纳入船舶保险承保范围的是著名的英国《1906 年海上保险法》。在这部被视作海上保险的圣经的法律中规定“保险财产的所有人或其他对其有利益或有责任的当事人由于海上风险的原因对第三方产生的任何责任”

可以成为保险标的。“若被保险人已通过明示条款对第三方的任何责任进行投保，根据保险单上明示条款的规定，获得补偿的数额是其就这一责任向第三方支付或应支付的数额”。19世纪末，伦敦保险人协会制订的“协会定期船舶保险条款”已经包含了碰撞责任风险。但是由于保险人只承保被保险船舶的四分之三碰撞责任，留下四分之一碰撞责任由被保险人自己承担。这也促使被保险人不得不自己组织起来，以相互保险的形式来分散四分之一碰撞责任，从而促进了船东保赔协会的产生。就目前而言，对于船舶所有人等面临的碰撞责任风险，通常由船舶保险人和船东保赔协会承保，二者在碰撞责任的承保上是相辅相成的。

二、船舶保险承保的碰撞责任

（一）保险责任

在船舶保险中，碰撞责任是作为一项附加责任（或称扩展责任），与船舶自身的保险共存于一套船舶保险条款中，投保人不能单独将其投保，而必须附加于主险之下。我国船舶保险条款规定：保险人负责因被保险船舶与其他船舶碰撞或触碰任何固定的、浮动的物体或其他物体而引起被保险人应负的法律赔偿责任。而“协会船舶保险条款”所承保的碰撞责任相对小得多，具体是：由于被保险人的法律责任而支付给第三者的损害赔偿金额，保险人同意赔付该金额的四分之三。负责赔偿的损害包括：任何其他船舶或船上财产的灭失或损坏；任何其他船舶或船上财产的延迟或丧失使用；任何其他船舶或船上财产的共同海损、救助费用或在合同项下的救助费用，这些费用应是被保险船舶在与任何其他船舶碰撞之后，由被保险人所支付的；保险人还负责赔偿经其书面同意后，被保险人为抗辩或限制责任进行诉讼而产生的法律诉讼费用的四分之三。可见，在我国船舶保险中，保险人对每次碰撞事故承担四分之四的责任；而协会船舶保险条款只承保船舶碰撞责任的四分之三，且不得超过船舶保险价值的四分之三。

（二）除外责任

在船舶保险的碰撞责任条款中通常规定：对于清除障碍物、残骸、货物或其他任何物品；任何不动产或个人财产或物体，但其他船舶或其他船舶上的财产除外；被保险船舶所载运的货物或财物，或其他承诺的责任；人身伤亡或疾病；任何不动产或个人财产或物体所造成的污染或玷污（与被保险船舶发生碰撞的其他船舶或其所载财产除外）责任，保险人不予负责。我国船舶保险中，除上述责任外，对于碰撞任何固定的、浮动的物体以及其他物体的延迟或丧失使用的间接费用，保险人也不予负责。

（三）赔偿方法

当保险船舶与其他船舶发生碰撞事故，且负有责任时，保险人的责任是在船舶自身损失之外进行赔偿的，即碰撞责任是“本保险其他条款项下责任的增加部分”，但是对每次碰撞所负的责任不得超过船舶的保险金额（协会船舶保险条款中规定不得超过船舶保险价值的四分之三）。而且当被保险船舶与其他船舶碰撞双方均有过失时，除一方或双方的船东责任受法律限制外，保险人的赔偿应按交叉责任制的原则计算，即每船的船东均需按比例相互赔偿对方的损失，这个比例是在确定被保险人因碰撞而应收或应付的金额时所认可的。

当被保险船舶与其他船舶或被碰撞的其他物体双方均有过失时，除一方或双方船东责任受法律限制外，碰撞责任的计算均采取交叉责任制，即在计算双方的碰撞责任时，应分别计算各自承保的船舶所应承担的碰撞责任，并据此支付赔款，双方的碰撞责任不能相互抵消。

例如，船舶 A 与船舶 B 相互碰撞，A 应对碰撞事故负 40% 的责任，B 应负 60% 的责任，若 A 船在碰撞中遭受的损失达到 20 万美元，B 船在碰撞中遭受的损失达到 50 万美元，A、B 两船分别向 A、B 保险人投保船舶一切险，则 A 船应负的赔偿责任为 50×40% = 20 万美元，B 船应负的赔偿责任为 20×60% = 12 万美元。

交叉责任制是指互有责任的碰撞双方各自按自己所负的责任比例支付赔偿金额给对方，双方间的赔偿责任不作轧抵。若双方船东均无责任限制，则保险人应按交叉责任原则承担碰撞责任的赔偿，即 A 船保险人在碰撞责任条款下应向 A 船船东赔偿 20 万美元，此外，还须向 A 船船东赔偿其自身的碰撞损失（单独海损）20 万美元，并有权向 B 船船东追偿 12 万美元；同理，B 船保险人在碰撞责任条款下应向 B 船船东赔偿 12 万美元，还须赔偿 B 船船东自身遭受的碰撞损失（单独海损）50 万美元，并可以代位向 A 船船东追偿 20 万美元。

但是当碰撞船舶的一方或双方船东的责任受法律限制时，船舶碰撞责任的计算应当采取“单一责任制”的方式处理。船东责任限制是世界各国为了保护船东利益，促进航海贸易发展而通过法律的形式将船东应负的赔偿责任限制在一定范围内的一种通行作法。目前国际上生效的船东责任限制的公约有两个：《1957 年海船所有人责任限制国际公约》和《1976 年海事赔偿责任限制公约》。在这两个公约中，船东的责任限制均采用了金额制，按照船舶吨位计算责任限额。在单一责任制下，碰撞的船舶双方之间的赔偿责任相互轧抵，只有责任多的一方赔付，赔付的额度为双方赔偿责任的差额。即 A、B 两船应负的碰撞责任相互轧抵后，A 船向 B 船赔付赔偿责任的差额 20－12 = 8 万美元。如果此例中 A、B 两船的责任限制均为 6 万美元，那么保险人在碰撞责任条款下应按单一责任原则确定自己的赔偿责任，即 A 船保险人须向 A 船船东赔偿碰撞责任 6 万美元，此外，还须赔偿 A 船自身的碰撞损失（单独海损）20 万美元；B 船保险人无须赔偿 B 船的碰撞责任，但须赔偿 B 船的碰撞损失 50 万美元，并可以代位向 A 船船东追回 6 万美元。

三、保赔保险承保的碰撞责任

保赔保险所承保的责任风险众多，涉及入会船面临的各种责任，其中较为重要的一项就是碰撞责任，即负责入会船与他船碰撞发生的责任和费用，但赔偿仅以入会船船舶保险中的碰撞条款不予承保的为限。一般包括：由于碰撞产生的四分之一责任；由于碰撞产生的对任何财产、个人物品或其他物品的污染、任何财产、个人物品或其他物品（不包括他船或他船船上财产）、移动或处置障碍物，船舶残骸、货物或其他任何物体、船上的货物或其他财物，或这些货物或财物的所有人所支付的共同海损的分摊费用、特殊费用或救助费用，人员伤亡、疾病的四分之四碰撞责任；由碰撞而产生的因船舶应负责任超过其在船舶保险中的投保金额，而不能从船舶保险中得到赔偿的，超出的那部分责任。

案例分析

某轮投保了船舶保险，采用的保险条款是中国人民保险公司 1986 年 1 月 1 日远洋船舶保险条款，保险期限为一年。在保险期限内，该轮在通过苏伊士运河时发生搁浅事故。事故发生后，埃及港务局以该轮搁浅时造成海底珊瑚损害为由，扣留了部分船舶证书，不予签发离港许可证，并要求申请人提供 100 万美元的银行担保。船东经与埃及环保局协商，双方同意由船东赔偿埃及环保局 19 万美元一揽子解决争议。船东于 1997 年 8 月 12 日依据相关保险条款就该起事故向保险人提起索赔，保险人赔付了其他有关费用及损失，但对上述 19 万美元拒不赔付。双方多次协商不成，于 1999 年 6 月 8 日达成通过中国海事仲裁委员会仲裁解决此案的协议。船东遂根据双方达成的书面仲裁协议，向中国海事仲裁委员会提起仲裁，要求保险人赔付其保险赔款 19 万美元及该赔款自 1995 年 10 月 21 日起年利率 8% 的利息。船东提出，其索赔依据是中国人民保险公司 1986 年 1 月 1 日船舶保险条款一切险中的碰撞责任条款。保险人拒绝赔偿的观点是：(1) 中国人民保险公司 1986 年 1 月 1 日船舶保险条款将碰撞、搁浅和触碰作为独立的概念，三者无相互包含的关系。其碰撞责任条款不包括搁浅所引起的对第三者的责任。(2) 该条款项下的“固定物体”是指航道中的闸门、坐标、航标、海上固定钻井平台、采油树；“浮动物体”是指渔网、浮筒。(3) 此案中的 19 万美元为对环境损害的赔偿，应属保赔保险的承保范围。

请问：你是否赞同保险人的意见？并请简述理由。

思考题

1. 简述船舶碰撞的类型。
2. 试述船舶碰撞的构成要件。
3. 与船舶碰撞有关的国际公约有哪些？
4. 试比较中英船舶保险中的碰撞责任条款。

第十四章

海事赔偿责任限制

本章摘要

海事赔偿责任限制是指发生重大海损事故时，对事故负有责任的船舶所有人、救助人或其他人对海事赔偿请求人的赔偿请求，有权依法申请限制在一定额度内的法律制度。迄今为止，海事赔偿责任限制方式有四种：执行制、委付制、船价制和金额制，大多数国家采用金额制。海事赔偿责任限制的责任主体包括船舶所有人、救助人、受雇人和责任保险人等。只有限制性债权才能接受海事赔偿责任限制的规范，非限制性债权不适用海事赔偿责任限制。海事赔偿责任限额根据船舶吨位计算，并区分人身伤亡赔偿请求限额和非人身伤亡赔偿请求限额。责任主体发生海事事故后，依法申请责任限制的，可以向海事法院申请设立海事赔偿责任限制基金。由于海事赔偿责任限制使责任主体承担的赔偿责任限制在一定限度之内，也使货物等受害人的债权不能全部实现，因此，这一限制制度与船舶保险人、保赔协会、货物保险人等均有着密切的利益关系。

关键词

海事赔偿责任限制　限制性债权　责任限额　责任基金

第一节　海事赔偿责任限制概述

一、海事赔偿责任限制的界定

海事赔偿责任限制（Limitation of Liability for Maritime Claims）是指当船舶在因航行事故或船长、船员的行为产生海事赔偿请求时，船舶所有人等限制主体在自身无过错或不知情，或未参与的情况下，将其承担的损害赔偿责任限制在法律规定的限度之内的制度。对于责任主体而言，海事赔偿责任限制是一项法定的权利，法律对于责任主体享受责任限制的债权范围、责任限额、责任限制条件及方式等方面均有明确的规定，责任主体只有依照法律的规定才能享受责任限制。

海事赔偿责任限制的本质在于通过由航运者承担有限责任的方式，鼓励航运业的发展。航运业是资金密集型行业，需要巨额投资，同时又承担着陆上企业无法比拟的独特风险，一旦发生碰撞等重大海难事故，其损失往往是惨重的，责任方要面临着巨额赔偿。如果实行全部赔偿原则，不利于对船舶所有人的资本的保护，进而钳制、影响海上航运及运输业的发展。为了保护船舶所有人等责任人从事海上运输业的积极性，从而促进海上运输业的不断发展，各国政府纷纷立法将责任方的海事赔偿责任予以合理限制。这种限制为航运业创造了必要的发展条件，也符合公平原则的要求，而且可以鼓励救助人对海上遇难者进行救助，并有利于促进保险业的发展。

二、海事赔偿责任限制的方式

由于各国历史传统、政治制度、经济体制及航运政策的不同，关于海事赔偿责任限制的立法也有所差异。从历史和现状看，海事赔偿责任限制的方式主要有以下几种：

（一）执行制

德国在 1972 年以前一直采用这一制度，因此执行制又称德国主义，其主要内容是：船舶所有人对因为船舶产生的债务，以船舶本身为限承担赔偿责任，债权人通过对船舶强制执行而得到赔偿。执行制的本质是将海事赔偿主体的财产分为陆上财产和海上财产，船舶所有人就船舶业务活动产生的债务，仅以船舶和与本航次有关的运费为限，承担物的有限责任。

（二）委付制

委付制，又称法国主义，因为这一制度承袭法国《拿破仑法典》中的相关规定而来，法国在 1967 年以前都采取这一制度，其主要内容是：理论上船舶所有人对因为船舶产生的债务负无限责任，但在法律规定条件下，船舶所有人只要将船舶及运费委付给债权人，即可免除全部责任。委付制起源于罗马法中的加害物委付诉讼，即家长对于他的家属或奴隶或动物所为的加害行为，可以将加害者委付给被害人，以代替罚金或损害赔偿的支付，而免除责任。

（三）船价制

美国在 1935 年以前采用船价制，因此船价制又称美国主义，其主要内容是：船舶所有人对因为船舶产生的债务，以船舶在发生海损事故的航次终了时的价值为限承担赔偿责任，船舶所有人可以选择提供船舶价值，或不提供船舶价值而委弃船舶。如果船舶所有人提供相当于船舶价值的现金，使债权人的债权得到担保，船舶所有人即可继续处分或利用其船舶。

（四）金额制

由于英国《1894 年商船法》采用金额制，因此金额制又称为英国主义，其主要内容是：船舶所有人对因为船舶产生的债务，每一次事故，按船舶吨位乘以每一吨的限额承担赔偿责任。与委付制以每次航海为标准计算不同，在金额制下，如果船舶在一次航行中遭遇多次海难，船舶所有人须对同一航次发生的所有事故，分别承担赔偿责任，每次事故计算一次限额，因此金额制又被称为事故主义。

总体而言，在执行制、委付制下，海事请求人获得的是船舶而非金钱，因此又被称为“物的有限责任”。在船价制、金额制下，海事请求人获得的是金钱而非船舶，因此又被称为“人的有限责任”。四种制度都曾在不同时期、不同国家被采用过。还有的国家采用将船价制和金额制并用的“并用制”和允许船舶所有人在不同责任限制制度中选择对自己最有利的一种适用的“选择制”。现在的海事立法和实践中最常用的是金额制，如《1957 年海船所有人责任限制国际公约》和《1976 年海事索赔责任限制公约》及我国《海商法》均采用金额制。

三、与海事赔偿责任限制有关的国际公约

（一）《1924 年关于统一船舶所有人责任限制若干规定的国际公约》

该公约于 1925 年 8 月 25 日在比利时布鲁塞尔通过，公约规定的责任限制范围狭小，仅仅将船舶所有人作为责任限制主体，而且在责任限额上采用了船价制与吨位制并用的制度，这些都使得其适用范围受到很大限制而未发挥出保护船方利益的作用。因此，该公约虽曾为法、比、荷、丹麦、挪威、瑞典、芬兰、意、西、葡和巴西等 15 国采用，却未被英、美、德、日等主要海运国家接受，未达到公约生效所需的国家数，至今尚未生效。

（二）《1957 年海船所有人责任限制国际公约》

《1957 年海船所有人责任限制国际公约》于 1957 年 10 月 10 日在布鲁塞尔召开的第十届海洋会议上通过，于 1968 年生效，现在已有包括新加坡、印度、冰岛在内的近 50 个参加国。1979 年各缔约国又对该公约进行了修订。公约采用事故制，责任限制不以航次为标准，而以事故次数为标准，一次事故一个限额。在责任限额上，公约采用单一的金额制。公约适用的船舶是海船，并允许缔约国对 300 公约吨以下的小船作出保留。

（三）《1976 年海事赔偿责任限制公约》

由于国际航运的快速发展、船舶吨位的不断增加及货物价值的增长等因素，加之 1972 年的“东城丸事件”使得《1957 年海船所有人责任限制国际公约》的缺陷凸显出来，因此，1976 年 11 月在伦敦召开了原政府间海事协商组织外交会议，通过了《1976 年海事赔偿责任限制公约》。该公约于 1986 年 12 月 1 日生效，参加国 25 个。该公约采用吨位超额递减金额制度，大幅度提高了责任限额以抵消通货膨胀。公约适用于海船，不适用于气垫船以及用于勘探或开采海底自然资源或底土的浮动平台。对于内河船及 300 吨以下的船舶，缔约国可以在国内法中另行规定。

第二节　海事赔偿责任限制的内容

一、责任主体

《1957 年海船所有人责任限制国际公约》规定可以享受赔偿责任限制的主体包括两大类：第一类为船舶所有人、承租人、管理人、经营人；第二类为受第一类主体雇佣的船长、船员，以及在第一类主体雇佣范围内行事的其他受雇人员。《1976 年海事赔偿责任限制公约》在《1957 年海船所有人责任限制国际公约》规定的责任限制主体范围的

基础上，增加了提供与救助作业直接相关服务的救助人和责任保险人。我国《海商法》的规定与《1976年海事赔偿责任限制公约》基本一致，但并未将管理人包括在内。

总体而言，从国际公约和主要航运国家关于海事赔偿责任限制主体的规定看，海事赔偿责任限制的主体随着这一制度的发展在逐渐扩大，它由最初仅仅只是保护船舶所有人逐渐扩大至船舶承租人、船舶经营人、救助人及他们的受雇人，此外还将责任保险人纳入责任限制的保护范围之内。海事赔偿责任限制主体扩大有两个方面的原因：一是基于海运实务的需要，因为海事赔偿责任限制的目的在于保护海运业而非某一个船东个人，所以责任限制的权利应尽可能地赋予与海运业相关的人，他们所从事的事业都对海运业的发展和稳定起着举足轻重的作用，也承担着与船舶所有人相同的风险。而且事故发生后，受害人往往越过船舶所有人而直接向船舶承租人、经理人、经营人提出索赔，规定上述人员可以依法限制赔偿责任，有助于防止索赔方通过对这些人员提起海事赔偿请求以谋求绕过船舶所有人等取得更多的赔偿。二是根据民事代理原则，船舶所有人要对其船长、船员及其他受雇人员在受雇范围内的行为负责，那么这类受雇人员依照船舶所有人、救助人的指示进行职务上的活动时产生的责任，理应由他们的雇主负责。所以这类人员的赔偿责任最终是由船舶所有人或救助人负担的，这类人员在受雇范围内行事当然可以依公约享有限制赔偿责任的权利。

二、责任限制权利的丧失

对于责任主体而言，事故发生后根据有关法律将自己的责任限制在一定范围之内，是一种法定的权利，但这种权利的享有须符合法定要求，如果责任主体违背了法律中规定的条件，该责任限制权利将丧失。《1957年海船所有人责任限制国际公约》中的第1条第1项规定："引起索赔的事故系船舶所有人的实际过失或私谋所致的，船舶所有人无权限制其责任。"船舶所有人不得有实际过失与私谋（Actual Fault or Privity）是其享有责任限制权利的先决条件。《1976年海事赔偿责任限制公约》第4条规定："如经证明，损失是由于责任人本身故意造成，或者明知可能造成这一损失而轻率地采取的行为或不为所引起的，该责任人便无权限制其责任。"我国《海商法》第209条也规定："经证明，引起赔偿请求的损失是由于责任人的故意或者明知可能造成损失而轻率地作为或者不作为造成的，责任人无权限制赔偿责任。"可见，责任主体享受责任限制的条件有不断放宽之势，毕竟"故意与明知所为或不为"与"实际过失与私谋"相比，条件已经宽松很多。在英美法中，责任主体的小的疏忽均可构成"实际过失与私谋"。

三、限制性债权

限制性债权是指责任主体根据有关海事赔偿责任限制的规定可以限制其赔偿责任的海事赔偿请求。换言之，限制性债权是实现受限的债权，即债权人的债权无法获得全部满足。

根据《1957年海船所有人责任限制国际公约》，限制性债权包括：

（1）船上所载的任何人的死亡或人身伤害，以及船上任何财物的灭失或损害。

（2）由于应由船舶所有人对其行为、疏忽或过失负责的在船上或不在船上的任何人的行为、疏忽或过失所引起的陆上或水上任何其他人的死亡或人身伤害，任何其他财产的灭失或损害，或任何权利的侵犯。但对于后一种人的行为、疏忽或过失，船舶所有人仅在其行为、疏忽或过失是在驾驶或管理船舶时，或在货物装船、运输或卸船，以及在旅客上船、乘船或上岸时发生，才有权限制其责任。

（3）清除船舶残骸有关的法律所加于和由于或有关浮起、清除或毁坏任何沉没、搁浅或被弃船舶（包括船上任何物件）而发生的任何义务或责任，以及由于港口工程、港池或航道所造成的损害引起的任何义务与责任。

《1976 年海事赔偿责任限制公约》规定了六项限制性债权，包括：

（1）有关在船上发生或与船舶营运或救助作业直接相关的人身伤亡或财产的灭失或损害（包括对港口工程、港池、航道和助航设施的损害），以及由此引起的相应损失的索赔。

（2）有关海上货物、旅客或其行李运输的延迟所引起的损失的索赔。

（3）有关与船舶营运或救助作业直接相关的侵犯除契约权利之外的权利引起的其他损失的索赔。

（4）有关沉没、遇难、搁浅或被弃船舶（包括船上的任何物件）的起浮、清除、毁坏或使之变为无害的索赔。

（5）有关船上货物的清除、毁坏或使之变为无害的索赔。

（6）有关责任人以外的任何人，为避免或减少责任人按本公约规定可限制其责任的损失所采取的措施，以及由此措施而引起的进一步损失的索赔。

我国《海商法》第 207 条和 208 条也对限制性债权作了明确规定。与《1976 年海事赔偿责任限制公约》相比，我国对两项债权作出了保留，即“有关起浮、清除、销毁已经沉没、遇难、搁浅或者遗弃船舶（或船上任何物品）或者使之不能为害的赔偿请求”和“有关清除、销毁船上货物或者使之不能为害的赔偿请求，及对沉船或者沉物的打捞、消除而产生的费用”不能享受责任限制。将这两项债权排除在限制性债权范围之外，主要考虑到沉船的打捞、清除涉及一个国家的主权问题，且费用巨大，若将此列为限制性债权，可能导致打捞经费不足而不能有效地清除或者打捞，从而严重影响航行安全和海洋环境。

四、非限制性债权

非限制性债权是指海事赔偿责任主体根据海事赔偿责任限制的法律不能进行限制的债权。对这一类债权，责任人不能以责任限制进行对抗。这是海事赔偿责任限制原则下的例外，它构成现行海事赔偿责任制度的一部分。

为了保护受雇人和共同海损请求中其他利害关系人的利益，《1957 年海船所有人责任限制国际公约》规定对于救助方的请求或共同海损分摊的请求，以及船长、船员等雇佣人员提出的请求不能享受责任限制。对于这类请求，根据船舶所有人与上述雇佣人员之间的服务契约所适用的法律，船舶所有人不得限制其责任。

对于非限制性债权，《1976 年海事赔偿责任限制公约》在此基础上增加了：有关《1969 年国际油污损害民事责任公约》的规定，或实施中的该公约的修正案或议定书中所载油污损害的索赔；根据管辖或禁止核能损害责任限制的任何国际公约或国内法提出的索赔；对核能船舶所有人提出的核能损害索赔。之所以将油污责任请求、核能损害请求、核动力船舶造成的核能损害请求作为非限制性债权，是因为这些责任不发生则已，一旦发生往往危害巨大，不应由普通的海事赔偿责任限制制度调整，而应适用专门的国际公约。我国《海商法》规定的非限制性债权与《1976 年海事赔偿责任限制公约》的规定基本一致。

五、责任限额

责任限额是海事赔偿责任限制制度的核心，通过设置责任限额，使责任主体有权对向他提出的海事索赔请求的债权人仅负担一定的最高赔偿数额。《1957 年海船所有人责任限制国际公约》和《1976 年海事赔偿责任限制公约》在责任限额上均采用金额制，具体如下：

根据《1957 年海船所有人责任限制国际公约》，责任主体可以限制其责任的金额为：（1）如事故只引起财产请求，按船舶吨位[①]计算，每吨赔偿总额为 1 000 法郎[②]。（2）如事故只引起人身请求，按船舶吨位计算，每吨赔偿总额为 3 100 法郎。（3）如事故既引起人身请求，又引起财物请求，则按船舶吨位计算，每吨赔偿总额为 3 100 法郎，其中第一部分以每吨 2 100 法郎计算的款项，应专门用于支付人身请求，而第二部分以每吨 1 000 法郎计算的款项，则用于支付财物请求。但如第一部分款项不足以支付全部人身请求，这种请求的未付差额，应与财物请求按比例并列，以第二部分基金支付。对于每一部分限额基金，应按照已经成立的请求数额的比例，分配给请求人。值得注意的是：如船舶所有人有权就同一事件向请求人提出请求，双方提出的请求应相互抵消，而上述限额的规定只适用于其中的差额。

但是随着船舶向大型化发展以及货物价值的增加，使得《1957 年海船所有人责任限制国际公约》规定的责任限额的不合理性逐渐显现出来。一方面，船舶吨位不断增加，大型船舶成为海上运输的中坚力量，如果仍然采用《1957 年海船所有人责任限制国际公约》中的单一比率方式（不考虑船舶吨位）确定责任限额，则将使大型船舶承担的责任加重，不利于航运业的发展；另一方面，货物价值也在不断提高，《1957 年海船所有人责任限制国际公约》中规定的限额过低的弊端也凸显出来。基于上述原因，《1976 年海事赔偿责任限制公约》在责任限额方面有了很大变化，根据船舶吨位分级计算责任限额，且以特别提款权（SDR）代替法郎。具体如下：

1. 一般情况下的责任限额

（1）人身伤亡赔偿请求的限额。人身伤亡赔偿请求的限额分为 5 个等级（见表

---

① 《1957 年海船所有人责任限制国际公约》中的船舶吨位应按下列方式计算：对于蒸汽机船或其他机动船舶，应采用净吨，加上为确定净吨而从总吨中减去的机舱所占空间。对于其余一切船舶，应采用净吨。

② 《1957 年海船所有人责任限制国际公约》中的法郎（法文 franc，英文 gold franc），是指含 65.5 毫克 900‰ 的纯金的货币单位。

14.1)。首先，总吨位在300~500吨[①]的船舶，赔偿限额是333 000SDR。其次，总吨位超过500吨的船舶，500吨以下的部分限额为333 000SDR；500吨以上部分，501~3 000吨的部分，每吨增加500SDR；3 001~30 000吨部分，每吨增加333SDR；30 001~70 000吨的部分，每吨增加250SDR；超过70 000吨的部分，每吨增加167SDR。

（2）非人身伤亡赔偿请求的限额

非人身伤亡赔偿请求的限额分为4个等级（见表14.1）。首先，总吨位在300~500吨的船舶，赔偿限额是167 000SDR。其次，总吨位超过500吨的船舶，500吨以下的部分限额为167 000SDR；500吨以上部分，501~30 000吨的部分，每吨增加167SDR；30 001~70 000吨的部分，每吨增加125SDR；超过70 000吨的部分，每吨增加83SDR。

表14.1　　海事赔偿责任限额

船舶总吨（单位：吨）	人身伤亡赔偿（单位：SDR）	非人身伤亡赔偿（单位：SDR）
不超过500	333 000	167 000
501~3 000	500/吨	167/吨
3 001~30 000	333/吨	167/吨
30 001~70 000	250/吨	125/吨
70 000以上	167/吨	83/吨

若同时存在人身伤亡赔偿请求，又存在非人身伤亡赔偿请求，则当人身伤亡的赔偿责任限额不足以支付全部人身伤亡赔偿请求的，其差额应当与非人身伤亡的赔偿请求并列，从非人身伤亡赔偿的责任限制中按照比例受偿。在不影响人身伤亡赔偿请求的情况下，缔约国可在其国内法中规定对港口工程、港池、航道和助航设备的损害提出的赔偿请求，应当较一般非人身伤亡赔偿请求优先受偿。

（3）《1976年海事赔偿责任限制公约1996年议定书修正案》规定的责任限额

由于通货膨胀及事故经验等因素，国际海事组织（IMO）法律委员会通过了提高赔偿限额的《1976年海事赔偿责任限制公约》的1996年议定书；2012年4月，国际海事组织法律委员会又通过了《1976年海事赔偿责任限制公约1996年议定书修正案》，进一步提高了海事赔偿责任限额，该修正案已于2015年6月8日生效。

《1976年海事赔偿责任限制公约1996年议定书修正案》将赔偿限额提高到如下标准：① 造成人身伤亡损失的赔偿责任限额，不满2 000总吨的船舶为302万SDR；超过2 000总吨的船舶，按照船舶吨位数的增加逐级计算赔偿限额：总吨数在2 001~30 000总吨的船舶，每吨增加1208SDR；总吨数在30 001~70 000总吨的船舶，每吨增加906SDR；总吨数超过70 000总吨的船舶，每吨增加604SDR。② 造成财产损失的赔偿责任限额，不满2 000总吨的船舶调整为151万SDR；超过2 000总吨的船舶，按照船

① 《1976年海事赔偿责任限制公约》中的船舶吨位是指根据《1969年国际船舶吨位丈量公约》附件Ⅰ中所载吨位丈量规则计算的总吨位。

舶吨位数的增加逐级计算赔偿限额：总吨数在 2 001 ~ 30 000 总吨的船舶，每吨增加 604SDR；总吨数在 30 001 ~ 70 000 总吨的船舶，每吨增加 453SDR；总吨数超过 70 000 总吨的船舶，每吨增加 302SDR。

2. 特殊情形下责任限额计算

（1）救助人的责任限额。为避免当救助人不使用船舶或在被救船舶上进行救助作业时，无法按船舶吨位计算责任限额，故规定：凡不从任何船舶进行施救工作的救助人，或者只是在对之进行施救工作的船上作业的救助人，其责任限制应按吨位为 1 500 吨的船舶计算。

（2）旅客人身伤亡的责任限额。对于在任一具体情况下提出的有关船上旅客人身伤亡的索赔，船舶所有人的责任限制为 46 666SDR 乘以船舶证书上规定的该船载客定额所得的数额，但不得超过 25 000 000SDR。

3. 反索赔

如果有权享受责任限制的人，就同一事件向索赔人提出索赔，则双方提出的索赔应相互抵消，而本公约的规定则仅适用于其间的差额（如有差额）。

六、责任基金

海事赔偿责任基金，是根据责任限制的方法计算出的对人身伤亡和非人身伤亡的赔偿限额的总和，加上从事故发生引起责任之日起到基金设立之日止的利息。海事赔偿责任基金可以用现金或者法院认可的担保方式缴付，专门用以支付限制性债权的索赔。责任基金设立后，向责任人提出请求的限制性债权人，不得对责任人的任何财产行使任何权利。责任人的船舶或者其他财产已经被扣押或者基金设立人已经提交抵押物的，法院应当及时下令释放或者责令退还。

（一）责任基金的申请人和申请时间

船舶所有人、承租人、经营人、救助人、保险人在发生海事事故后，依法申请责任限制的，可以向海事法院申请设立海事赔偿责任限制基金。船舶造成油污损害的，船舶所有人及其责任保险人或者提供财务保证的其他人为取得法律规定的责任限制的权利，应当向海事法院设立油污损害的海事赔偿责任限制基金。

设立责任限制基金的申请可以在起诉前或者诉讼中提出，但最迟应当在一审判决作出前提出。

（二）责任限制的申请

申请人向海事法院申请设立海事赔偿责任限制基金，应当提交书面申请。申请书应当载明申请设立海事赔偿责任限制基金的数额、理由，以及已知的利害关系人的名称、地址和通信方法，并附有关证据。

海事法院受理设立海事赔偿责任限制基金申请后，应当在 7 日内向已知的利害关系人发出通知，同时通过报纸或者其他新闻媒体发布公告。通知和公告包括下列内容：申请人的名称；申请的事实和理由；设立海事赔偿责任限制基金事项；办理债权登记事项；需要告知的其他事项。法院进行责任限制基金设立公告的目的在于方便利害关系人异议。如果利害关系人提出异议，则法院对异议审查认为成立的，裁定终止海事赔偿责任限制程序，退还设立的责任限制基金；异议不成立的，裁定驳回异议。如果利害关系人不提出异议即利害关系人（债权人）在公告期间不提出异议的，则法院准予海事赔偿责任限制的裁定即具有法律效力。

第三节　海事赔偿责任限制与海上保险

一、责任保险人属于海事赔偿责任限制主体

根据责任保险合同，责任保险人承保被保险人对第三者依法应负的赔偿责任。一旦被保险人对第三人侵权，产生了保险合同所涵盖的赔偿责任，责任保险人便承担向被保险人支付合同约定的保险金的责任。在这种情况下，责任保险人并无限制责任的必要，因保险金的数额都是事先在合同中明确约定的。但在某些情况下，当被保险人无经济能力对受害人给予足够赔偿时，受害人可能会对责任保险人进行索赔，一旦法官基于保护受害人利益的角度，支持了受害人的索赔，责任保险人可能需要承担远远超过原保险合同约定的赔偿责任。目前，在国际海事立法上已经出现了直接诉讼责任保险人的相关规定。《1992 年国际油污损害民事责任公约》第 7 条第 8 款、《2001 年燃油公约》第 7 条第 10 款都规定，污染损害的受害方可以直接对承担船舶所有人污染损害赔偿责任的保险人提起诉讼，即受害方对责任保险人的直接诉讼制度。因此，在这种情况下，赋予责任保险人以责任限制的权利是必要的。

责任保险人享受海事赔偿责任限制权利必须同时满足三个条件：（1）被保险人必须是责任限制主体；（2）被保险人负有的赔偿责任必须属于法律规定的限制性债权，非限制性债权不能适用；（3）责任保险人按保险合同的要求，对被保险人承担的海事赔偿责任确实负有实际赔付的义务。责任保险人在向法院申请责任限制时应提交相应的证据，由法院对其主体资格进行实体审查。

二、海事赔偿责任限制与海上保险人有密切关系

作为海事赔偿责任限制中的责任主体，船舶所有人、承运人、管理人等也是船舶保险、保赔保险中的被保险人，由于海事赔偿责任限制在很大程度上限制了这些责任主体的赔偿责任，相应地也就减少了船舶保险人或保赔协会的赔偿责任；同时也会使保险人在行使代位追偿权时，其追回的金额受到限制。但另一方面，货物所有人作为货物运输保险合同中的被保险人，通常也是海事赔偿责任限制中的债权人，但由于海事赔偿责任限制制度的存在，使其债权并不能完全实现，所遭受的损失不能完全受偿，其结果必然使货物保险人权益受到影响。因此，海事赔偿责任限制与船舶保险人、保赔协会、货物保险人等均有着密切的利益关系。

例如，一艘 1.5 万吨的满载货轮由于完全过失与他船发生碰撞，造成如下损失：（1）本船损失 50 万 SDR；（2）本船所载货物损失 1 500 件，每件价值 1 000SDR，货损共计 150 万 SDR，且本船承运人不能免责；（3）碰撞造成他船的损害是 200 万 SDR。

根据《海牙—维斯比规则》，本船承运人可以享受的单位责任限制为每件

666.67SDR，因此，承运人承担货损的赔偿责任为 1 500×666.67＝100 万 SDR；然后再根据《1976 年海事赔偿责任限制公约》的规定，承运人此刻可以享受的总责任限制为 167 000+（15 000-500）×167＝258.85 万 SDR，他可向有管辖权的海事法院申请海事赔偿责任限制，若申请成功仅需赔偿 258.85 万 SDR。受损货主和被撞船舶所有人只能按各自债权在总债权中的比例分别得到 86.28 万 SDR 和 172.57 万 SDR 的赔偿。

在这起事故中，如果没有海事赔偿责任限制规定，则肇事船舶应承担所有损失 400 万 SDR。但是在海事赔偿责任限制下，肇事船舶只承担了自身的单独海损损失 50 万 SDR 和碰撞责任 258.85 万 SDR，共计 308.85 万 SDR。若该肇事船舶和被撞船均投保了我国船舶一切险，则本船保险人仅需赔偿被保险船舶的自身损失 50 万 SDR 和对他船的碰撞责任 172.57 万 SDR。他船保险人需赔偿他船的碰撞损失 200 万 SDR，然后可向过失船追偿回 172.57 万 SDR。而货物保险人（假设足额保险）应赔偿货物损失 150 万 SDR，然后可向承运人追回 86.28 万 SDR。

案例分析

福建省厦门轮船总公司（以下简称厦门公司）因其所属的“闽海 231”轮于 1996 年 3 月 22 日在广东省表角附近水域与石狮公司所属的“重庆”轮发生碰撞，给江阴市晨光建材大厦造成重大经济损失而向海事法院提出海事赔偿责任限制申请，其申请责任限制的金额为 1 268 459 元。海事法院经初步审查认为：申请人的申请符合《中华人民共和国海商法》第 207 条、第 210 条第 2 款、第 213 条和交通部《关于不满 300 总吨船舶及沿海运输、沿海作业船舶海事赔偿限额的规定》第 4 条的规定，遂裁定：准许厦门公司的海事赔偿责任限制申请，厦门公司可以向海事法院申请设立责任限制基金，总金额为人民币 1 268 459 元及其从事故发生之日起至基金设立之日止的利息。

1996 年 9 月 23 日，海事法院在《福建日报》公告了裁定，主要内容为：若利害关系人认为裁定不当，可以在公告之日起 60 日内提出异议。1996 年 10 月 19 日，石狮公司对上述裁定提出异议，认为厦门公司所属的“闽海 231”轮属港澳航线运输船舶，其申请不符合海事赔偿限额规定。经进一步查证，“闽海 231”轮总吨 764.1 吨，运输航线为港澳航线。

请就本案思考：晨光建材大厦是否属于限制性债权人？厦门公司的赔偿责任限额应如何计算？

思考题

1. 什么是海事赔偿责任限制，其本质是什么？
2. 试比较四种海事赔偿责任限制方式。
3. 说明海事赔偿责任限制的责任主体及享受责任限制的条件。
4. 分析海事赔偿责任限制制度对海上保险的影响。

第六篇

共同海损与海上救助

第十五章

共同海损

本章摘要

共同海损，是指在同一海上航程中，船舶、货物和其他财产遭遇共同危险，为了共同安全，有意地、合理地采取措施所直接造成的特殊牺牲、支付的特殊费用。共同海损的构成要件包括：必须是在海上航程中发生的；必须有共同的、真实的、持续的危险；必须是有意地采取了合理的、有效的措施；损失必须是直接的、特殊的。共同海损项目包括共同海损牺牲和共同海损费用。其中，共同海损牺牲包括：抛弃货物；扑灭船上火灾；割弃残损物所造成的损失；有意搁浅所致的损害；机器和锅炉的损害；作为燃料而使用的货物、船用材料和物料；在卸货过程中造成的损害。共同海损费用包括：救助报酬；避难港费用；代替费用；杂项费用。共同海损理算步骤包括：共同海损的宣告与担保；理算师收集共同海损相关文件和单证；确定共同海损损失；确定共同海损分摊价值；确定分摊金额；进行分摊；编制共同海损理算书。共同海损与海上保险具有密切联系。共同海损和海上保险作为海商法中独立的制度都得到了健全发展，并且共同海损及分摊责任已经成为现代海上保险合同不可缺少的一个重要组成部分。在现行的中、英船舶和海上运输货物保险条款中均规定承担共同海损赔偿责任，对于被保险人的共同海损牺牲或分摊，海上保险人按照规定予以赔偿。

关键词

共同海损牺牲　共同海损费用　共同海损理算　共同海损分摊

第一节　共同海损及构成条件

一、共同海损的界定

共同海损（General Average），是指在同一海上航程中，船舶、货物和其他财产遭遇共同危险，为了共同安全，有意地、合理地采取措施所直接造成的特殊牺牲和支付的特殊费用。例如，投弃货物以减轻船舶重量、船上发生火灾时使用消防工具或凿孔灌水灭火使货物受损、船舶搁浅后为便于船舶浮起而卸载货物所造成的货物损失、租用拖轮救助而发生的费用等，这些损失都是为了保全船舶和货物的共同利益而发生的牺牲和开支，因此，应该由获得安全利益的财产，包括船舶、货物、运费共同分摊。

二、共同海损的构成条件

（一）必须是在海上航程中发生的

共同海损必须发生在国际海上航行或沿海运输中。但是在实践中，沿海运输中宣布共同海损的案件是不多见的。

（二）必须有共同的、真实的、持续的危险

1. 共同的危险

共同的危险指该危险对船舶和货物都构成威胁，仅仅危及船舶或货物单方利益，即使采取抢救行为，也不能构成共同海损。换言之，危险必须是同一海上航程中所共同面临的。所谓同一海上航程，是指当船舶、货物或其他某些财产结为一体的海上航行期间。当自然灾害、意外事故危及了船、货的共同安全时，若不及时采取措施，则船舶和货物就有灭失或损坏的危险，简而言之，一方受损，全体皆危。在这种紧急状态下，为了使船、货或其他财产免遭损害而作出的物质上的牺牲或费用上的损失，才能作为共同海损。若是由于天气闷热且船上的冷冻设备损坏，可能导致货物腐败变质，因而采取弯靠附近港口以修理船上冷冻设备，此种情况下，弯靠附近港口行为不能视作共同海损行为，因为仅是货物面临危险，而船舶本身不受影响，船货没有遭遇共同危险。

2. 真实的危险

真实的危险是指危险必须是确实存在的，仅仅是臆测的危险不会造成共同海损。如船长误认为货舱内起火了，就对船员下达了引水灌救的命令，实际上舱内并无火患存在，这种凭船长的想象或臆测的危险而产生的损失，不属于共同海损。

3. 持续的危险

危险须是持续存在的。这里所指的危险并非仅仅针对那种已经出现的危险，换言之，即使某种危险尚未显现，但由于该现象不会自动解除，最终还会危及船、货的共同安全。例如，船舶在大洋中航行，主机发生故障，使船舶失去动力，虽然当时风和日丽，但由于大洋气候瞬息万变，船舶随时都面临着巨大的危险，鉴于这种危及船、货安全的客观情况持续存在，因而也属于共同危险。

（三）必须是有意采取的合理、有效的措施

1. 有意的措施

有意是指行为人对于某种事实，明知而有意使其发生，或预见其发生，而其发生并不违背其本意的心理状态。换言之，共同海损中的牺牲和产生的费用，必须是故意的和经过深思熟虑的，并且造成这种牺牲和费用的命令是由船长或其指定代理人发出的。反之，牺牲并非源于故意行为或命令发自其他船员，则不属于共同海损。例如，船舶在航行中遇到大风浪，为了减轻载重而船长命令将重量大而价值低的货物抛下海，此种货物损失就是有意作出的。

2. 合理的措施

合理的措施是指本着以最小的牺牲换取船、货的最大安全为原则而采取的行为。一项措施是否合理，没有绝对的标准，在具体判断时，须根据当时的客观环境、方案的可行性及产生的客观效果等因素综合确定。值得注意的是：采取的共同海损措施不合理，并不意味着要完全剥夺请求共同海损分摊的权利，只是须在分摊的过程中扣除不合理的损失。

3. 有效的措施

有效是指所采取的共同海损措施最终达到了使船、货或其他财产脱离危险的目的。共同海损分摊应以获救财产的价值为基础，如果某财产所有人的财产因为采取共同海损措施而被全部牺牲，即表明他没有因此种措施而受益，更不能要求他以自己的其他财产来分摊别人的损失。所以，在某些情况下，尽管船方作出了很大的牺牲或支付了巨额的费用，但最终船、货或其他财产还是遭受全损，共同海损仍然不能成立。当然，这里所说的有效果，并非指财产全部获救，只要有部分财产获救，共同海损仍可成立。

（四）损失必须是直接的、特殊的

共同海损措施是以牺牲较小利益保全较大利益为特征。被牺牲的利益必须是共同海损措施直接造成的，而且必须是特殊的。

1. 直接的损失

共同海损损失必须是共同海损行为直接造成的。在航程中或者在航程结束后发生的船舶、货物因迟延所造成的损失，包括船期损失和行市损失以及其他间接损失，不得列入共同海损范围内。

2. 特殊的损失

共同海损损失必须是非正常的。正常航行中需要作出的开支，不得算作共同海损。如船舶用缆绳系泊在浮筒上，在台风来临前，为了增加强度，将锚链也系上，从而改变了锚链的正常使用用途，最后仍因风力太强，缆绳和锚链都被挣断，则缆绳的损失是正常的，不能算作共同海损；而锚链的损失是非正常的，应计入共同海损。

第二节　共同海损牺牲和费用

一、共同海损牺牲

共同海损牺牲，是指由共同海损措施所直接造成的船舶、货物或其他财产在物质形态上的灭失或损坏。按照《约克—安特卫普规则》的规定，共同海损牺牲通常是在下述情形下产生的：

（一）抛弃货物

抛弃货物，是指在同一海上航程中的财产遭遇共同危险时，为了解除危险而将船上所载的部分货物抛弃入海的行为。共同海损制度最初就是从抛弃货物发展起来的，在现代航海中，抛货情况虽已少见，但鉴于海上情况的复杂性，这一概念仍有保留的必要。

（二）扑灭船上火灾

扑灭船上火灾，是指在船上发生火灾的情况下，为了灭火而采取的诸如灌水、注入蒸汽、将失火船舶搁浅、凿沉等措施而造成的船舶或货物的进一步损失。但是已经着火的部分不得列入共同海损，因为必须将火灾事故造成的损失和灭火行为造成的损失区分开来。

（三）割弃残损物造成的损失

割弃残损物，是指为了维护船舶和货物的共同安全而拆除因事故而被毁灭或虽未毁灭但已失去使用价值的残留物体的行为。由于割弃残损物而造成的船舶或货物进一步损失，应列入共同海损。

（四）有意搁浅所致的损害

有意搁浅所致的损害，是指为了避免船舶的沉没而有意将船舶驶往浅滩或将其凿沉在浅水地带而造成的船货或其他财产的损害，均可作为共同海损。

（五）机器和锅炉的损害

机器和锅炉的损害，是指对于搁浅并处于危险境地的船舶，为了使其重新浮起而采取非常措施，致使机器和锅炉超负荷而蒙受的损害。只要此类措施是为了共同安全而采取的，由此而导致的损失应列入共同海损。

（六）作为燃料而使用的货物、船用材料和物料

作为燃料而使用的货物、船用材料和物料，是指在船舶遭遇危险，所配备的燃料被耗尽时，将船上所载的部分货物、船用材料和物料当作燃料而烧掉所导致的损失。由于上述行为的目的是为了船舶和货物的共同安全，因而其损失可以列入共同海损而得到补偿。

（七）在卸货过程中造成的损害

在卸货过程中造成的损害，是指在船舶遭遇海难事故后，在避难港为了检修船舶而对货物进行操作、卸载、存栈、重装和积载或移动货物或燃料、物料时所造成的船舶、货物的进一步损失。

二、共同海损费用

所谓共同海损费用，是指由于采取共同海损措施而产生的额外费用支出，通常包括下列项目：

（一）救助费用

传统上，参与航海事业中的关系方，由于救助而发生的费用，不论此种救助是否是根据合同进行的，只要救助活动的目的是为了使同一海上航程中的财产幸免于难，便应列入共同海损而由全体受益方分摊。如果仅仅是为了船舶或货物单独一方利益所支出的救助费用不能列入共同海损费用之内。但值得注意的是：2004 年《约克—安特卫普规则》主张将救助费用排除于共同海损之外，其第 6 条规定："救助款项，包括所生利息和相关的法律费用，应由付款方自行承担而不得认入共同海损，除非与救助有关的一方已支付应由另一方承担的（根据获救价值而不是按共同海损分摊价值计算的）全部或部分救助费用（包括利息和法律费用）。在理算中，应由另一方支付但该方未付的救助费用应贷记付款方，借记由他方代其付款的一方。"

（二）避难港费用

避难港费用是指船舶、货物在面临共同危险情况下，为恢复船舶的续航能力而进入避难港所支付的有关费用。包括：船舶自原航线至避难港的往返航行费用（如燃料、机油、淡水、船员工资及伙食费等）；进港费用（如引航费、拖轮费、码头费、浮筒费、检疫费等）；货物、燃料、船用备品的卸岸及搬运费、保管费、重装费等；在避难港停泊期间的船员工资、伙食费等；在避难港期间消耗的燃料和船用物料费等。

（三）代替费用

代替费用，是指为了节省或替代本应列为共同海损费用而支付的费用。从严格意义上来讲，代替费用并不具备共同海损费用的条件，但由于支付了该项费用，却可以节省或避免一项或几项本应列入共同海损的费用，由于这样的费用是为各方的共同利益而支付的，因此，可以列入共同海损。例如，船舶因共同海损事故而遭受损坏，在修理期间将要发生许多港口费用，但船长为了节省这样的费用，安排工人加班加点，从而节省了港口费用，这种加班费用就可以作为替代费用，列入共同海损。

（四）杂项费用

除了以上几种主要共同海损费用形式之外，还存在垫款手续费、共同海损利息、共同海损费用保险费、共同海损理算费用等，一般也被列入共同海损范围内，由受益方分摊。

第三节　共同海损理算

一、共同海损理算规则

共同海损理算是指由专门理算机构或理算师依据当事人所选择的理算规则或法律认定共同海损是否成立以及如果成立，为确定共同海损损失项目和金额及各受益方应分摊的金额而进行的专门核算工作。理算完毕，由理算机构或理算师出具理算书，作为各受益方承担共同海损损失的根据。[①] 共同海损理算一般都是委托专门办理海损理算业务的理算师进行理算。世界上大部分海运国家都设立了专业性的海损理算机构来办理海损理算业务。我国的海损理算工作是由中国国际贸易促进委员会海损理算处办理。

就理算规则而言，国际上普遍统一适用《约克—安特卫普规则》。在我国，则有《北京理算规则》对共同海损理算进行规范。

（一）《约克—安特卫普规则》

《约克—安特卫普规则》最初是由英国、法国、荷兰、比利时等国的理算、保险、航运界等方面的代表在英国格拉斯哥召开会议共同制定的，并于 1864 年和 1877 年分别在英国的约克城和比利时的安特卫普港召开会议加以修订，故名《约克—安特卫普规则》。此后该规则又分别于 1890、1924、1950、1974、1990 和 1994 年进行过多次修改。最近的一次修订是国际海上保险联盟（货物保险人）对 1994 年的《约克—安特卫普规

① 於世成，杨召南，汪淮江．海商法［M］．北京：法律出版社，1997：303.

则》不满，认为共同海损范围太广，理算过于繁琐，于1999年正式向国际海事委员会（CMI）提出要求修改规则，但遭船东和理算师反对。国际海事委员会成立专门工作组再次修改该规则。在2003年5月31日至2003年6月4日的国际海事委员会第38届大会通过了2004年《约克—安特卫普规则》。

《约克—安特卫普规则》是一种自愿协议，而不是由某个国家立法程序制定的法律，也不是由各国政府缔结或者参加的国际条约。但是，由于海运提单以及租船合同大多订有按照《约克—安特卫普规则》进行共同海损理算的条款，因此在实践中该规则已经成功地避免了各国共同海损制度的差异对于国际航运所造成的消极影响，成为航运界以及保险界广泛接受的国际惯例。《约克—安特卫普规则》有多个版本，目前国际上广泛使用的是1974年和1994年修订的规则。1974年《约克—安特卫普规则》全文共30条，分为三组条文：第一组条文是总则性的条文解释，它规定采用规则后与此相抵触的法律和惯例均不适用，以及除数字规则已有规定者外共同海损应按字母规则理算。第二组条文为字母规则，对共同海损的定义、范围和共同海损的补偿、分摊等方面作了原则性规定。第三组条文为数字规则，由22条数字组成，对共同海损理算的处理原则及范围作了规定，比如为共同安全抛弃和牺牲所造成的损失、在避难港的费用等作为共同海损等。

（二）《北京理算规则》

1975年1月，中国国际贸易促进委员会在适当参照了《约克—安特卫普规则》的规定的情况下，为既照顾到现行国际航运习惯，又能反映逐步改革不合理的理算规则的主张，总结了我国海损理算工作的经验，公布施行《中国国际贸易促进委员会共同海损理算暂行规则》，简称《北京理算规则》，该规则于1994年进行了修改，是中国国际贸易促进委员会海损理算处办理共同海损理算的主要依据。《北京理算规则》包括前言和8条规定：（1）共同海损的范围；（2）共同海损理算的原则；（3）共同海损损失金额的计算；（4）共同海损的分摊；（5）利息和手续费；（6）共同海损担保；（7）共同海损时限；（8）共同海损理算的简化。与国际上普遍采用的《约克—安特卫普规则》相比，《北京理算规则》条文简单、通俗易懂，但实质性内容基本相似，主要差异在于：《北京理算规则》的理算原则是"先判断责任，再进行理算"。提出共同海损理算要求的一方或有关各方负有举证的责任，证明他们提出的损失应列入共同海损；不对由于一方不能免责的过失引起的共同海损进行理算，便可以根据具体情况，通过协商另作适当处理。而《约克—安特卫普规则》却无此限制。

二、共同海损理算步骤

（一）共同海损的宣告与担保

发生共同海损事故后，船长或船东应在船舶发生共同海损之后到达的第一个港口后的一段合理时间内宣布共同海损。提出共同海损分摊请求的一方应当负举证责任，证明其损失应当列入共同海损。为了确保共同海损分摊的顺利进行，经利益关系人请求，有关受益方应当提供共同海损担保，即作出承担分摊的保证。

（二）理算师收集共同海损的相关文件和单证

为了出具理算报告，理算师先收集共同海损担保文件和保证金。但是提供担保、保证金并不代表无条件承认共同海损的成立。船舶一方需要提供以下的证明材料：甲板日志摘要；机舱日志摘要；避难港船舶损失检验报告（由船舶保险人或船级社或货方委托）；船长海事声明书；船长或轮机长的事故报告；事故前的船级证件。这些资料有助于理算师了解事故原因，认定事故是否真正危及船货安全，采取的行为是否合理等。同时，理算师还要向货方收取诸如发票、装箱单、提单、货物损失检验报告、货物保险单、索赔清单或赔款计算书、各种费用账单（包括原始单据）等多项材料。

（三）确定共同海损损失

1. 船舶的共同海损牺牲

船舶共同海损牺牲的金额，按照实际支付的修理费，减除合理的以新换旧的扣减额计算。船舶尚未修理的，按照共同海损牺牲引起的合理贬值计算，但是不得超过估计的修理费。船舶发生实际全损或者修理费用超过修复后的船舶价值的，共同海损牺牲金额按照该船舶在完好状态下的估计价值，减除不属于共同海损损坏的估计的修理费和该船舶受损后的价值的余额计算。

（1）船舶进行修理。船舶进行修理，可分为永久性修理与临时性修理。除了修理费外，船舶修理期间所发生的船员伙食费、物料费、修理锚链的费用、船坞费、船台费及移泊费等，也应计入共同海损。

（2）船舶未进行修理。有时，发生共同海损的船舶由于各种原因未进行修理，如果船舶没有进行修理，船舶损失金额通常以该损坏造成的船舶合理贬值和该损坏的估计修理费两者之中较小者为准。

（3）船舶全损。在船舶全损的情况下，船舶损失金额为船舶在发生共同海损前的估计完好价值，扣除属于单独海损的估计修理费用。有残骸的，还须扣除残骸的价值，其余额作为共同海损。

2. 货物的共同海损牺牲

货物共同海损损失金额的确定可以分为两种情况：

（1）货物灭失的，按照货物在装船时的价值加保险费加运费，减除由于货物牺牲无需支付的运费计算共同海损金额。

（2）货物损坏，在就损坏程度达成协议前售出的，按照货物在装船时的价值加保险费加运费，与出售该货物所得净值的差额计算共同海损损失金额。

3. 运费共同海损牺牲的金额

运费共同海损牺牲的金额，按照货物遭受牺牲造成的运费的损失金额，减除为取得这笔运费本应支付，但是由于牺牲无需支付的营运费用计算。

例如，某船装载货物 1 000 件，每件货物应付到付运费 70 元，航行途中为了船货共同安全抛货 500 件。这 500 件货物如果运至目的港，承运人应承担卸货费、码头费和其他杂费共 7 000 元。则运费的共同海损牺牲金额为：

$$70\times500-7\ 000=28\ 000\text{ 元}$$

4. 共同海损费用

救助费用、避难港费用、替代费用、杂项费用等共同海损费用按照实际发生的金额计算。但是，在海损事故发生后，所采取的行动和措施必须合理且支出的费用一定要低，否则因采取措施不当而支出的费用不能被列入共同海损进行分摊。

（四）确定共同海损分摊价值

所谓共同海损分摊价值，是指由于共同海损措施而受益的财产价值与因遭受共同海损而可获得补偿的财产金额的总和。共同海损损失金额应当由受益方按照各自的分摊价值的比例分摊。

1. 船舶共同海损分摊价值

船舶共同海损分摊价值，按照船舶在航程终止时的完好价值，减除不属于共同海损的损失金额计算，或者按照船舶在航程终止时的实际价值，加上共同海损牺牲的金额计算。

2. 货物共同海损分摊价值

货物共同海损分摊价值，按照货物在装船时的价值加保险费加运费，减除不属于共同海损的损失金额和承运人承担风险的运费计算。货物在抵达目的港以前售出的，按照出售净得金额，加上共同海损牺牲的金额计算。

3. 运费共同海损分摊价值

运费共同海损分摊价值，按照承运人承担风险并于航程终止时有权收取的运费，减除为取得该项运费而在共同海损事故发生后，为完成本航程所支付的营运费用，加上共同海损牺牲的金额计算。

（五）确定分摊金额

确定各受益方应分摊的共同海损金额可以分为两步：首先，计算出共同海损分摊比率。即用共同海损损失总额除以共同海损分摊价值总额，然后以各受益方的分摊价值金额分别乘以共同海损分摊比率，得出各受益方应分摊的共同海损金额。

例如，有一载货船舶途中发生共同海损事故，其中货主甲、乙、丙、丁的共同海损牺牲金额分别是 10 万、20 万、0 万、20 万美元，船体的共同海损牺牲金额是 25 万美元，支出救助费用 3 万美元，运费的共同海损牺牲是 2 万美元。甲、乙、丙、丁货物的共同海损分摊价值分别为 120 万、140 万、120 万、100 万美元，船舶的共同海损分摊价值 500 万美元，运费的共同海损分摊价值为 20 万美元，则根据 1974 年《约克—安特卫普规则》：

共同海损损失总额：10+20+20+25+3+2＝80 万美元

共同海损分摊价值总额：120+140+120+100+500+20＝1 000 万美元

共同海损分摊比率：80÷1 000＝8%

货主甲应分摊的共同海损金额：120×8%＝9.6 万美元

货主乙应分摊的共同海损金额：140×8%＝11.2 万美元

货主丙应分摊的共同海损金额：120×8%＝9.6 万美元

货主丁应分摊的共同海损金额：100×8%＝8 万美元

船舶应分摊的共同海损金额：500×8%＝40 万美元

运费方应分摊的共同海损金额：20×8% = 1.6 万美元

（六）进行分摊

并非所有因为共同海损措施而得到保全的财产都应参加共同海损的分摊。旅客的行李和私人物品，不分摊共同海损。未申报的货物或者谎报的货物，应当参加共同海损分摊；其遭受的特殊牺牲，不得列入共同海损。不正当地以低于货物实际价值作为申报价值的，按照实际价值分摊共同海损；在发生共同海损牺牲时，按照申报价值计算牺牲金额。

（七）编制共同海损理算书

共同海损理算书是由接受委托的海损理算人对共同海损案件进行调查研究和审核计算以后所编制的理算报告。

第四节　共同海损与海上保险

一、共同海损与海上保险具有密切联系

长久以来的海上航运使得共同海损和海上保险作为海商法中独立的制度都得到了健全发展，并且共同海损及分摊已经成为现代海上保险合同中不可缺少的一个重要组成部分。在现行的中、英船舶和海上货物运输保险条款中均有保险人可以承担共同海损赔偿责任的规定，对于被保险人的共同海损牺牲或分摊，海上保险人按照规定予以赔偿。据统计，大约 90% 的共同海损分摊都通过保险得到了补偿。但这并不意味着凡是按照共同海损理算规则可以成立的共同海损案件及其应该分摊和补偿的金额，都可以不折不扣地从保险公司取得赔偿；因为共同海损分摊补偿的范围和金额是依据共同海损理算规则确定的，而保险人对于共同海损及分摊是否承担赔偿责任及赔偿金额的确定依据是保险条款，两者存在着一定的区别。

二、海上保险人共同海损责任的确认

（一）须是承保风险引起的共同海损损失和分摊

根据英国《1906 年海上保险法》第 66 条第 6 款："除非有明文规定，如果共同海损损失和共同海损分摊不是为了避免承保风险或不是与避免承保风险有关，保险人不负责任。"这是保险人承担赔偿责任的必要条件，如果引起共同海损事故的原因是非承保风险或除外风险，那么对于共同海损事故的当事各方仍然要按照约定的理算规则计算共同海损分摊，但是海上保险人对于被保险人的共同海损损失和分摊都不承担责任。

（二）保险人对共同海损牺牲负直接赔偿责任

根据英国《1906 年海上保险法》，对于船舶或货物所遭受的共同海损牺牲，被保险人可以从保险人处得到全部损失的赔偿，而无须首先行使其对负责分摊的其他责任方进行分摊的权利。即将保险标的的共同海损牺牲作为部分损失处理，保险人先行赔付，而由保险人取得对这部分共同海损要求各受益方分摊的代位求偿权。我国《海商法》中虽没有这样的规定，但在我国普遍适用的船舶保险条款中明确规定："被保险船舶若发生共同海损牺牲，被保险人可获得对这种损失的全部赔偿，而无须先行使向其他各方索

取分摊额的权利。”可见，在船舶保险中，被保险人可以在共同海损发生后直接向保险人索赔共同海损牺牲，保险人对保险金额内的共同海损牺牲负直接赔偿责任。此种规定有利于被保险人，使其能够尽快地拿到共同海损牺牲的赔偿，而无须等待漫长的共同海损理算过程。在我国的海上运输货物保险条款中仅明确保险人负责共同海损牺牲和分摊，未说明保险人是否须立即赔偿。但在实践中仍采取与船舶共同海损牺牲相同的赔付方法。

（三）保险人对于共同海损分摊的赔付须在理算结束之后

对于因采取共同海损措施而支出的共同海损费用须由全体受益方共同分摊，保险人的责任仅限于被保险人应予负责的部分，对于应由其他利害方负责的部分，保险人无赔偿责任，而且保险人对于共同海损费用的赔偿只能于共同海损理算完成之后才能进行。同样，对于非被保险人的共同海损牺牲，被保险人也须分摊一部分；对于此部分共同海损分摊，保险人的赔偿也是共同海损理算书完成后才能确定，如果保险标的的保险价值低于共同海损分摊价值，则保险人按照二者的比例赔偿共同海损分摊。若保险标的也发生了单独海损，而保险人对这种损失负有责任，则在确定保险人应承担的分摊额时，应将这部分单独海损从保险价值中扣减掉。

下面举例说明保险人对于共同海损牺牲、分摊的赔偿。

例如：船舶在航行中遇恶劣气候，船上燃料用尽，不得不将所载货物当作燃料，造成货物损失 50 万元，但仍不能从危险中解脱出来。之后，船舶又搁浅，因采取脱浅措施造成船舶主机损坏 30 万元，后雇一拖轮拖带，支付拖轮费 20 万元。全部货物的完好到岸价值为 200 万元，船舶的共同海损分摊价值 800 万元。货物投保一切险，保险金额与保险价值均为 150 万元。则：

共同海损应受补偿总额：

货物共同海损牺牲	50 万元
船舶共同海损牺牲	30 万元
拖轮费用	20 万元
合计：	100 万元

共同海损分摊价值总额：

货物的共同海损分摊价值	200 万元
船舶的共同海损分摊价值	800 万元
合计：	1 000 万元

共同海损分摊比率：$\frac{100}{1\ 000}=10\%$

各方应负担的共同海损金额：

货物	200×10% = 20 万元
船舶	800×10% = 80 万元

此例中，货物保险人应赔偿货物的共同海损牺牲最终为 10 万元（先赔偿，后追

偿），具体为：

货物的共同海损牺牲	50 万元
扣减船舶应承担的部分	40 万元（50×800/1 000）
保险人最终赔偿的金额	10 万元

货物保险人应赔偿共同海损分摊最终为 7.5 万元，具体为：

船舶共同海损牺牲	6 万元（30×200/1 000）
拖轮费用	4 万元（20×200/1 000）
合计：	10 万元
保险人最终赔偿的金额	7.5 万元（10×150/200）

案例分析

2000 年 2 月 21 日，原告（中国香港民安保险有限公司）承保的货物装上“Sea Diamond”轮，由喀麦隆运往中国蛇口港。该轮在中国张家港卸下一票货物后，驶往蛇口港。2000 年 4 月 26 日凌晨，被告（统一和平海运有限公司）所属“Orient Honesty”轮在中国长江口与“Sea Diamond”轮发生碰撞事故，使“Sea Diamond”轮受损。4 月 30 日，“Sea Diamond”轮卸下船上所有货物，进厂进行修理。经该轮船东宣布共同海损，中国香港德理有限公司对此事故进行了共同海损理算，根据理算报告记载，“Sea Diamond”轮发生碰撞以后，其左舷船壳板严重受损，船和货物处于危险之中，船舶驶入上海港是为了共同安全所必需，船舶在上海港进行修理是为了完成航程所必需。因此，“Sea Diamond”轮在上海港产生的费用符合共同海损特征。原告为此向中国香港德理有限公司出具了共同海损担保。经理算，确定货主应分摊共同海损的金额为 70 144.15 美元。原告通过中国香港德理有限公司向“Sea Diamond”轮船东支付了上述分摊金额。2002 年 3 月 25 日，中国香港德理有限公司确认收到原告支付的共同海损分摊金额。2000 年 5 月 3 日，指示收货人向原告出具了收据，并将追偿权益转让给了原告。在法院另案审理的被告与“Sea Diamond”轮轮船东之间的船舶碰撞损害赔偿纠纷案中，法院已作出生效判决，判决被告在本次碰撞事故中应承担 60% 的责任。

本案中，上海海事法院判决被告赔偿原告共同海损分摊费用 42 086.40 美元及利息。被告不服。

请分析本案原告是否有权向被告追偿？

思考题

1. 共同海损的构成要件是什么？
2. 哪些费用可以纳入共同海损之中？
3. 思考共同海损与海上保险的关系。
4. 试分析近年来的海盗赎金是否可以纳入共同海损中？

第十六章

海难救助

本章摘要

海难救助是指在海上或者与海相通的可航水域，对遇险的船舶和其他财产进行的救助行为。要构成海难救助，必须符合四个条件：地域、对象、危险、自愿而为的施救行为。调整海难救助的国际公约主要有两个，即《1910年统一海上救助若干法律规则的国际公约》和《1989年国际救助公约》。海难救助合同是救助人与被救助人在救助开始前或进行中达成的由救助方对被救助方遇难的船舶或其他财产进行救助，而由被救助方支付救助报酬或救助费用的双方有偿合同。目前很多国家都有自己的救助合同标准格式，如英国劳氏救助合同标准格式（LOF）。救助款项确定的规则包括两方面内容：一是“无效果无报酬”原则；二是特别补偿的确定。对于一般救助报酬，通常列入共同海损之中，由全体受益方分摊，并最终由保险人予以赔偿；但是对于特别补偿，只能由船东保赔协会承担责任。

关键词

海难救助　合同救助　救助报酬　特别补偿

第一节　海难救助及其条件

一、海难救助的界定

海难救助（Salvage）是指在海上或者与海相通的可航水域，对遇险的船舶和其他财产进行的救助行为。实施救助行为的必须是外来力量，可以是从事救助工作的专业救助人，也可以是过往船只或其他人。根据救助对象，海难救助可以分为广义上的海难救助和狭义上的海难救助，前者不仅包括对物的救助，也包括人命救助；而后者仅限于对物的救助，即对船舶和海上其他财产的救助。大多数国家海商法及国际公约采用狭义的海难救助概念。

海难救助是海上运输中一项古老的法律制度，也是海商法特有的一种法律制度。

根据这一制度，救助人如能成功地使遇险财产脱离危险，即有权请求救助报酬，这一点是陆上任何救助行为所不具有的。海难救助法律制度是以公平、公共利益和鼓励救助为基本原则，以确定救助报酬为核心内容，其目的在于鼓励人们救助遇险船舶、货物或人命。由于救助人自身在施救时面临巨大的风险，在救助成功后，救助人享有请求救助报酬的权利。该救助的报酬不仅补偿其救助费用，也含有对救助行为奖励的因素。

二、海难救助的构成条件

（一）地域

海难救助发生在海上或者与海相通的可航水域。所谓与海相通的可航水域，是指与海洋相通又能供船舶航行的江河水域。内河水域或其他地方发生的救助行为不适用海难救助的法律，如船舶在修船厂修理或建造时发生火灾等事故，即使有人对其进行救助，但也不能适用海难救助的有关法律。

（二）对象

海难救助的对象可以是船舶、其他财产，也可以是有风险的运费。但在海上已经就位的从事海底矿物资源的勘探、开发或者生产的固定式、浮动式平台和移动式近海钻井装置，不能成为海难救助的对象。此外，海难救助的对象限于财产，对人命进行救助是人道主义行为，不能独立请求救助报酬，不适用海难救助的相关法律制度。

（三）危险

被救助的船舶或其他财产必须处于真实的危险当中，如遭遇台风、海啸等恶劣天气情况，发生碰撞、搁浅等海上事故，遭遇战争、海盗袭击等，船上燃料、食品告罄，船员患急性传染病等；只要以通常的技能和谨慎所不能防御的风险都可视作真实的危险。真实的危险包括如下因素：

1. 危险必须是真实存在或不可避免的

船舶或其他财产只有存在真实危险，方有救助的必要，虚拟的危险不能构成海难救助。危险是否真实存在，是针对危险性质而言，不考虑危险大小，只要对船舶或其他财产构成威胁，即使威胁很小，同样可以构成救助行为，但所采取的措施须以合理为限。

2. 危险要件不考虑起因

海难救助的危险不论是自然灾害，还是意外事故，或是潜在缺陷所造成的，都不影响海难救助的性质，即使是被救助方过失或故意造成的危险，也不影响救助方请求救助报酬的权利。而且，不要求危险必须是船货共同面临的，仅威胁船舶或货物单独一方的危险也可以构成海难救助。

（四）自愿而为的施救行为

自愿原则是海难救助的构成要件之一。所谓自愿是指救助方或被救助方在发生救助法律关系时，其作为或不作为完全出于自愿。这一原则对救助方来说，在对救助标的实施救助时，完全出于救助方的自愿。救助成功了，有权获得报酬；不救则不承担任何责任。与此不同的是非自愿救助，即根据合同约定或法律规定的义务救助，救助即使获得成功也无权获得报酬，不救则将承担合同或法律规定的责任。不属于自愿救助的情形有：

1. 法律约束的救助

法律约束的救助是指按照法律的规定而应该履行的职责，救助人不得请求救助报酬。法律约束的救助主要包括：

（1）对人命的救助。对在海上遇险的人员进行救助，是法律所赋予的义务，即使救助成功，也不能请求救助报酬；只有当同一个海难事故中的财产获救的同时，人命也获得了救助，此时，参与人命救助的人才有权和救助财产的人一起分享合理的份额。

（2）引航员在履行其职责范围内的救助。因为在引领船舶过程中运用良好的船艺而避免发生事故是引航员应尽的职责，所以，无权请求救助报酬，除非他在引领船舶工作的职责之外，又额外参与了救助工作，才有权请求救助报酬。

2. 合同约束的救助

合同约束的救助是指救助之前，救助方根据合同有救助的义务。如果某一项协议中事先已经约定，在发生海难事故的情况下，某一方必须对其进行救助，在这样的合同之下，即使救助成功，也无权请求救助报酬。合同约束的救助主要包括：

（1）遇难船船员救本船。因为雇佣合同通常规定船员对本船及船上财产有救助义务，因而不发生报酬请求权，但是船员救助被弃船只除外。

（2）遇难船上的旅客救本船。旅客虽然与船舶所有人不存在雇佣关系，也无须服从船舶所有人所制定的规定，但是，根据与船舶所有人所签订的海上旅客运输合同的规定，旅客在船期间应该服从船长指挥，与船员一道维护船舶的安全，一旦发生海难事故，应该尽力施救，因此无权请求救助报酬。

第二节 与海上救助有关的国际公约与救助合同

一、有关的国际公约

（一）《1910年统一海上救助若干法律规则的国际公约》

海上救助是一项古老的法律制度。一般认为，海上救助制度起源于古罗马的万民法。实际上，有关救助的法律规定早在公元前的《罗德法》中就已出现，当时有关确定救助报酬以及依照救助性质按固定比例分配报酬的制度已经确立下来。1681年法国国王路易十四颁布的《海事条例》已经明确规定了海上救助的法律制度，由此开启了各国立法调整海上救助的先河。进入20世纪，为了统一各国海上救助法律制度，避免产生法律冲突，国际社会于1910年在比利时布鲁塞尔召开国际会议，通过了《1910年统一海上救助若干法律规则的国际公约》，海上救助制度得以协调统一。该公约的主要贡献是确立了救助报酬的确定原则，规定“凡已取得有益成果的每一项救助活动，都有权获得公平的报酬。如果所提供的服务并未产生有益的成果，便不应付与报酬。在任何情况下，所付报酬的金额都不得超过获救财物的价值”。在确定救助报酬时要考虑：获得效果的程度；救助人的努力与劳绩；被救船舶、所载旅客、船员、货物以及救助人和救助船舶所冒危险；救助工作所用时间、所耗费用和所受损失；救助人所冒责任上的风险和其他风险，以及冒上述风险的财务价值；被救助财产的价值。

（二）《1989年国际救助公约》

《1910年统一海上救助若干法律规则的国际公约》虽然统一了各国有关海难救助方面的法律制度，但随着航运实践的发展，也暴露出许多问题，如船长是否有权代表船、货所有人签订救助合同。特别是随着海上石油和有毒、有害物质运输的增加，海洋环境污染事故频发，对这些事故的救助是否仍适用“无效果无报酬”原则等。1978年3月16日在英吉利海峡发生了一起历史上最大的油污事件。利比里亚籍的巨型油轮“阿莫柯·卡地兹”号因舵机失灵而坐浅在法国西海岸布列塔尼附近的礁石上，23万吨原油溢出，造成法国沿海水域的严重污染。当时，一拖轮前来救助，因船长与船东就签订救助合同事项进行协商，错过了最佳救助时机，救助方虽然努力施救但最终无效果，23万吨原油溢出。此事故的发生使有关国际组织认识到需要明确船长有权代表船、货方签订救助合同，并需要对“无效果无报酬”原则进行补充。事故发生后，国际海事组织就这一案件起草了一份报告，促使国际社会改革传统的海上救助制度。1989年4月，国际海事组织召开外交大会，正式讨论通过了《1989年国际救助公约》，该公约于1996年7月14日生效，已有中国、加拿大等20多个国家参加了该公约。公约规定船长有权代表船舶所有人签订救助合同，为在紧急情况下的及时救助提供了法律保障。公约还特别强调防止或减轻海洋环境污损，增设了特别补偿条款，这是《1989年国际救助公约》的显著特点。

二、救助合同

海难救助的形式分为纯救助和合同救助。纯救助是指船舶遇难后未请求外来援救，而是由救助人自行救助的行为，这是最早的海难救助形式。但是随着海难救助活动的商业化色彩日渐浓厚，商业化的合同救助成为海难救助的主要形式。所谓合同救助是根据双方签订的救助合同进行的救助。在救助开始前或进行中双方达成的救助合同中，通常要约定由救助方对被救助方遇难的船舶或其他财产进行救助，被救助方有义务支付救助报酬或救助费用。我国《海商法》第175条第1款规定：“救助方与被救方就海难救助达成协议，救助合同成立。”《1989年国际救助公约》以及荷兰等国家海商法也有类似规定。因此可以看出：第一，救助合同是一种非要式合同。可以是书面的，也可以是口头的，或者采用书面与口头的混合形式。第二，救助合同的订立时间和合同内容没有特殊要求。合同可在救助作业前、中、后适时订立，除救助报酬问题外，只要意思表示一致就有约束力。通常救助合同由船长代表船东和货主签订，即遇险船舶的船长有权代表船东，以及船长和船东有权就船载财产代表财产所有人签订救助合同。

随着海难救助商业化的发展，为了避免在危难时签订的合同给被救助方带来不利及避免双方当事人冗长的谈判，海难救助出现了各种格式合同。目前很多国家都有自己的救助合同标准格式，如英国“劳氏救助合同标准格式”、法国“巴黎标准格式”、德国

"汉堡标准格式"、日本船舶交易所的 JSE 格式、中国国际贸易促进委员会 1960 年和 1994 年"救助合同标准格式"等。这些标准救助合同格式除我国 CMAC1994 格式外一般都直接在标题下印有"无效果无报酬"字样。实际救助中使用何种格式，取决于双方协商的结果而不是强制性的，大多数国家海商法中有关救助或救助报酬条文都非绝对强制性而有一定弹性。国际上最常用的是劳氏标准救助合同系列，尤以 LOF90 和 LOF95 为常用。LOF 格式是由劳合社委员会所制定的标准海难救助合同，它是典型的"无效果无报酬"合同，目前在世界上使用最广，已成国际惯例，对各国海事立法产生了重要影响。该合同格式广为船东、货主、救助人、保险人所接受。LOF 格式的基本内容主要有：无效果无报酬原则、救助劳务、船长法定立约权、担保条款、仲裁条款、上诉条款、给付条款等。

第三节　救助款项的确定与海上保险

一、救助报酬的确定

海难救助是海事法特有的制度，其核心是给予救助人救助报酬，借以鼓励人们积极参与救助行动。从历史的角度来看，海难救助制度的成因在于海上商业活动有极大的危险性，从事海难救助工作也有很大的风险，而救助报酬制度的确立，对鼓励救助活动，减少和消除海上危险具有重要影响。关于救助报酬的确定，一般坚持救助有成效时救助方有权获得一定报酬的原则。

（一）"无效果无报酬"原则

救助方对遇险的船舶和其他财产的救助，取得效果的，有权获得救助报酬；救助未取得效果的，除法律另有规定或者合同另有约定外，无权获得救助款项。换言之，即使救助方投入了巨大的人力、物力、财力，但最终并未使财产获救，不能请求救助报酬。这里所说的取得效果并非一定要使财产全部获救，而只要取得一些有益的成果即可。所谓的救助取得效果包括三种情况：第一，直接效果。救助取得直接效果，是指通过救助人的直接行为，使遇险财产获救或部分获救，例如，在船舶触礁的情况下，由于救助方的努力，将船舶从险境中解脱出来，就是一种直接的效果。在此种情况下请求救助报酬，一般争议不会太大。第二，间接效果。这是指某一救助方的行为虽然并未使船舶或货物直接脱险，但该船舶或货物的最终脱险却与该救助人的行为有着必然的联系。例如，有两艘船舶对同一艘搁浅船舶施救，其中，一救助方采取脱浅措施但没有成功，但已使船舶有所松动，此时，另一救助方在前一救助方工作的基础上又实施了脱浅行为，使得搁浅船舶得以顺利起浮。此种情况下，第二次脱浅属于直接效果，第一次脱浅属于间接效果（因为通过他的努力已使船舶松动），在计算报酬时应结合起来考虑，而不应轻易地剥夺第一个救助方的救助报酬请求权。当然，如果第一个救助方作了一番努力之后，发现没有任何效果就放弃了救助，则另当别论。第三，无形效果。所谓无形效果是指某人虽然没有直接参与对遇险船舶或货物的救助活动，但遇险财产的最终获救却与该人的某种行为有着客观上的联系。例如，某船在遇险之后欲呼请他船救助，但是由于船上的通信设备已不能使用，因而无法与外界联系，此时一艘过路船舶运用自己的通信设备为其联络，使救助船及时赶到并成功施救。在此情况下，虽然前一艘船舶并未直接提供救助服务，但遇险船的最终脱险却与该船有着客观上的联系，所以，作为一种无形效果，在确定救助报酬时也应予以合并考虑。

（二）影响救助报酬金额确定的因素

确定救助报酬，应当体现对救助作业的鼓励，并综合考虑下列各项因素：

（1）船舶和其他财产的获救的价值。

（2）救助方在防止或者减少环境污染损害方面的技能和努力。

（3）救助方的救助成效。

（4）危险的性质和程度。

（5）救助方在救助船舶、其他财产和人命方面的技能和努力。

（6）救助方所用的时间、支出的费用和遭受的损失。

（7）救助方或者救助设备所冒的责任风险和其他风险。

（8）救助方提供救助服务的及时性。

（9）用于救助作业的船舶和其他设备的可用性和使用情况。

（10）救助设备的备用状况、效能和设备的价值。

如果由于救助人的过失致使救助作业成为必需或者更加困难的，或者救助方有欺诈或者其他不诚实行为的，应当取消或者减少向救助方支付的救助款项。

（三）救助报酬的上限

救助人取得的救助报酬，不得超过船舶和其他财产的获救价值。船舶和其他财产的获救价值，是指船舶和其他财产获救后的估计价值或者实际出卖的收入，扣除有关税款和海关、检疫、检验费用以及进行卸载、保管、估价、出卖而产生的费用后的价值。我国《海商法》第180条第2款规定“救助报酬不得超过船舶和其他财产的获救价值”。《1989年国际救助公约》第13条第3款也有类似规定。以法律规定救助报酬的最高限额实质上是对救助报酬数额的一次限制，保障了被救助方的基本权益。财产的获救价值不仅是确定救助报酬的重要参数，而且是救助报酬的极限。

（四）救助报酬的支付

1. 救助报酬支付主体

根据法律规定，救助报酬的金额应当由获救的船舶和其他财产的各所有人，按照船舶和其他各项财产各自的获救价值占全部获救价值的比例承担。

2. 救助报酬享受主体

救助报酬享受主体，即应由谁享有救助报酬。参加同一救助作业的各救助方的救助报酬，应当由各方协商确定；协商不成的，可以提请受理争议的法院判决或者经各方协议提请仲裁机构裁决。但是，如果救助方有过错，则需相应减免救助报酬。

二、特别补偿制度

（一）特别补偿制度的产生

设立特别补偿制度的目的是为了鼓励特殊救助。被救助船舶载有原油、化学品或其他有害有毒物质，救助作业危险大，费用高，成功率低，为鼓励此种救助，《1989年国际救助公约》确立了一个全新的条款，即特别补偿制度，该制度的确立适应了海上运输及环境保护的新形势，在一定程度上突破了传统的“无效果无报酬”的救助原则，解决了救助实践活动中一些日渐突出的矛盾和问题，对古老的海上救助法律制度的完善和发展起到了积极的推动作用，体现了世界范围内要求防止海洋污染，保护海洋环境的时代要求。“无效果无报酬”原则在被救助人和救助人之间设立了一种微妙的平衡关系，特别补偿制度则颠覆了这个古老的法律原则。特别补偿制度的全部意义，是确保救助人在特殊的海事中，救助无效果或者只有少量财产获救的情况下，仍能取得补偿。

（二）获得特别补偿的条件

对构成环境污染损害危险的船舶或者船上货物进行救助，救助方依法享有的救助报酬少于其可以得到的特别补偿的，救助方有权依法获得相当于救助费用的特别补偿。获得特别补偿的条件包括：第一，救助人从事了对环境构成污损威胁的船舶的救助作业。第二，救助人所获得的救助报酬不足以抵偿其支付的救助费用。《1989 年国际救助公约》规定，特别补偿“只有在高于救助人根据第 13 条获得的报酬时方予以支付”。我国《海商法》第 182 条第 4 款更明确规定为：“支付金额为特别补偿超过救助报酬的差额部分。”也就是说，救助人对构成环境污损威胁的船舶或货物进行了救助作业并且取得了效果，如果在评定救助报酬时已经按《1989 年国际救助公约》第 13 条第 1 款（b）项的规定，考虑到了其“在防止或减轻环境污损方面的技能和努力”，而且确定的救助报酬高于或等于救助人在救助作业中所花费用，特别补偿条款便不适用。只有在所获救助报酬低于其所花费用，救助人才能根据第 14 条向船舶所有人申请特别补偿。所花费用，指的是“救助人在救助作业中合理支出的现付费用和在救助作业中实际并合理使用设备和人员的公平费率”。我国《海商法》第 182 条第 3 款将所花费用定义为“救助费用”，显得更直接一点。第三，救助人在防止或减轻环境污损方面没有重大过失。《1989 年国际救助公约》第 14 条第 5 款规定：“如果救助人的过失未能防止或减轻环境污损的，可全部或部分地剥夺救助人获得特别补偿的权利。”上述规定实际上包含了两种情况：一种情况是因为过失，救助人无权适用该条款；另一种情况是即使有过失，救助人仍然可以适用该条款，只不过其获得特别补偿的权利受到了一定限制。

（三）特别补偿的计算

1. 救助人对船舶或船上货物进行的救助未取得效果

（1）如果未能防止或减轻环境污损，救助人有权取得相当于救助费用的特别补偿。救助费用，是指救助方在救助作业中直接支付的合理费用以及实际使用救助设备、投入救助人员的合理费用。

（2）如果取得防止或者减少环境污损效果的，船舶所有人依照前款规定应当向救助方支付的特别补偿可以另行增加，增加的数额可以达到救助费用的 30%。

2. 救助人对船舶或船上货物进行的救助取得效果

（1）如果未能防止或减轻环境污损，救助人有权取得相当于救助费用的特别补偿或救助报酬，两者中取高值。

（2）如果取得防止或者减少环境污损效果的，船舶所有人依照前款规定应当向救助方支付的特别补偿可以另行增加，增加的数额可以达到救助费用的 30%。受理争议的法院或者仲裁机构认为适当，并且考虑到确定救助报酬的有关规定，可以判决或者裁决进一步增加特别补偿数额；但是，在任何情况下，增加部分不得超过救助费用的 100%。[①] 与此同时，救助人还可以获得救助报酬，特别补偿和救助报酬两者中以高者为限。

（四）特别补偿制度的发展

特别补偿制度设立之初就明显倾向于保护救助人的利益。《1989 年救助公约》之后的实践证明，对被救助人利益的考虑不足，正是特别补偿制度最大的缺陷。如何限制救助人取得过高的补偿，建立国际海上救助法律制度中新的激励机制，是迫切需要解决的现实问题，否则被救助人将失去接受救助的动力，救助人也会怠慢行事。《1989 年救助公约》得以通过，是因为它回避了特别补偿制度中的一些实际的和具体的问题。在下列三个很重要的问题上，《1989 年救助公约》第 14 条给后世留下了争议。这三个问题都使得特别补偿制度充满了不确定性，其激励作用明显减弱。第一，《1989 年救助公约》没有明确特别补偿应当考虑的全部因素，含糊地提出了一个“公平费率”（Fair Rate）的概念。第二，《1989 年救助公约》没有规定计算特别补偿的起讫时间。第三，救助人取得被救助人的担保困难重重。在救助人有权取得特别补偿的情况下，是不可能存在价值较高的获救财产，否则就完全不需要确立特别补偿制度。这个实际问题为《1989 年救助公约》所忽略。被救助的船舶所有人并不惧怕救助人会扣船，因为根本无船可扣，所以救助人仍可能一无所获。《1989 年救助公约》存在的问题最终导致 SCOPIC 条款（Special Compensation P&I Clause，即船东互保协会特别补偿条款）的出现。以上三个问题在 SCOPIC 条款中得到了解决：第一，SCOPIC 酬金包括对使用船舶、人员及设备的补偿、实际支出费用和奖金三部分，并以计算方式固定下来；有一个专门委员会对该价目表进行审核修改，从而极大地简化了特别补偿的计算。第二，特别补偿的起讫时间由当事人双方共同决定。SCOPIC 条款所确立的机制是，救助人书面通知被救助人援引（Invoke）该条款，特别补偿的开始时间自该通知到达被救助人时起计算。第三，被救助人应当在收到救助人书面通知援引条款之后两个工作日内提供 300 万美元的担保，否则救助人可以撤销 SCOPIC 条款，使双方的法律关系恢复到没有签订 SCOPIC 条款的状态。

SCOPIC 条款确立了特别补偿的计算制度，推动了整个特别补偿制度走向完善，并正在演变成一种相对比较成熟和完善的国际海上救助激励机制。实践证明，SCOPIC 2000 是一个受到欢迎的制度创新。

三、救助报酬、特别补偿与海上保险

长期以来，救助报酬作为共同海损费用中的一种，是由全体受益方分摊的。根据《约克—安特卫普规则》，“不论是否根据契约进行的救助或其他救助，航程中各有关方所支付的救助费用，都应作为共同海损，但以使在同一航程中的财产脱离危险而进行的救助为限”。即凡是能使同一航程中的财产脱离危险而进行救助所支付的费用均应作为共同海损，由各受益方按其获救财产的价值比例分摊。在现行的船舶保险和海上货物运

① 王秋阳．完善我国海难救助报酬分配的几点建议［J］．世界海运，2003（2）：48-49.

输保险条款中，均将救助报酬作为保险人的一项保险责任，如我国船舶保险条款规定："本保险负责赔偿被保险船舶的共同海损、救助、救助费用的分摊部分。"由于救助报酬多可以列入共同海损范围之内，由各方进行分摊，因此保险人的赔偿是与其他共同海损费用一并进行的。

对于《1989 年国际救助公约》所设立的特别补偿，1990 年《约克—安特卫普规则》并不认可，规定特别补偿不列为共同海损，最终只能由船东保赔协会负责。1994 年的《约克—安特卫普规则》作了修正，对于第三方行为、进出避难港和在避难港期间救助环境行为以及货物卸下贮藏或重新装卸的费用可列为共同海损时的救助环境费用，从而扩大了共同海损范围。但船舶保险人对于特别补偿仍不予认可。1995 年《伦敦保险协会船舶保险条款》规定："下述情况的索赔保险人不予负责：根据《1989 年国际救助公约》第 14 条或根据实质上相似的任何成文法、规则、法律或合同中的任何其他条款，向救助人支付的特别补偿。环境损害或其威胁引起的，或者由于从保险船舶溢出或排出污染物质或其威胁所致的费用或责任。"同样，对于特别补偿，被保险人也不能引用施救费用条款要求保险人赔偿。但是对于"《1989 年国际救助公约》第 13 条第 1 款（b）项已经考虑的，救助人在防止或减轻环境污染损害方面的技术和努力，被保险人应向救助人支付的有关救助报酬"保险人可以承担责任。与此同时，作为船东自己的组织，许多船东保赔协会在《1989 国际救助公约》通过后，随即明示承保依《1989 年国际救助公约》第 14 条或类似救助条款所规定的特别补偿。有些保赔协会还将特别补偿列为独立的承保项目。如中船保的保赔保险条款中有一项"对救助人的特别补偿"明确规定："协会负责会员对入会船的救助人支付下述费用的责任，但以非可由被救财产利益方支付的为限：（1）特别补偿，即根据对《1989 年国际救助公约》第 14 条规定的无效果无报酬原则的例外条款，或在 1990 年、1995 年或 2000 年劳氏标准救助合同或本协会认可的其他标准救助合同内并入的保赔协会特别补偿条款或其 2000 年修订文所应支付的特别补偿；（2）合理产生的费用，即根据对 1980 年劳氏标准救助合同第 1（a）条规定的无效果无报酬原则的例外条款所应支付的合理产生的费用（及据此所获得的任何增额）。"可见，对于特别补偿，基本上是由船东保赔协会承担责任的。

案例分析

1994 年 10 月 25 日，被告（银河航运企业有限公司）所属的停靠于蛇口港的"织女星"轮（外籍）在装载白糖过程中突然起火。蛇口港公安局消防大队接到火险报告，先后调遣 10 辆消防车赴现场灭火。稍后，蛇口招商港务股份有限公司总调度室通知原告（深圳联达拖轮有限公司）到蛇口港救火。原告派出"沪救 16""青港拖 5""青港拖 10"三条拖消两用船抵达现场。在港监、公安消防大队、船方组成的联合小组的指挥下，原告先用船上的泡沫灭火剂封舱灭火，几小时后，火被扑灭。"织女星"轮起火时已装有白糖 8 674 吨，火灾中有 117.45 吨被毁。在灭火过程中，"沪救 16"轮使用了 8 吨价值为 11 080 元人民币的泡沫灭火剂。"青港拖 5""青港拖 10"两船所用的泡沫灭火剂已过期，价值多少，原告未提供证据。原告属企业法人，经营港口拖轮拖带作业、水上交通、船舶租赁、水上过驳作业、船舶维修、船舶供应、垃圾回收、船员服务等。1994 年 4 月 11 日，蛇口港公安局、港务监督联合发出《船舶火灾应急指南》，载明：在蛇口港尚未配备消防船的情况下，海上航行、停泊在锚地或码头的船舶突然起火，由原告和其他公司拖消两用船协助公安消防大队进行施救工作。原告诉称：其灭火行为属《海商法》规定的海难救助，救助获得了成功，获救财产价值 7 546 万元人民币（包括船舶、货物运费），被告应支付救助报酬 450 万元人民币。被告辩称：蛇口港务监督和蛇口港公安局联合颁布的《船舶火灾应急指南》明确规定，原告是港口的消防辅助力量，其灭火行为是履行行政法所规定的义务。原告只能收取消防费用，不能收取救助报酬。

请就本案思考：原告灭火行为是否属于海难救助？

思考题

1. 海难救助成立的要件是什么？
2. 如何理解无效果无报酬原则？
3. 思考合同救助与非自愿救助。
4. 思考特别补偿制度的适用及问题。
5. 对于救助报酬、特别补偿，海上保险人是否承担赔偿责任？

参考文献

[1] 魏润泉，陈欣．海上保险的法律与实务［M］．北京：中国金融出版社，2003.

[2] 杨良宜，汪鹏南．英国海上保险条款详论［M］．大连：大连海事大学出版社，1996.

[3] 陆爱勤．国际保险新论［M］．上海：华东理工大学出版社，2003.

[4] 应世昌．新编海上保险学［M］．上海：同济大学出版社，2006.

[5] 魏润泉．国际货物运输保险实务［M］．北京：中国财政经济出版社，1990.

[6] 曾立新．海上保险学［M］．北京：对外经济贸易大学出版社，2001.

[7] 汪鹏南．海上保险合同法详论［M］．大连：大连海事大学出版社，1996.

[8] 王恩韶．共同海损［M］．大连：大连海事大学出版社，1996.

[9] Donald O'may & Juliam hill. OMAY 海上保险法律与保险单［M］．郭国汀，等，译．北京：法律出版社，2002.

[10] 雷荣迪．国际货物保险［M］．北京：对外贸易教育出版社，1994.

[11] 李继熊，魏华林．海上保险学［M］．成都：西南财经大学出版社，1997.

[12] 张丽英．海商法学［M］．北京：高等教育出版社，2006.

[13] 屈广清．海商法学［M］．北京：中国民主法制出版社，2005.

[14] G. 吉尔摩，C. L. 布莱克．海商法［M］．吴焕宁，等，译．北京：中国大百科全书出版社，2000.

[15] 安丰明．船东保赔协会法律制度研究［M］．北京：中国检察出版社，2006.

[16] 应世昌．船舶保险［M］．上海：上海财经大学出版社，1999.

[17] 司玉琢．国际海事立法趋势及对策研究［M］．北京：法律出版社，2002.

[18] 司玉琢，吴兆麟．船舶碰撞法［M］．大连：大连海事大学出版社，1995.

[19] 傅旭梅，等．中华人民共和国海商法诠释［M］．北京：人民法院出版社，1995.

[20] Malcolm A. Clarke. The Law of Insurance Contract. Lloyd's of London Press Ltd.，1989.

[21] Raoul Colinvaux. The Law of Insurance. Sweet & Maxwell，1984.

[22] Steven J. Hazelwood. P & I Clubs Law and Practice. LLP，1989.

[23] Christopher Hill，Bill Robertson and Steven J. Hazelwood. Introduction to P & I. LLP，1996.

[24] R. J. Lambeth. Templeman on Marine Insurance，5th edition，London，1981.

[25] UK P & I Club. The Risks Covered. London，1994.

[26] Robert I-I. Brown. Dictionary of Marine Insurance Terms and Clause. Wither by & Co. Ltd.，1989.

[27] R. H. B. Sturt. The Collision Regulatoion. Lloyd of London Press Ltd. 1984.

[28] Howard N. Bennett. The Law of Marine Insurance. Clarendon Press，Oxford，1996.

[29] M. J. Mustill and C. B. Gilman，Arnould's Law of Marine Insurance and Average. London，Stevens & Sons，1981.